Francesco Orestano

Le idee di Nietzsche

Esposizione e critica

pe

Primiceri Editore

Titolo originale dell'opera: "Le idee fondamentali di Federico Nietzsche nel loro progressivo svolgimento".

PREFAZIONE DELL'EDITORE ALL'EDIZIONE 2021

Appena due anni dopo la morte di Friedrich Nietzsche, avvenuta il 25 agosto 1900, vide la luce il presente saggio di Francesco Orestano, giurista e filosofo, dal titolo originario *"Le idee fondamentali di Federico Nietzsche nel loro progressivo svolgimento"*.

Come lo stesso autore affermò, si trattava per l'epoca dell'ennesimo libro su Nitezsche e sul suo pensiero. L'impatto dirompente e l'eco di novità che la filosofia di Nietzsche avevano destato era infatti dimostrato dalle numerose pubblicazioni nelle quali critici e filosofi tentavano di analizzare e spiegare le idee del pensatore tedesco.

Ma, secondo Orestano, gran parte di tali pubblicazioni presentavano esposizioni incomplete o addirittura imprecise e superficiali.

"Pure chi ha seguito da vicino il succedersi di queste pubblicazioni sa, che numerosissime sono quelle, che trattano di Nietzsche da punti di vista parziali, pochissime quelle che tentano di rendere in sintesi tutta l'opera di lui; che moltissimi sono gli scritti, i quali, per studio di novità, tendono a porre in rilievo gli aspetti più singolari, più paradossali, ma anche più esteriori del pensiero di Nietzsche, e pochi quelli, che tentano di penetrare nel fondo di questo pensiero".

Non era infatti facile, e non lo è nemmeno per gli studiosi contemporanei, interpretare Nietzsche. Del resto si trattava, come affermò lo stesso Orestano, del filosofo che ha detto no a tutto: *"a tutta la nostra civiltà, a tutta la nostra cultura, a tutto quanto pareva definitivamente acquisito alla comune coscenza religiosa, etica, giuridica, politica, sociale".*

Occorreva quindi porre rimedio alla confusione e alla parzialità della critica su Nietzsche, colmando una lacuna.

Con questo intento, Orestano, che si era molto dedicato allo studio di Nietzsche durante gli anni in cui frequentava a Lipsia la facoltà di filosofia, si propose di presentare in sintesi quanto di fondamentale aveva colto nelle numerosissime opere di Nietzsche e, inoltre, di far conoscere le dottrine del filosofo tesesco nel loro progressivo svolgimento.

Orestano mise in atto, quindi, un tentativo importante di analisi profonda della filosofia di Nietzsche che rimane ancora oggi un punto di riferimento per l'interpretazione delle sue teorie.

Il libro si divide in una introduzione e cinque parti nelle quali vengono analizzate varie tra le più celebri opere del filosofo tedesco.

Per questo motivo abbiamo scelto di dare nuova luce al presente saggio, ripubblicandolo in una nuova veste e collocandolo nella collana della "Biblioteca Filosofica" con la quale Primiceri Editore intende tenere vivo il dibattito filosofico attraverso le parole e le analisi degli studiosi del passato e del presente.

Buona lettura.

L'Editore

STRUTTURA DELL'OPERA
ARGOMENTI TRATTATI NELLE PARTI

Argomenti trattati nell'introduzione
Nietzsche e il classicismo tedesco. Nietzsche e la letteratura contemporanea tedesca ed italiana. Studî su Nietzsche. Partizione delle opere di Nietzsche e della corrispondente esposizione. La critica. Vita di Nietzsche.

PRIMA PARTE
L'Ellenismo.
«Omero e la filologia classica». Conferenze e studî anteriori all'opera «La nascita della tragedia». «La nascita della tragedia» Iª parte. «La nascita del genio». «Empedocle». «Omero come gareggiatore». «La filosofia nella età tragica dei Greci». Dal «Noi filologi.
Il problema della cultura nazionale tedesca.
Le tendenze fondamentali. Dal «Socrate e l'istinto». Dal «La tragedia e gli spiriti liberi». Da' «I presupposti dell'arte tragica» e dal «La metafisica dell'arte». La dedica a Wagner nella forma primitiva. Nietzsche e Wagner. «La nascita della tragedia» IIª parte. Le conferenze «Sull'avvenire dei nostri istituti di cultura». Progetti di conferenze Bayreuthiane. «Verità e menzogna in senso amoralistico». «Il filosofo lotta tra l'arte e la conoscenza», «Il filosofo qual medico della cultura», «La filosofia nell'imbarazzo». Piano delle «Riflessioni intempestive». «David Strauss». Altre «Riflessioni intemp.» e «Dell'utilità e del danno della storia per la vita». «Schopenhauer come educatore». Altre «R. i.». «Prometheus». «Noi filologi». Le prime critiche su Wagner – Nuovi studî – «Wagner in Bayreuth»

SECONDA PARTE
Considerazioni generali e Note preparatorie del primo volume dell'«Umano, troppo umano». Nietzsche e Rée. Il nuovo metodo. Iº vol. dell'«Umano, troppo umano», valore della conoscenza. Della morale. Della religione. Dell'arte. Delle culture superiori e inferiori. Delle teorie politiche. «L'uomo con sè solo». Breve riassunto. «Il nuovo sguardo all'intorno». Il IIº vol. dell'«Umano...», «Pensieri e detti diversi». «Il viandante e la sua ombra».

TERZA PARTE
Considerazioni generali. «Le Aurore – Pensieri sui pregiudizi morali» introduzione. Della morale in generale. L'uomo e gli animali. I sentimenti. La morale utilitaria. Origine delle religioni ed in particolare del

Cristianesimo. Del Cristianesimo. L'altruismo. La paura e la morale. L'immortalità dell'anima. Dalle note preparatorie delle «Aurore». «L'eterno ritorno dell'identico. «La gaya scienza». La possibilità di ridere. Cenni sul «La gaya scienza». Il rovescio tragico. L'attività poetica di Nietzsche e il «Così parlò Zarathustra». Perchè parla Zarathustra?. La favola del libro. Gl'insegnamenti di Zarathustra. Note preparatorie del «Zarathustra». L'ultima parte del «Zarathustra». Un volume di sentenze.

QUARTA PARTE

Perchè si deve distinguere tra il «Zarathustra» e le opere posteriori. Cenni sull'origine di tutte le opere posteriori. «Al di là del bene e del male». «Noi senza paura». «La genealogia della morale» Iª parte. 2ª e 3ª parte. «Il caso Wagner». «Il crepuscolo degl'idoli». «L'Anticristo». «Nietzsche contro Wagner». «La volontà della potenza» osservazione introduttiva. Libro 3° dell'opera. Libro 4°.

QUINTA PARTE

Le mutazioni teoriche in Nietzsche e l'integrazione delle sue dottrine. L'integrazione secondo Vaihinger. La credenza in Nietzsche. La teoria della conoscenza. Principi di metafisica: Il divenire. L'eterno ritorno dell'identico. L'etica di Nietzsche, l'individuale. La sociale. La volontà della potenza e la coscenza morale. Egoismo ed altruismo. Sulla critica del Cristianesimo. Sulla critica della democrazia. Conclusione.

Prefazione originale dell'autore (1902)

– Ancora un libro su Nietzsche? – si domanderanno coloro che non ignorano, quanto grande sia il numero di scritti, che si son venuti pubblicando su questo Autore negli ultimi anni, con un crescendo davvero sorprendente. Pure chi ha seguito da vicino il succedersi di queste pubblicazioni sa, che numerosissime sono quelle, che trattano di Nietzsche da punti di vista parziali, pochissime quelle che tentano di rendere in sintesi tutta l'opera di lui; che moltissimi sono gli scritti, i quali, per studio di novità, tendono a porre in rilievo gli aspetti più singolari, più paradossali, ma anche più esteriori del pensiero di Nietzsche, e pochi quelli, che tentano di penetrare nel fondo di questo pensiero. La facilità di combinare alquante pagine interessanti, mettendo a profitto l'originalità geniale di questo Autore, ha alimentato in grandissima parte la letteratura, che lo riguarda. Il noto epigramma di Schiller[1] per i commentatori di Kant potrebbe ben applicarsi a molti commentatori di Nietzsche.

Nella parte espositiva di questo libro mi son proposto di presentare in sintesi quanto di fondamentale ho creduto di scorgere nelle numerosissime opere di questo Autore, inoltre di far conoscere le dottrine di lui nel loro progressivo svolgimento. Gli studiosi di Nietzsche vedranno subito, che il mio libro, salvo l'apprezzamento che di esso può farsi, viene a colmare una lacuna: senza la certezza di questa lacuna non mi sarei deciso a pubblicare il risultato di questi miei studî.

Le difficoltà della sintesi sono state gravissime. Basti ricordare che gli scritti di Nietzsche, da me analizzati, formano 13 volumi, dei quali 5 almeno non contengono che aforismi e 5 sono di frammenti.

A me incombeva l'obbligo di condensare la vastissima materia senza rimpicciolirla e quindi non di rado ho dovuto riunire fin nello stesso periodo una serie di formule apparentemente slegate, ma pure connesse da un sottil filo di pensiero. Il lettore intelligente dovrà supplire in tali casi da sè alle dimostrazioni intermedie, proprio

---

[1]Wie doch ein einziger Reicher so viele Bettler in Nahrung
Setzt! Wenn die Könige baun, haben die Kärrner zu thun.
(Come un unico ricco può dare alimento a tanti poveri! Quando i re fabbricano, i carrettieri hanno da fare).

come si usa fare con formule matematiche.

Malgrado questo difetto di dimostrazioni, tutte quelle imperfezioni, che non sarò riuscito ad evitare, e le omissioni, sia nella esposizione, che nella critica, imposte dall'indole e dai limiti del lavoro, confido che il mio libro potrà essere utile al pubblico italiano, rendendogli agevole di conoscere e giudicare il vero Nietzsche.

Castellaccio di Monreale 6 Settembre 1902.
Francesco Orestano

Introduzione

Federico Nietzsche è il filosofo moderno che ha detto no! a tutta la nostra civiltà, a tutta la nostra cultura, a tutto quanto pareva definitivamente acquisito alla comune coscenza religiosa, etica, giuridica, politica, sociale.

Generalmente egli è noto come il teorico d'un libero egoismo individualistico e come l'autore della dottrina del s u p e r u o m o e della formula: a l   d i   l à   d e l   b e n e   e   d e l   m a l e.

Fra i contemporanei Ibsen presenta in alcuni drammi tipi superiori d'immoralisti predicanti anche il vangelo del libero egoismo. Ricordo il vescovo Nicolas Arnesson («I pretendenti alla corona»), il quale insegna: Vedeste mai un vecchio quadro nella chiesa cristiana in Sideros? rappresenta il diluvio che cresce e supera tutti i monti, sì che ormai una sola vetta emerge. Verso questa si arrampica tutta una generazione, padre, madre, figlio e la donna e i figliuoli del figlio, e questo figlio tira giù il padre nei flutti per guadagnare un fermo appoggio e così anche getterà nelle acque sua madre e la sua donna e i suoi figliuoli, pur di raggiungere la vetta, perchè lassù è ancora un palmo di terra, li potrà egli mantenersi un'altra ora. Questa è la leggenda della saviezza, la leggenda di ciascun uomo savio.... Non esiste il bene nè il male, nè il sopra nè il sotto, nè l'alto nè il basso.... Ma voi dovete odiare ogni uomo della moltitudine, perchè egli è contro di voi.... Tutto ciò di cui voi abbisognate è buono, tutto ciò che è una spina sulla vostra via è cattivo.»

Ibsen appartiene però a quel gruppo di poeti-filosofi norvegesi, come Wergeland, Björnsterne, Björnson, i quali fanno tentativi, in vario senso, d'inaugurare una nuova cultura indipendente dalle tradizioni etiche e religiose; e sta sotto l'influenza del filosofo danese Soeren Kierkegaard[2].

---

[2]Nato in Kopenhagen il 5 maggio 1813, morto ivi l'11 novembre 1855, fu il pensatore più originale che abbia avuto la Danimarca, acuto dialettico, scrittore brillante dotato di ricco senso poetico, spirito libero e paradossale. Scrisse molte opere sotto vari pseudonimi (Johannes Climacus, Anticlimacus, Wiktor Eremita, Constantius etc.) tutte tradotte poi in tedesco. Le più importanti sono: Aut-aut (danese Enten-Eller, Kopnh. 1843, tedesco: Entweder-Oder, Leipzig 1895), Stadi nella via della vita (Kopnh. 1845, Leipzig 1886) e Pratica del cristianesimo (Kopnh. 1850 e Halle 1878).

Questi sia nella sua personalità (visse solitario e malinconico una breve vita travagliata dai problemi dello spirito), sia in alcune dottrine, ch'egli svolse in opposizione alla filosofia di Schelling e di Hegel (rappresentata in Danimarca la prima da Steffens, Oersted, Sibbern, l'altra da Heiberg, Möller e per qualche tempo da Nielsen) anticipò, come ben osserva Heinze[3], Federico Nietzsche. Il suo individualismo, il subordinare ch'egli fa l'interesse della verità ai bisogni del singolo, la sua lotta contro il cristianesimo tradizionale hanno non pochi riscontri nelle opere del filosofo tedesco. Anzi il grande movimento intellettuale provocato in Danimarca dagli scritti di Kierkegaard spiega forse perchè Nietzsche sia divenuto ivi più presto studiato e apprezzato, che non in altri paesi e nella Germania stessa. Infatti nel 1888 Georg Brandes teneva in Kopenhagen le prime conferenze pubbliche sulla filosofia di Nietzsche.

Ma il filosofo tedesco ha un'altra genealogia, del tutto indipendente dalle correnti di pensiero danesi e norvegesi ora accennate, una genealogia, che, salvo le differenze personali, può farsi risalire sino agl'inizi del classicismo in Germania.

Questo aveva messo le radici nell'antico, nella cultura pagana e in quella paganizzante della rinascenza italica, ma più specialmente nella cultura greca e in ogni modo traeva vita da intuizioni del mondo e dell'arte in assoluta antitesi con gl'insegnamenti di umiltà e di rinunzia del misticismo cristiano. Il culto dell'antichità classica, particolarmente ellenica, era divenuto il dogma dei dotti e dei poeti tedeschi più insigni, il cielo cristiano tornava a popolarsi di deità olimpiche. Già Lessing comincia a reclamare indipendenza di giudizio di fronte alle dottrine cristiane ed incita i tedeschi ad educarsi alla scuola dei Greci. Goethe, meno nell'ultima sua fase, non faceva un mistero dei suoi sentimenti anticristiani e si meritò il nome di g r a n d e p a g a n o. Egli vedeva la soluzione del problema della civiltà tedesca in un L i e b e s b u n d, un vincolo d'amore tra il genio greco ed il germanico, come simboleggiò nell'unione di Faust con Elena. Intanto i capolavori dell'arte greca ispiravano la tragedia e la lirica di Schiller e di Kleist. Gottlob Heyne, Hagedorn, Gottsched, Winkelmann, Herder, ma sopra tutti Friedrich August Wolf crearono in Germania la filologia classica e le guadagnarono le

---

[3]UEBERWEG-HEINZE. Grdr. d. Gesch. d. Phil. des XIX. Jahrh, Berlin 1902 p. 515 e s.

scuole tedesche, inaugurandovi da circa un secolo un nuovo umanesimo negli studi. S t u d i a   h u m a n i o r a ! questa la nuova formula, la nuova insegna, sotto la quale la pedagogia da più che un secolo ha combattuto per l'egemonia del classicismo nella scuola. L'educazione del gusto, l'indipendenza del giudizio, lo sviluppo libero e armonico della personalità, il rafforzamento potenziale delle attitudini doveansi attendere dalla cultura classica, ma specialmente dallo studio dei Greci. Nelle scuole tedesche prevaleva in quel tempo sotto l'influenza di Rousseau e per l'opera di Basedow, continuata da Gotthilf Salzman, Heinrich Campe, Christian Trapp ed altri un indirizzo tutto pratico e professionale, denominato f i l a n t r o p i s m o. Contro questo indirizzo si rivolsero i neoumanisti, i quali n'ebbero ben presto ragione e festeggiarono il loro trionfo con la fondazione dell'Università di Berlino (1809) sotto gli auspicî del grande Wilhelm v. Humboldt.

D'allora la cultura classica, specialmente la greca, con tutte le tendenze e con tutti i germi, di cui essa è ricca, è divenuta il fondamento d'ogni studio, d'ogni movimento più alto del pensiero tedesco.

Nella romantica è generalmente vivo l'entusiasmo per l'ellenismo. Basti ricordare il poeta filosofo Hölderlin e Friedrich Schlegel. In quest'ultimo, intanto, l'opposizione tra l'immoralismo contenuto potenzialmente negl'ideali classici e l'etica cristiana e tradizionale viene chiaramente alla luce, anticipandosi così in piccolo lo stesso fenomeno che in Nietzsche assumerà proporzioni grandiose. Schlegel parte da un entusiasmo incondizionato per l'antichità greca, per venire all'ideale d'un libero individualismo aristocratico, ad un culto del genio, ad un'intuizione immoralistica ed estetica della vita, in piena rottura con tutti gl'insegnamenti del cristianesimo.

Questo doppio momento filoellenico ed anticristiano è poi di nuovo visibile nello spirito libero di Heinrich Heine, il quale confrontava con un sospiro la tetra e sanguinosa religione dei delinquenti, come egli chiamava il cristianesimo, con la gioconda serenità greca e voleva che si riacquistasse la salute ristabilendo la pace tra l'anima e il corpo, tra l'uomo e la natura.

Finchè il nuovo umanesimo visse in menti di artisti poco organiche e dotate d'un debole potere logico, o in menti troppo vaste e capaci di molteplici adattamenti, come quella di Goethe, o finchè esso diede a filologi materia di analisi minute ed esteriori, le tendenze pagane, più opposte alla nostra civiltà, ch'esso porta con sè, poterono rimaner latenti, o affermarsi debolmente e in contrasti unilaterali, o se anche in un contrasto totale, come in Schlegel, non in modo però da lasciar tracce profonde, data la debolezza speculativa di questo romantico più poeta che filosofo.

Ma quando gl'ideali classici germogliarono rigogliosamente e svilupparono tutte le loro gemme in uno spirito così organico e profondo come quello di Nietzsche, il dissidio con la nostra civiltà doveva scoppiare totale e inconciliabile ed essere spinto sino alle ultime conseguenze.

Cresciuto alla scuola, del classicismo. Federico Nietzsche, giovanissimo ancora, simile in ciò al nostro Leopardi, esplorò con profondità e originalità d'indagine le manifestazioni più importanti del genio ellenico. Il suo temperamento artistico superiore, la sua natura aristocratica e dominatrice, la istintiva predilezione per tutto ciò ch'è forte, libero, singolare lo votarono ancor giovanetto col massimo fervore all'ellenismo, del quale egli arrivò prestissimo a foggiarsi un'intuizione propria originale. Pieno d'entusiasmo per il genio e per la cultura della Grecia antica, fermo nella ricostruzione ideale, ch'egli si era fatta della vita ellenica, Nietzsche si presenta nel mondo guardando tutto con gli occhi d'un greco del VI o V secolo a. C., come egli l'immaginava, e trovatosi in opposizione totale con la nostra civiltà, con la nostra cultura, non esita a optare per il tipo greco ed a lanciare un grido di guerra contro più che due millenii di storia. Nietzsche si è fatto un ideale della civiltà greca antica e di esso il termine di paragone l'unità di misura pel giudizio di tutta la civiltà europea posteriore. Anche nelle ultime fasi della sua speculazione le sue teorie etico-sociali tradiscono la loro derivazione da quel tipo ellenico da lui vagheggiato. Naturalmente non è da considerare la prematura e incondizionata dedizione di Nietzsche al classicismo greco come la causa di tutta la sua filosofia, ma uno dei caratteri più spiccati di essa è appunto la contrapposizione continua che vi si fa tra il tipo di cultura greco e quello cristiano.

Da taluni si sogliono unire i nomi di Nietzsche e di Max Stirner (pseudonimo di Caspar Schmidt) e cercare analogie tra «L'Unico e la sua proprietà», l'originale opera di quest'ultimo, con varie teoriche del primo[4]. Ma mentre da una parte si hanno buoni argomenti per ritenere che Nietzsche non conobbe l'opera dello Stirner, è certo d'altra parte che, salvo somiglianze accidentali, come se ne potrebbero trovare con molti altri, il solipsismo teorico-conoscitivo ed etico dello Stirner, ultima conseguenza dell'individualismo di Feuerbach e di Bruno Bauer, non ha alcun riscontro nella filosofia del Nietzsche, il quale ammette che l'egoismo è necessario per il miglioramento della specie e vuole che l'individuo superiore stia sotto una nuova legge di valori.

Un certo grado di parentela mostra invece il Nietzsche fin con i primi sofisti e forse più cogli scettici greci[5], inoltre coi liberi pensatori francesi del XVIII secolo (è nota la sua predilezione per Voltaire, cui dedicò il I° volume dell'«Umano, troppo umano») e tracce profonde, come vedremo appresso, lasciò in lui la filosofia di Schopenhauer. Ma questi rapporti non sono essenziali per la speculazione di Nietzsche, tanto vero che questa non li presenta in ogni sua fase, mentre restano costanti i rapporti coll'ellenismo, ciò che giustifica la genealogia mettente capo a Lessing, Goethe, Friedrich A. Wolf.

Comunque il dissidio tra Nietzsche e la civiltà europea contemporanea è totale e profondo. Il teismo sotto tutte le sue forme, l'etica cristiana, la morale altruistica, gl'ideali di civile uguaglianza e libertà, la filantropia e le aspirazioni verso un avvenire di pace universale, di prosperità e benessere per tutti hanno avuto nel Nietzsche l'oppositore più energico e appassionato. Egli ha spezzate tutte le tavole di valori che la moderna civiltà europea onora e proclamata la necessità di una rivalutazione totale dei bisogni e dei doveri della vita.

Nessuna meraviglia quindi se ovunque sia giunta la parola del filosofo, simile a un rivo di lava infocata, ivi siasi manifestato il bisogno, come dopo un'eruzione vulcanica, di rifare, di ripensare, restaurando o innovando.

---

[4] I rapporti tra Stirner e Nietzsche sono stati espressamente studiati da ROBERT SCHELLWIEN: M. St. e Fed. N. Erscheinungen des modernen Geistes u. des Wesens des Menschen. Leipzig, Pfeffer. 1899.

[5] V. JOS. CLEM. KREIBIG. Gesch. u. Krit. des eth. Skepticismus, Wien 1896 S. 122-143 e I. PETRONE. Le nuove forme dello scetticismo morale e del materialismo giuridico. Riv. int. scienze soc. etc. – 1896 (sett. e ott.)

Il dibattito tra vecchie e nuove idee è stato più che mai vivo in Germania, ov'era in quistione la cultura nazionale. La letteratura tedesca dei nostri giorni sta in gran parte sotto la preoccupazione di questa lotta, che va assumendo proporzioni imponenti[6].

Wilhelm Jordan pubblicava nel 1893 neir«Allgemeine Zeitung» di Monaco una satira aspra e irriverente contro il filosofo di Sils-Maria. Wilbrandt scriveva nel 1895 un romanzo intitolato «Die Osterinsel», il cui protagonista sotto altro nome è Nietzsche stesso, vuol fondare la patria d'una nuova umanità e perisce miseramente nella pazza impresa. Contro la nuova morale, la morale dei signori, si schiera Paul Heyse nel romanzo «Ueber alien Gipfeln» (1895). Nello stesso intento Spielhagen scrive un «Faustulus» e lo svizzero Widmann, che aveva già polemizzato con Nietzsche stesso nel «Bund» di Berna, compone un dramma dal titolo «Al di là del bene e del male». Due riviste infine «Die Grenzboten» e la «Deutsche Rundschau» prendono decisamente posizione contro le nuove dottrine, volendo ammonire la gioventù di preservarsene.

D'altra parte nella giovanissima Germania non pochi salutano Nietzsche come il profeta d'una nuova cultura. Così Cäsar Flaischlen («Pan.» 1896) parla d'un nuovo mondo, di cui Nietzsche ha dischiuso le porte e Landsberg considera questo filosofo come un educatore della gioventù tedesca e l'iniziatore nell'arte dell'avvenire[7].

Nel dramma e nel romanzo il ritorno indipendente ai magnifici esempi della rinascenza italiana s'incontra con l'influenza del Nietzsche, che quel ritorno da parte sua invocò e promosse. Già nel 1888 Strindberg nel suo «Tschandala» enunciava timidamente i postulati della morale dei signori, ma nel 1891 nel romanzo «An offener See» la proclamava con forza.

Nell'impossibilità pratica di attuare nella vita le dottrine del maestro, i discepoli godono d'immaginarle attuate con la fantasia. Respinti dal mondo reale si trasportano in un mondo immaginario. Da qui i più diversi tipi di eroi da teatro e da romanzo chiamati a rappresentare le nuove dottrine. Meister Heinrich di Hauptmann è uno spirito libero, che vuole il libero amore e si emancipa dalla

---

[6]V. H. LANDSBERG. Fr. Nietzsche u. die deutsche Litteratur. Leipzig 1902.
[7]loc. cit. p. 10 e 138.

morale e dalla religione comuni, collocandosi al di là del bene e del male. Röcknitz («Glück im Winkel») e Sellenthin («Es war») di Sudermann mostrano la loro superiorità nel trattare donne e cavalli quasi con pari interesse. Un superuomo meno volgare è il principe Witte dello stesso drammaturgo («Drei Reiherfedern»). Ernst Rosmer tenta nei «Königskinder, e meglio in «Mutter Maria» di approssimarsi all'ideale d'una superiore vita naturale.

Nella lirica però l'influenza di Nietzsche è più manifesta e dà luogo, per la maggiore libertà concessa qui al poeta, alle pose più bizzarre. Hermann Conradi canta le canzoni d'un peccatore («Lieder eines Sünders» 1887) e si sente divenire più divino (göttlicher). Richard Dehmel vuol comprendere il senso del mondo attraverso gl'istinti e trova il divino nella bestia. Franz Evers si nomina dritto dritto re e foggia, sull'esempio del Nietzsche, i concetti di superdonna e superamore («Eva»). Un orientamento cosmico prendono invece le intuizioni artistiche di Alfred Mombert ed eroico quelle di Christian Morgenstern. Michael Georg Conrad fonda un giornale letterario «Die Gesellschaft» (1885) aperto alla libera produzione poetica della gioventù tedesca.

Naturalmente la libertà del contenuto dovea condurre al desiderio di emanciparsi dalle comuni forme poetiche. Arno Holz si rivolta contro la tirannia della metrica e della rima nel suo scritto «Revolution der Lyrik». Ma la forma più adatta pei nuovi estri dovea essere la prosa ritmica, ad imitazione di quella usata da Nietzsche stesso nel Zarathustra. Inni, poemetti, schizzi in prosa, ditirambi dionisici sono divenuti le composizioni più frequenti. Johannes Schlaf ne pubblica un volume («Helldunkel» Minden 1899) dove trova modo di definirsi: «Dumm bin ich nun und habe alle Weisheit!» (stupido son io ora e possiedo ogni saviezza). Ditirambi dionisici compongono inoltre Scheerbart, Dehmel, Evers.

Non mancano, com'era d'aspettarsi, le diserzioni. Così Julius Hart, che nel romanzo «Sehnsucht», nella sua lirica «Homo sum» (1890) e in uno studio sullo svolgimento della nuova lirica in Germania («Pan» 1896) avea mostrato di apprezzare altamente le nuove dottrine e tendenze, si rivolta nel «Neuer Gott» (1899) con impeto contro Nietzsche ed i suoi seguaci.

L'influenza di Nietzsche si estende infine anche alle altre arti. Cito per brevità Richard Strauss, il quale ha composto un poema musicale dal titolo «Also sprach Zarathustra» ed il pittore Ludwig von Hofmann, che ha cercato di dar figurazione concreta al mondo dionisico evocato dal Nietzsche.

In Italia, com'è noto, Gabriele D'Annunzio, ha accolto le nuove dottrine in servigio d'un ideale latino, che si ricongiunge con le tradizioni della grandezza di Roma e della rinascenza italiana.

Già nel «Trionfo della morte» è l'accenno alla dottrina del grande Zarathustra, l'intercessore per la vita, e l'affermazione della fede incrollabile nella venuta del superuomo. Nel «Le vergini delle rocce» Claudio Cantelmo nutre l'ideale d'un nuovo regno della forza e della bellezza e vorrebbe un figlio che impersonasse il tipo dell'uomo superiore. In «Gioconda» Lucio Settala trova le ispirazioni del suo capolavoro al di là del bene e del male e nel «Fuoco» Stelio Effrena vuol rappresentare un tipo superiore che ha compiuto in sè il connubio dell'arte con la vita e ritrovato così una sorgente perenne di armonie ed ora attende a creare con gioia un prodigio d'arte, che operi la trasfigurazione del mondo.

Sulle tracce del D'Annunzio anche in Italia non pochi cercano ispirazione sia pure di terza o quarta mano in qualche idea nietzschiana, da far luccicare in una poesia, in un dramma, in un romanzo.

Espressione sistematica hanno avuto da noi le nuove dottrine specialmente in certi libri, la cui popolarità non fa onore alla cultura italiana. Nietzsche considerava le sue teorie come appartenenti al dopodomani, in quelli sono diventate del domani. Nietzsche riteneva impossibile e inutile il sapere e disprezzava chi avendo 300 talleri del suo si occupasse per aumentare le sue entrate. In Italia si scrive invece un libro «contro quei che non sanno e che non hanno».

Mentre le idee del Nietzsche rifratte e riflesse attraverso serie di prismi e di lenti d'ogni grandezza e qualità lumeggiano tanta parte della produzione letteraria e artistica dei nostri giorni, mentre le nuove dottrine comprese nelle teste più diverse hanno dovuto subire i più strani e inaspettati adattamenti e connubî, mentre l'inesauribile egoismo umano con tutte le sue bassezze e volgarità trova modo di levar la voce in mille singolari riaffermazioni, scegliendo a duce un nome alto e puro come un vessillo, l'opera di Nietzsche è rimasta quasi priva d'influenza alcuna sulla filosofia. Vivissimo è stato invece in filosofi, psicologi, sociologi, pedagoghi e negli studiosi in genere l'interesse di rendersi conto delle sue dottrine; e così è che la letteratura su Federico Nietzsche è enormemente cresciuta, pur essendo quasi tutta prodotto dell'ultimo decennio. I libri, gli articoli, i discorsi su questo filosofo sommano già a parecchie centinaia.

Contro Nietzsche si rivolgono decisamente Hermann Türck[8] (che polemizzò con Max Zerbst, l'autore di N e i n u n d j a, Antwort auf Türcks Broschüre, Leipzig 1892), Ludwig Stein[9], Maxi[10], O. Henne am Rhyn[11], Friedrich[12], F. Tönnies[13].

La nuova etica è stata in particolar modo oggetto di moltissimi ed interessanti studî[14]. Sull'opera complessiva del Nietzsche hanno scritto Kaatz[15] Brandes[16] Riehl[17], Kalina[18] Lichtenberger[19] Ritschl[20] Ziegler[21] Otto Stock[22], Heinrich Schmitt[23]. Studi particolari su alcune

---

[8]Fr. Nietzsche u. seine philosophische Irrwege. 3. Aufl. Jena. O Ressmann 1894.

[9]Fried. N. Weltanschauung und ihre Gefahren. Berlin. G. Reimer 1893.

[10]Nietzsche-Kritik. Ein Beitrag zur Culturbeleuchtung der Gegenwart. Zürich. Verlags-Magazin 1895.

[11]Anti-Zarathustra. Gedanken über F. N. Hauptwerke. Altenburg, Tittel 1899.

[12]Die religiösen und sittlichen Gefahren in der Philosophie F. N' s. Dresden 1901.

[13]D. N. Kultus. E. Kritik. Leipzig 1897.

[14]Cito ad esempio: Ed. v. HARTMANN. N' s. neue Moral. Preuss. Jahrbücher Bd. 67 maggio 1891 – ALEX. TILLE. Von Darwin bis N. Ein Buch der Entwickelungsethik. Leipzig 1895 – JOS. CLEM. KREIBIG. Op. cit. – GEORG SIMMEL. Fr. N. Eine moralphilosophische Silhouette. Zeitschrift für Phil. 107 1896. 202-215 – KURT BREYSIG. N* s ethische u. sociol. Anschauungen. Jahrb. f. Gesetzgeb. u Verw. 1896 – JUL. KAFTAN. Das Christenthum u. N' s Herrenmoral 2. Aufl. 1897 – GEO. TIENES. N' s Stellung zu den Grundfragen der Ethik. Bern 1899 – M. KRONENBERG. Fr. N. u seine Herrenmoral. München 1901.

[15]Die Weltanschauung Fr. N' s. Leipzig 1892.

[16]Menschen u. Werke. Frankfurt a. M. 1894.

[17]Fr. N. der Künstler u. d. Denker (Fromanns Klassiker d. Phil.) Stuttgart 1897. 3. Aufl. 1901.

[18]Fundament u. Einheit in Fr. N' s Philos. Lpzg 1898.

[19]La philosophie de N. Paris 1898 (tradotto in tedesco da Elis. Förster-Nietzsche. Dresden 1900.

[20]N' s. Welt-und Lebensanschauung in ihrer Entstehung u. Entwickelung dargest. u. beurt. 2. Aufl. 1899.

[21]Friedr. Nietzsche. Berlin 1899.

[22]Fr. N. der Philos. u. der Prophet. Braunschweig 1901.

[23]F. N. a d. Grenzscheide zweier Weltalter. Lpzg 1898.

teorie del filosofo sono invece quelli di Schellwien[24], Hörneffer[25] Stein[26], Runze[27], Berg[28] Zeitler[29] etc. I rapporti di Nietzsche con altri filosofi, pensatori e artisti hanno studiato Laurentius[30], Wilhelmi[31], de Gaultier[32], Tantzscher[33], Lorenz Fischer[34], Kulke[35], Grote[36], Kalthoff[37]. Un commentario è stato anche scritto sul libro di Zarathustra da Gustav Naumann[38]. Altri si è impossessato delle opere e della biografia del Nietzsche per farne oggetto di studî psicologici e medici. Sono noti i lavori di Kurt Eisner[39], Wilhelm Weigand[40], Max Nordau[41], Wilhelm Schacht[42].

In Italia non pochi articoli sono stati pubblicati in riviste e giornali sul Nietzsche. Notevoli sono quelli di Felice Tocco[43] e Iginio Petrone[44]. Ettore Zoccoli ha poi scritto un libro[45], il quale contiene l'esposizione meno incompleta che siasi fatta tra noi delle dottrine del filosofo tedesco. Però l'opera dello Zoccoli soggiace a varie critiche. Anzitutto il tentativo di esporre in ordine sistematico una filosofia ch'è in continuo divenire, dovea dar luogo a lacune ed

---

[24]Op. cit.

[25]N' s. Lehre von der ewigen Wiederkunft etc. Lpzg. 1900.

[26]F. N' s. «Antichrist». Aula H. 6 e 7 1895.

[27]F. N. als Theologe und als Antichrist. Berlin, Kritik-Verlag 1896.

[28]Der Uebermensch in der modernen Litteratur. E. Kapitel z. Geistesgeschichte des 19. Jahrh. München u. Leipzig 1897.

[29]N' s. Aesthetik. Lpzg. 1900.

[30]Krapotkins Morallehre u. d. Bezieh. zu N. Dresden 1896.

[31]Th. Carlyle u. Fr. N. Göttingen 1900.

[32]De Kant à N. 2 éd. Paris 1900.

[33]F. N. u. d. Neuromantik. Dorpat 1900.

[34]Fr. N. der Antichrist in d. neuesten Phil. Regensburg 1901.

[35]R. Wagner u. F. N. Leipzig 1890.

[36]Nietzsche u. Tolstoi (dal russo), Berlin, Steinitz 1898.

[37]N. u. d. Culturprobleme seiner Zeit. Berl. 1900.

[38]4 Theile, Leipzig 1899- 1901.

[39]Psychopathia spiritualis. Fr. N. u die Apostel der Zukunft. Leipzig 1892.

[40]Fr. N. Ein psychologischer Versuch. München 1893.

[41]Entartung. 1892, 2. Band.

[42]N. Eine psychiatrischz-philosoph. Untersuchung. Bern. 1901.

[43]F. N. «L'Italia» 1897, fasc. II pp. 219-244.

[44]opera citata.

[45]F. N. La filosofia religiosa, la morale, l'estetica. Torino. Bocca 1901.

omissioni inevitabili ed arbitrarie, tanto più che l'ordine sistematico non scaturisce dall'opera del Nietzsche, ma è uno schema escogitato e sovrapposto dallo espositore per propria comodità. Inoltre lo Zoccoli propende ad attribuire molto spesso (senza però dimostrarlo) teorie del Nietzsche ed anzi intere opere di lui (come p. e. il Zarathustra) ad una presunta infermità mentale dell'autore, nella vana persuasione di averle in questo modo confutate; ed infine interrompe ad ogni passo la esposizione con critiche, esclamazioni, e meraviglie, provenienti dalle proprie convinzioni e credenze, dalle quali egli non ha fatto un sol momento astrazione per mantenersi obbiettivo. Pertanto in tutto il libro prevale la critica all'esposizione. L'opera del Nietzsche è in continuo divenire ed è rimasta incompleta. Il processo di continua riforma e creazione non fu chiuso che dalla catastrofe mentale di questo prodigioso produttore d'idee.

Come Platone, Kant, Schelling, Nietzsche non trovò il fondamento della sua filosofia in una rivelazione unica e precisa del suo genio, ma in un continuo lavorio di ricerche e di tentativi, di costruzioni, demolizioni e rifacimenti, in che si compiacque il suo spirito ricco e prodigo. Pure qualche cosa resta costante, resta quella uguale attitudine, quell'unità di orientazione dello spirito, che Nietzsche, presso alla fine, rivolgendo uno sguardo all'immensa via percorsa, chiamò il suo a - p r i o r i . Questo a - p r i o r i , questa S t i m m u n g , questa tonalità dell'anima, trova espressione in un gruppo d'idee-madri, che si possono sempre distinguere nel corso di tutta l'opera da tutte le altre manifestazioni sporadiche; che anzi, legate da principio a considerazioni storiche e particolari, si rafforzano, si organizzano, si universalizzano in ultimo e costituiscono il fulcro dell'intero sistema.

Un'esposizione delle dottrine di Nietzsche non può dunque fare a meno di prenderle come sono all'inizio dell'opera, per seguirle in tutte le trasformazioni, in tutti gli sviluppi posteriori.

Nel far poi, così, la storia del pensiero di Nietzsche devesi far molto conto dei 5 volumi, sinora editi, di s c r i t t i   e   p r o g e t t i , che formano la 2ª sezione delle opere di lui e contengono tutti i frammenti e lavori non pubblicati dall'autore stesso.

Allora si trova, che varie dottrine fondamentali di Nietzsche si presentano già formulate fin negli albori della sua attività speculativa e ch'egli spesso ha voluto ritardare di enunciarle negli scritti editi nella stessa epoca, sia per approfondirle di più, sia per preparare intanto il pubblico con manifestazioni attenuate. Quando si mettono in raffronto, come nel presente libro ho curato di fare, le opere del Nietzsche con tutti i lavori e frammenti da lui lasciati inediti, ne apparisce più evidente la coerenza e l'unità.

Nella esposizione distinguo per comodità le opere di Nietzsche in quattro periodi, che tratto in quattro parti distinte. Naturalmente ogni nuova fase della speculazione è già più o meno preparata nella fase che precede, tuttavia la distinzione, che io propongo, parmi obiettivamente abbastanza giustificata.

Il primo periodo va dal discorso inaugurale tenuto dal Nietzsche all'Università di Basilea il 28 maggio 1869 «Homer und die classische Philologie» (Omero e la filologia classica) alle «Unzeitgemässe Betrachtungen» (Riflessioni intempestive) nel 1876 e comprende fra le opere più importanti: «Die Geburt der Tragödie aus dem Geiste der Musik» (La nascita della tragedia dallo spirito della musica), «Ueber die Zukunft unserer Bildungsanstalten» (Sull'avvenire dei nostri istituti di cultura), «Die Philosophie im tragischen Zeitalter der Griechen» (La filosofia nell'epoca tragica dei Greci), «Ueber Wahrheit und Lüge im aussermoralischen Sinne» (Sulla verità e la menzogna in senso amoralistico), varî progetti di drammi (Empedocle, Prometeo) e tutte le «Unzeitgemässe Betrachtungen» complete e incomplete. Gli argomenti più importanti, che occupano quasi esclusivamente Nietzsche in questo primo periodo sono l'ellenismo e le quistioni della cultura nazionale tedesca, nelle quali egli si mantiene in un certo rapporto di dipendenza con Schopenhauer e Wagner.

Il secondo periodo va dal 1876 sino al 1879 e comprende il libro «Menschliches, Allzumenschliches» (Umano, troppo umano) e le due parti aggiunte «Vermischte Meinungen und Sprüche» (Opinioni e sentenze diverse) e «Der Wanderer und sein Schatten» (Il viandante e la sua ombra). Qui è visibile la crisi determinatasi nell'animo di Nietzsche dopo la rottura con Wagner e con Schopenhauer e la ricerca d'un indirizzo personale.

Il terzo periodo va dalle «Morgenröthe» (Aurore) – 1880-1 – all'«Also sprach Zarathustra» (Così parlò Zarathustra) – 1883-5 – e comprende oltre a queste opere i «Gedanken zur ewigen

Wiederkunft des Gleichen» (Pensieri sull'eterno ritorno dell'identico) – 1881 – e «Die fröhliche Wissenschaft (La gaya scienza)» – 1882. In questo periodo Nietzsche trova le sue idee più originali e raggiunge la completa indipendenza del suo spirito.

Il quarto ed ultimo periodo comprende tutte le opere posteriori (sino al 1888), nelle quali Nietzsche si propose di dare espressione sistematica e definitiva alle sue dottrine. Come introduzione doveva servire il noto libro «Jenseits von Gut und Böse» (Al di là del bene e del male), 1885-86, e come chiarimento di questo scritto l'altro «Zur Genealogie der Moral» (Per la genealogia della morale), 1887. Gli scritti posteriori si possono inquadrare nelle cornici dei due progetti che Nietzsche tracciò della sua grande opera finale, rimasta incompleta, «Der Wille zur Macht, Versuch einer Umwertung aller Werte» (La volontà della potenza, tentativo d'una rivalutazione di tutti i valori).

Al progetto più grandioso di quest'opera appartengono i noti libri «Der Fall Wagner» (Il caso Wagner), 1888, «Götzendämmerung» (Crepuscolo degli idoli), 1888, e tutti i frammenti pubblicatisi recentemente come XV volume delle opere di Nietzsche.

Al progetto più modesto della stessa opera appartengono «Der Antichrist» (L'Anticristo), 1888, che ne formava la prima parte, e pochi frammenti, che sono stati pubblicati come appendice al XV volume. L'ultimo scritto di Nietzsche pare sia stato quello intitolato «Nietzsche contra Wagner», composto nella seconda metà di dicembre 1888 in Torino, come aggiunta a «Il caso Wagner».

La quinta parte del presente libro contiene la mia critica delle dottrine di Nietzsche obiettivamente considerate, cioè un tentativo di determinarne il valore intrinseco.

Pochi pensatori sono stati aggrediti dalla critica con tanta veemenza, con tanta passione, come Nietzsche. Egli derivava il suo ateismo da Schopenhauer. Nel ripudio della morale della compassione lo avevano preceduto Platone, Spinoza, La Rochefoucauld, Kant; nel culto antidemocratico del genio Schlegel, Carlyle, Emerson, Gobineau; nella teoria dell'eterno ritorno i Pitagorei[46]. Kant aveva

---

[46]Sembra che i Pitagorei abbiano insegnato non solo che il processo cosmico si ripete, ma che tutto ritorna precisamente così com'è. Eudemo, al quale dobbiamo questa notizia diceva ai suoi uditori: ed allora tornerò anch'io a stare così come

potuto a 46 anni mutare di punto in bianco radicalmente dottrine e insegnamenti. Schelling permettersi con successo metamorfosi e improvvisazioni metafisiche per tutta la vita, nessun filosofo ha mantenute in ogni tempo inalterate le sue teorie. Nella indeterminatezza delle dottrine metafisiche pochissimi superano Leibniz. Nella fede nelle proprie idee Nietzsche non è andato certo al di là di Auguste Comte, Hegel, Schopenhauer. Eppure il pubblico contemporaneo ha assistito come ad uno scandalo mai visto al libero evolvere del pensiero di Nietzsche, al suo ardore inestinguibile di ricerca indipendente della verità, di rinnovamento continuo e coraggioso di principi e di convinzioni.

Ed i critici son venuti fuori da tutti gli angoli, da tutte le buche; e molti ben meritano l'appellativo, felicemente foggiato dal Nietzsche, di m o s c h e d e l m e r c a t o.

Il modo più frequente e volgare di confutare Nietzsche è di attribuire in tutto o in parte la sua speculazione ad infermità di mente, ad una psicopatia spirituale, che sarebbe poi cresciuta sino alla pazzia.

Una tale confutazione deve naturalmente colpire a vuoto. Anzitutto perchè si naviga nel mare delle presunzioni, quando si vuole attribuire questa o quella teoria particolare ad un presunto processo psicopatico, che resta a sua volta a dimostrarsi. E poi quand'anche si potesse esattamente dire, che tutta la produzione di Nietzsche sia psicopatica, non per questo se ne dimostrerebbe nullo il valore, che anzi è noto come ad una opera geniale possano concorrere momenti degenerativi. Comunque, le idee hanno o no un valore intrinseco indipendentemente dalla persona fisica che le ha enunciate. Chi vuol farne la critica deve considerarle in sè stesse, nella loro essenza obiettiva, al di fuori di ogni rapporto contingente.

Nè più vale la ricerca appassionata, che si fa da molti, di contradizioni, imperfezioni, lacune, difetto di dimostrazioni nell'opera di Nietzsche. Le idee di lui potrebbero avere il valore e la forza di muovere il mondo, quand'anche egli le abbia contradette o imperfettamente esposte e dimostrate. L'accusa d'incompetenza e di dilettantismo, che vari autori fanno al Nietzsche, in molti argomenti da lui trattati non colpisce neppure le sue idee. Egli avrebbe potuto, malgrado il difetto di preparazione, avere intuizioni geniali del più alto valore.

---

adesso davanti a voi e terrò questo stesso bastoncino in mano.

Il dibattito se Nietzsche sia da considerarsi più come un artista che come un filosofo, è una inutile disputa, che nulla risolve intorno al valore intrinseco delle sue dottrine. Egli è certo un pensatore. Prendiamolo così com'è, vivo ed intero, A che pro' dissezionarlo e classificarlo? Le sue dottrine sono e restano quelle che sono.

Anch'io desidero ardentemente, che il momento nietzschiano nel pensiero, nell'arte e nella vita d'oggi venga, in ciò ch'esso ha di erroneo e di pericoloso, superato; che sia dissipata la nube che ha gettato una ombra sinistra sulla virtù degli umili, sull'eroismo di tanti ignorati martiri del dovere, i quali compiono il sacrificio di sè stessi nel silenzio e nel dolore; che i vincoli della solidarietà umana non vengano disciolti, ma vieppiù estesi e rafforzati; che un sole d'amore torni a risplendere incontrastato sugl'ideali umani.

A ciò contribuirà senza dubbio, ma solo in parte, una sana critica, obiettiva e giusta delle nuove dottrine. In verità non molto è da attendersi dalla vittoria teoretica sulle dottrine di Nietzsche, le quali, come vedremo, poggiano su basi psichiche molto più profonde che non siano gli affioramenti superficiali della teoria. Ciò malgrado la vittoria teoretica è necessaria, perchè allora la quistione nietzschiana cesserà di essere quistione di principi, e resterà quella che in gran parte già è, quistione di sentimento e di tendenze.

È dunque necessario rendersi scrupolosamente conto delle teorie di questo pensatore, ed è questo che ho tentato di fare in questo libro, esponendole e criticandole con la più diligente obiettività ed astraendo non pure da me stesso, ma da ogni contingenza, che possa limitare il loro valore intrinseco.

Solo conferendo alla filosofia di Nietzsche il più profondo significato, il massimo valore, ch'essa è capace di assumere, potrà la critica sperare d'averla teoricamente superata.

Prima di venire all'esposizione della filosofia di Nietzsche, poche parole di lui e della sua vita[47].

Nacque il 15 ottobre 1844 in Röcken, presso Lützen, figlio di quel

---

[47]Dalla sorella del Nietzsche, signora Elisabeth Forster-Nietzsche è stata scritta una biografia importantissima del filosofo. Sono stati editi sinora il 1° vol. e del 2° vol. la 1ª parte (Leipzig 1895-1897). Dell'epistolario di N. (Gesammelte Briefe) è stato edito a cura di PETER GAST e ARTHUR SEIDL il 1° vol. (Berlin u. Lpzg. 1900). Utili a leggersi sono anche: EUG. KRETZER, Fr. N. Nach persönlichen Erinnerungen etc. Lpzg. u. Frankfurt a. M. 1895 e PAUL DEUSSEN, Erinnerungen a. Fr. N. Lpzg. 1901.

pastore evangelico, perdette a 6 anni il padre, fu educato fanciullo dalla madre in Naumburg a. d. S. e studiò nel ginnasio Pforta.

Ancor fanciullo dimostrò ingegno precoce e straordinario, tendenza alla meditazione e alla solitudine, ma anche al comando, un'anima appassionata, una sensibilità squisita quasi eccessiva.

A 13 anni meditava sull'origine del male nel mondo e scrisse il primo componimento di genere filosofico, nel quale si proponeva di dimostrare, che la paternità del male dovesse attribuirsi a Dio stesso[48].

I suoi studi prediletti furono dapprima la musica, la poesia e la filologia classica. Giovanetto eseguiva magistralmente al piano e componeva egli stesso. Da questa sua innata e non comune disposizione per la musica derivò l'importanza eccezionale ch'egli attribuì a quest'arte ed il grande interesse che nutrì sempre per quistioni di estetica musicale. Il suo insaziabile bisogno di armonie si manifesta poi fin nelle sue poesie e nella sua prosa, ove il linguaggio assume spesso movenze quasi melodiche.

Nel luglio 1864, preparandosi all'A b i t u r i e n t e n - e x a m e n, qualche cosa come la nostra licenza liceale, trattò in un voluminoso scritto delle poesie di Teognide di Megara, notandovi come le parole buono e cattivo vi significano tanto quanto aristocratico e plebleo. Ognuno sa quale importanza abbia poi avuto questo concetto fin nelle ultime meditazioni di lui sull'etica sociale.

Studiò indi un semestre all'Università di Bonn (ottobre 1864-marzo 1865) nella facoltà di teologia, seguendo però anche i corsi di filologia classica di Ritschl e Jahn, che erano a quell'epoca i grandi corifei della filologia in Germania. Nel semestre successivo (aprile-agosto 1865) egli s'iscrisse nella facoltà filosofica della stessa Università. Indi essendosi Ritschl trasferito all'Università di Lipsia, lo seguì ivi, dandosi con entusiasmo agli studi filologici e venendo in grande dimestichezza col Ritschl stesso. Dall'autunno 1866 all'està 1867 lavorò attorno alla monografia «d e D i o g e n i s L a e r t i i f o n t i b u s» premiata dalla facoltà filosofica di Lipsia.

Dall'ottobre 1867 all'ottobre 1868 prestò servizio militare in Naumburg nell'artiglieria a cavallo. Frattanto imparava a conoscere le opere di Schopenhauer, che produssero un grande rivolgimento

---

[48]Zur Gen. d. M. Vol. VII, pag. 5.

nel suo spirito, e gli scritti di Riccardo Wagner, di cui egli divenne poco dopo amico personale e che onorò come il più grande tedesco vivente.

Tornato nell'ottobre 1868 all'Università di Lipsia, la sua attività ed i suoi progetti di studi filologici, i quali però risentivano già l'influenza dei recenti studi filosofici, si moltiplicarono di giorno in giorno.

Notevole è che quale dissertazione dottorale preparava uno studio dal titolo «Der Begriff des Organischen seit Kant» (Il concetto dell'organico da Kant in poi)[49].

Ma già al principio del 1869, prima ancora che Nietzsche avesse conseguito il dottorato, venne eletto professore straordinario di filologia classica all'Università di Basilea. Quivi cominciò ad insegnare con grande successo nel maggio del 1869 e l'anno dopo conseguì l'ordinariato, mentre l'Università di Lipsia lo proclamava suo dottore h o n o r i s   c a u s a .

Scoppiata la guerra tra la Germania e la Francia Nietzsche, che avea dovuto assumere la cittadinanza svizzera ed era vincolato dal dovere della neutralità in guerra, volle tuttavia seguire l'esercito tedesco nell'ambulanza come curatore dei feriti. Ma anche sotto le mura di Metz ed in Güterwagen, come Descartes all'assedio de la Rochelle, Nietzsche era occupato dalle più profonde meditazioni sull'ellenismo e sui problemi della cultura nazionale tedesca.

Intanto ammalatosi di difterite e dissenteria dovette abbandonare il campo e ritornare a Basilea.

Egli aveva abbracciato con gioia l'ufficio di professore di filologia. Soleva anche dire, che quell'ufficio gli fosse così bene attagliato come l'abito al corpo.

Ma il suo corpo ingrandiva e l'abito si faceva sempre più stretto. «Filosofia, scienza ed arte crescono ora in me così insieme, che io finirò col partorire centauri». Così egli descriveva lo svilupparsi del suo spirito.

Il primo di questi centauri è il libro intitolato: «Die Geburt der Tragödie» (La nascita della tragedia) – un libro che destò subito vive polemiche – e centauri sono tutte le altre opere, che da indi innanzi si susseguirono con rapidità sorprendente.

---

[49]Lettera a P. Deussen. V. P. Deussen loc. cit. p. 43.

Nietzsche ha intimamente e sinceramente vissute tutte le sue idee, tutti i momenti della sua speculazione.

Egli aveva la passione di pensare. Profondamente sincero verso di sè e verso gli altri, voleva e ricercava senza tregua la verità per la verità senza arrestarsi neppure di fronte all'assurdo, al paradosso, al singolare. Di qui quell'ardore continuo di riforma, di rinnovamento di sè stesso e degli altri, la gelosa tutela della libertà del suo spirito contro qualsiasi autorità, anche contro le proprie convinzioni anteriori. «Le convinzioni sono prigionie dello spirito» egli dice, «noi non ci faremmo bruciare per le nostre idee ma forse per la libertà d'averle e di mutarle». Così tutta l'opera del Nietzsche non è che il continuo divenire del suo spirito, un accrescersi, un liberarsi, un individuarsi di più in più.

Le notizie delle persone che lo videro nei primi anni della sua attività a Basilea ce lo descrivono forte, appassionato, agile di corpo e di spirito, coscente, pronto alla lotta come un giovine leone. Questo suo ardore di lotta è tutto trasfuso nelle «Unzeitgemässe Betrachtungen».

Poi vennero le amare delusioni sul Wagner, la reazione altrettanto appassionata contro Schopenhauer, la ricerca bramosa della piena indipendenza dello spirito e tutta quella crisi, che si rispecchia nei due volumi di aforismi dal titolo «Umano, troppo umano».

Già divenuto estraneo all'ambiente, in aperta opposizione con tutte le opinioni e credenze dominanti, mosso anche dai sopravvenuti acciacchi della salute e dal desiderio di consacrare, libero, le restanti forze all'opera sua, nel 1879 abbandonò spontaneamente la cattedra di Basilea.

Allora viaggiò quasi sempre solo nei più diversi luoghi della Svizzera, dell'Italia e della Germania, qual fugitivus errans, com'egli stesso si nominò, continuando ad essere estremamente attivo nel pensare e nello scrivere. Tutte le opere posteriori, dalle «Aurore» alla «Volontà della potenza», sono come altrettante pietre miliari nella immensa via percorsa dal genio fattossi solitario e sempre più profondo.

Più che l'arditezza e novità delle sue dottrine il loro quasi continuo rinnovarsi e svilupparsi impedì che Nietzsche facesse, vivo, dei proseliti. Studiosi adulti, come Karl Hillebrand e giovani come Peter Gast, i quali seguirono col più vivo interesse il divenire del pensiero di Nietzsche, non poteano permettersi che una rispettosa attesa. Così egli visse in un isolamento tragico dello spirito ed in una solitudine da asceta.

E qui è singolare il contrasto della sua vita colle sue dottrine.

Rinunziato ad ogni influenza sull'età presente e pieno di fede anche nel più lontano avvenire (Nietzsche credeva, che le sue opere dovessero vivere almeno 300 anni per produrre i loro frutti), egli non visse più nel mondo della realtà, ma nel suo mondo ideale, e nei rari contatti cogli uomini tenne omai un'attitudine passiva, così timidamente riguardosa e indulgente, quasi fosse un estraneo alla vita, che parlasse da un mondo al di là. Ma per compenso la coscenza di sè, non per vanità, ma per fede profonda nelle proprie idee, saliva ai più alti gradi.

Non senza dolore! che anzi egli ha mostrato di esser capace di sopportare i dolori più grandi, l'abbandono e l'oblìo degli uomini, le diserzioni di amici, verso i quali fu tenerissimo, la rinunzia all'amore, di cui non esiste traccia alcuna nella sua vita, pur essendo il suo cuore fatto per amare, la privazione di tutto, onori, stima, affetti, famiglia, agi, salute. Egli ha confermato coll'esempio della sua vita quella sua legge austera e profonda: quanto più dolore può sopportare un uomo, tanto più alto è il rango cui egli appartiene.

Nelle sue meditazioni sono spesso pagine d'una malinconia infinita.

Fra le immagini, ch'egli più volentieri adopera parlando di sè, la più ricca di significato è quella di un viandante che va e va tutto solo per un cammino senza ritorno a lui fatale e ignoto, lontano da tutti gli allettamenti della vita, che vorrebbero, ma non giungono a trattenerlo e per i quali pure egli avrebbe un cuore caldo e tenero. Egli va e son tante porte che si chiudono per sempre dietro di lui, sono altrettanti brani di cuore ch'egli lascia per via. «Un giorno il viandante chiuse una porta dietro di sè, si fermò e pianse. Poi disse: questo ardente desiderio del vero, del reale, del non apparente, del certo! Come io l'odio! Perchè mi perseguita proprio questo aguzzino tetro e appassionato? Io vorrei riposarmi, ma egli non lo consente. Quante cose non mi seducono a sostare! Vi sono dapertutto giardini di Armida per me e perciò sempre nuovi strappi e nuove amarezze del cuore! Io debbo muovere oltre il piede, questo piede stanco e ferito: e poichè io debbo, così volgo spesso indietro alle cose più belle che non hanno potuto trattenermi uno sguardo irato, perchè non hanno potuto trattenermi!»[50]. Un'altra volta nel cuore della notte il viandante andava silenziosamente di buon passo per torte valli e lunghe alture «D'un tratto un uccello comincia a cantare per la notte. «Ah! uccello! che hai tu fatto!

Chè arresti il mio pensiero ed il mio piede e versi un dolce tedio di cuore nell'orecchio, sì ch'io debbo fermarmi ed origliare.... perchè mi adeschi con la tua musica e col tuo saluto?» Il buon uccello smise di cantare e disse; «No, viandante, no! Non te adesco con i miei suoni, una compagna alletto io dalle alture. Che c'entri tu?... tu devi andare e non mai, non mai fermarti! Che resti tu ancora? Che ti ha fatto dunque il mio canto, tu viandante?»

Il buon uccello tacque e ripensò tra sè: «Che gli ha fatto dunque il mio canto? perchè resta egli ancora, il povero, povero viandante?»[51]. Così passò Nietzsche attraverso il mondo, insegnando che l'uomo deve attaccarsi per mille radici alla terra, egli stesso sorvolandole su col capo fra le nubi e l'orecchio intento alla voce dei secoli.

In un frammento postumo del Zarathustra egli dice: «Ciò che mi regge è la fede nel superuomo che afferma la vita. Anch'io, io stesso ho tentato di affermare la vita – Ah![52]» La storia interiore di Nietzsche è tutta in questa esclamazione indefinibile: Ah!

«Ho dato all'umanità il libro più profondo che essa possieda: il mio Zarathustra, e le darò presto il libro più indipendente! (La volontà della potenza)»[53]. Così egli chiudeva nel settembre 1888 un capitolo del suo «Crepuscolo degl'idoli.»

Ma la nuova opera fu troncata dalla demenza. La catastrofe, lungamente preparata dallo eccesso del lavoro e dall'abuso dei narcotici avvenne nei primi del 1889. Nietzsche fu trovato privo di coscenza in una via di Torino. È il caso della valanga che cade e ingrossa, travolge e precipita e nel momento in cui colpisce di più s'infrange. La mente che aveva condensiate in pensiero tutte le infinite spinte della vita si abbuiò per sempre, la volontà scomparve, i grandi occhi profondi e sicuri del filosofo non espressero più che un folle stupore.

---

[50]Die fröhl. Wissenschaft, Vol. V, p. 337.
[51]GEDICHTE, Vol. VIII, p. 326.
[52]Vol. XII, pag. 198.
[53]Vol. VIII, p. 165.

Visse così il Nietzsche fra le cure della madre in Naumburg sino al 1897, indi, morta questa, della sorella Elisabeth in Weimar. Morì il 25 agosto 1900 e fu sepolto nel luogo natìo. Così tragicamente egli si chiuse col secolo, di cui fu una delle più grandi personalità.

Su tutta la vita del Nietzsche vegliò un angelo tutelare, la sorella Elisabeth, la quale intuì prestissimo fin nel giovanetto il genio straordinario ed ebbe pel fratello una devozione costante e tenerissima, un vero culto, di cui forse non si riscontra nella storia altro esempio che quello, pur meno imponente, di Madame Perier, la gentile sorella di Pascal.

A lei dobbiamo se tutti i più minuti particolari della vita del Nietzsche ci sono noti e documentati, se tutti i frammenti, le bozze, i manoscritti abbandonati dal Nietzsche e da lei amorosamente custoditi, conservati per iniziativa di lei in un Archivio (Nietzsches Archiv) in Weimar hanno potuto essere raccolti e pubblicati in tanti preziosi volumi, che illuminano grandemente la storia interna del grande pensatore.

Desta intanto dalla fine tragica del filosofo l'attenzione del mondo converse d'ogni parte verso il gruppo pietosissimo della madre, della sorella e del povero demente, ma non può dirsi se sia stato un conforto per quelle addolorate la tardiva celebrità che rumoreggiava invano intorno a quel corpo vivo. Solo quando Nietzsche fu spiritualmente morto, fu eletto a duce delle novissime generazioni.

Opere e scritti varî di Nietzsche esaminati nel presente libro e corrispondenti abbreviature.

1.º Periodo

1) Homer und die classische Philologie (Hom. u. d. cl. Ph.) Antrittsrede an der Universität Basel, 28 maggio 1869, Vol. IX (1-24).

2) Varî studii preparatori su Socrate e la tragedia greca: «Sokrates und die griechische Tragödie», «Das griechische Musikdrama», «Sokrates und der Instinkt», etc. – fine 1869-autunno 1870 – Vol. IX (34-85).

3) Die Geburt der Tragödie aus dem Geiste der Musik, (Geb. d. Tr.), 1871, Vol. I (15-172) e Vol. IX (27-33 e 86-182).

4) Homer als Wettkämpfer (Hom. als Wett.), 1867-1872, Vol. IX (193-215).

5) Empedokles (progetto d'un dramma), 1870-71, Vol. IX (185-192).

6) Ueber die Zukunft unserer Bildungsanstalten (Ueb. Zuk. u. Bildgsan.) 5 conferenze tenute all'«Akademische Gesellschaft in Basel» e progetti di una 6ª conferenza – 1872 – Vol. IX (217-347).

7) Bayreuther Horizontbetrachtungen, estate 1872, Vol. IX (349-354, 370-2, 354-361).

8) Das Verhältniss der SchopenhauerischenPhilosophie zu einer deutschen Cultur, natale 1872, Vol. IX (363-369).

9) Die Philosophie im tragischen Zeitalter der Griechen (Phil. im trag. Zeit. d. Gr.), 1873 (l'introduzione e vari ulteriori progetti nel 1875) Vol. X (1-157).

10) Ueber Wahrheit und Lüge im aussermoralischen Sinne (Wahr. u. Lüge), primavera 1873, Vol. X (159-198).

11) Der Philosoph. Betrachtungen aber den Kampf von Kunst und Erkenntniss (Der Philos.), primavera 1873, Vol. X (199-230).

12) Die Philosophie in Bedrängniss (Phil. in Bedr.), autunno 1873, Vol. X (231-252).

13) Plan zu den «Unzeitgemässe Betrachtungen», autunno 1873, Vol. X (253-256).

14) Unzeitgemässe Betrachtungen – David Strauss, der Bekenner und der Schriftsteller (U. B. Strauss), 1873, Vol. I (177-275) e Vol. X (257).

15) U. B. Deutsch und Afterdeutsch, 1873, Vol. X (258-261).

16) U. B. Die Stadt, 6 novembre 1873, Vol. X (262).

17) U. B. Der Weg zur Freiheit, autunno 1873, Vol. X (263).

18) U. B. Vom Nutzen und Nachteil der Historie für das Leben, autunno 1873, Vol. 1 (277-384) e Vol. X (264-274).

19) Prometheus – Ideen zu einem Drama, 1874, Vol. X (275-280).

20) U. B. Schopenhauer als Erzieher, 1874, Vol. I (385-493) e X (281-287).

21) U. B. Der Staat, fine 1874, Vol. X (289-290).

22) U. B. Lesen und Schreiben, 1873-1875, Vol. X (291-300).

30

23) U. B. Wir Philologen, primavera e autunno 1875, Vol. X (301-378).
24) Betrachtungen im Anschluss an Dührings «Werth des Lebens», fine 1875, Vol. X (379-392).
25) U. B. Ueber Religion, fine 1875, Vol. X (393-394).
26) U. B. Richard Wagner in Bayreuth, 1874-1876, Vol. X (395-412), Vol. I (495-589) e Vol. X (413-425).
27) Einzelne Gedanken und Entwürfe (Erkenntniss-theoretisches, Aesthetische Grundanschauungen, etc.), 1869-1876, Vol. X (427-452).
28) Gedichte (1871-1877) Vol. VIII (323-331).

2.º PERIODO

29) Menschliches, Allzumenschliches (Menschl., allzum.), 1876-1878, Vol. XI (5-85) e Vol. II (15-414).
30) Der neue Umblick. Der Wanderer an seine Freunde (Umblick), estate 1878, Vol. XI (87-137).
31) Vermischte Meinungen und Sprüche (M. u. S.), 1876-1878, Vol. III (13-183) e Vol. XI (130-157).
32) Der Wanderer und sein Schatten (Wand. u. Sch.), 1879, Vol. III (187-375) e Vol. XI (159-176).

3.º PERIODO

33) Morgenröthe (Morg.), 1880-1881, Vol. IV (11-372) e Vol. XI (177-414).
34) Die Wiederkunft des Gleichen (Wied. d. Gl.), estate 1881, Vol. XII (1-130).
35) Die fröhiiche Wissenschaft (fröh. Wiss.); 1881-2, Vol. V (13-267) e Vol. XII (131-190).
36) Also sprach Zarathustra (Zar.) 1883-1885, Vol. VI (9-476) e Vorarbeiten und Nachträge zu «Also sprach Zarathustra», 1882-1886, Vol. XII (191 a 329, 423-425).
37) Gedicht-Fragmente, 1882-84, Vol. XII (349-353).
38) Böse Weisheit, Aphorismen und Sprüche, 1882-85, Vol. XII, (355-422).
39) Spruchartiges e Gedichte, 1882-1885 Vol. VIII (333-358).

4.º PERIODO

40) Jenseits von Gut und Böse (Jen. G. u. B.), 1885-1886, Vol. VII (3-279).
41) Vorrede zu «Menschliches, Allzumenschliches» I. Bd., primavera 1886, Vol. II (3-14).
42) Vorrede (Versuch einer Seibstkritik) zur «Geburt der Tragödie», Agosto 1886, Vol. I (1-14).
43) Vorrede zu «Menschliches, Allzumenschliches» II. Bd., settembre 1886, Vol. III (3-12).
44) Vorrede zur «Morgenröthe», autunno 1886, Vol. IV (3-10).

45) Vorrede, fünftes Buch («Wir Furchtlosen») und Anhang («Lieder des Prinzen Vogelfrei») zur «Fröhlichen Wissenschaft», autunno 1886, Vol. V (3- 11, 268-345 e 349-362).

46) Zur Genealogie der Moral, (Gen. d. Mor.), 1887, Vol. VII 2ª parte (3-200) oppure Vol. VII 287-484.

47) Der Wille zur Macht, Versuch einer Umwertung aller Werte, Studien und Fragmente (Wille z. M.), està 1887-ottobre 1888 – Vol. XV (1-507).

48) Der Fall Wagner (Fall. W.),primavera-estate 1888, Vol. VIII (1-51).

49) Götzendämmerung (Götzdäm.), settembre 1888, Vol. VIII (59-177).

50) Bruchstücke zu den Liedern Zarathustras, estate 1888, Vol. XII (331-348).

51) Dionysos-Dithyramben, 1888, Vol. VIII (359-378).

52) Der Wille zur Macht. I. Buch: Der Antichrist (Antichr.), autunno 1888, Vol. VIII (215-313) e Vol. XV (508-515).

53) Nietzsche contra Wagner (N. e. W.), dicembre 1888, Vol. VIII (183-209).

EDIZIONI TENUTE PRESENTI NEL FARE LE CITAZIONI.
Nietzsche's Werke. Leipzig. Verlag von C. G. Naumann.
ERSTE ABTHEILUNG.
Band I. Klein 8° Ges.-Ausgabe (6/7 Tausend) 1899
Band II. Klein 8° Ges.-Ausgabe (6/7 Tausend) 1899
Band III. Klein 8° Ges.-Ausgabe (6/7 Tausend) 1899
Band IV. Gross 8° Ges.-Ausgabe (II Auflage) 1895
Band V. Gross 8° Ges.-Ausgabe (II Auflage) 1895
Band VI. Gross 8° Ges.-Ausgabe (II Auflage) 1895
Band IV. Gross 8° Ges.-Ausgabe (12/33 Tausend) 1899
Band VII. Jenseits von Gut u. Böse (VI. Auflage) 1896
Genealogie der Moral (III. Auflage) 1894
Band VIII. Gesammtausgabe (IV. Auflage des Fall Wagner und der Götzendämmerung, II. Aufl. von Nietzsche contra Wagner, des Antichrist und der Gedichte) 1896
ZWEITE ABTHEILUNG.[54]
Band IX. Gross 8° Gesammtausgabe............1896
Band X. Gross 8° Gesammtausgabe............1896
Band XI. Gross 8° Gesammtausgabe............1897
Band XII. Gross 8° Gesammtausgabe............1897
Band» XV. Klein 8° (3/4 Tausend)............1901

---

[54] I volumi XIII e XIV non sono stati ancora pubblicati.

PRIMA PARTE

Nel gennaro 1872 Nietzsche, mentre occupavasi ad esaminare le stampe della sua prima opera «La nascita della tragedia dallo spirito della musica», ripeteva frequentemente i versi:

«*Schaff, das Tagwerk meiner Hände, Grosser Geist, dass ich es vollende*»[55].

Quel primo periodo di attività scientifica e filosofica, che comincia in Nietzsche col professorato in Basilea, è caratterizzato da uno ardore entusiastico di produzione, dal profondersi intero di una natura ricca e giovine, da un rigoglioso germogliare e svilupparsi di progetti di ricerche e di opere, che si complicano, si reggono o si ostacolano tra di loro e danno l'impressione di una libera vegetazione tropicale.

Mentre i propositi si moltiplicavano e la confidenza giovanile di attuarli si esprimeva in tono imperativo, talvolta tuttavia il dubbio che il tempo e le forze di compir tutto non sarebbero bastati, faceasi anco, come nell'invocazione, che ho voluto ricordare, sommessamente sentire. «Io non desidero più altro, che mi sia lasciato il tempo di maturare e produrre quanto vado pensando», così scrive egli nel novembre 1870[56]. E nell'agosto 1872: «In me i progetti si accalcano ora quasi alla rinfusa.... Pure non vi è confusione, solo che me se ne lasci il tempo, li porterò alla luce del giorno».

Tuttavia nè le forze nè il tempo mancarono al Nietzsche, solo l'interesse per quei suoi primi studi si venne in seguito modificando, attratto in altre direzioni. Così gli scritti che non poterono essere condotti a compimento per circostanze estrinseche (come le conferenze «Sull'avvenire dei nostri istituti di cultura» e il libro: «La filosofia nell'epoca tragica dei Greci») o quei progetti, che avrebbero richiesto un permanere tranquillo nello stesso campo di attività e d'interesse (come il «Libro dei Greci», cui Nietzsche

---

[55]Fa, o grande spirito, che io la compia, l'opera cotidiana delle mie mani. Vol. IX, pag. VII.

[56]Vol. IX, 375.

avrebbe voluto dedicare 10 anni di lavoro, e le «Riflessioni intempestive» oltre le quattro pubblicate), vennero abbandonati e sacrificati ai nuovi interessi del mutato spirito.

Pertanto molto spesso nello studio di questo primo periodo della speculazione di Nietzsche avremo a trattare di progetti e scritti rimasti incompleti ed alcuni anche allo stato di semplici abbozzi. Nondimeno è sempre interessante conoscere di un autore non solo quello che ha compiuto, ma pur quello che si è anco soltanto proposto di fare, perchè dalla considerazione dell'uno e dell'altro risulta la cognizione intera dello stato cogitativo dell'autore in una data fase.

Gli argomenti, di cui si occupò Nietzsche in questa epoca, sono molto varî. Gli scritti, dove egli trasfuse, per così dire, la ricca polifonia del suo spirito, contengono elementi molto diversi di scienza, d'arte, di filosofia. Questioni storiche, filologiche, di etica sociale, di pedagogia, di estetica, di filosofia delle religioni, di storia della filosofia, di teoria della conoscenza, di metafisica occupano in vario grado la mente di Nietzsche e la impegnano in ricerche e studi disparati.

In concreto però due temi fondamentali stanno in prima linea e spiccano su tutti gli altri: l'e l l e n i s m o ed il p r o b l e m a d e l l a c u l t u r a n a z i o n a l e t e d e s c a, e può dirsi, che quasi tutti gli altri studî, molti dei quali[57] pure, per l'interesse autonomo che ispirano, accennano a sviluppi indipendenti dello spirito di Nietzsche, sono stati condotti sotto la preoccupazione e per svolgimento di quei due temi dominanti.

Pertanto ci sarà lecito dividere in due sezioni lo studio della produzione di Nietzsche nel primo periodo.

Nella prima tratteremo di tutti gli scritti che si riferiscono all'ellenismo, alla ricostruzione e interpretazione di Nietzsche del mondo greco e della sua civiltà e cultura; nella seconda di tutti gli altri scritti, i quali direttamente o indirettamente si connettono collo studio del problema della cultura nazionale tedesca. Non che questi due argomenti principali non stiano in vicendevole rapporto, che anzi vedremo come in Nietzsche breve sia il passo dalla cultura

---

[57]Ueber Wahrheit u. Lüge im aussermoralischenSinne. – Per Philosoph. – Die Philosophie in Bedrängniss, etc.

greca a quella nazionale tedesca. Tuttavia ci sarà comodo ed utile nella esposizione di trattarli separatamente, conferendo la precedenza all'ellenismo, che per dir così dà gli accordi fondamentali dell'intero svolgimento polifonico.

L'ELLENISMO

I primi studî di Nietzsche di argomento ellenico risalgono all'epoca in cui egli era studente a Lipsia: così quegli studî omerici, da cui risultarono il discorso, inaugurale tenuto all'Università di Basilea il 28 maggio 1869 «Omero e la filologia classica»[58] ed in parte, più tardi, quell'altro scritto rimasto incompleto «Omero come gareggiatore»[59].

In quel primo discorso l'esempio della quistione della personalità d'Omero deve servire a discolpare la filologia classica dall'accusa di uccidere colle sue fredde analisi il godimento estetico dei capolavori dell'antichità. Nietzsche dimostra che con questo godimento si conciliano, a mo' d'esempio, le conclusioni cui egli perviene nella quistione della personalità di Omero; che cioè il nome di Omero debba ritenersi, a somiglianza dei nomi di Orfeo, Eumolpo, Dedalo, Olimpo[60], come appartenente ad un mito, creatore, simile a quegli altri miti, di una nuova forma d'arte, la poesia epica-eroica, in opposizione alla didascalica di Esiodo, col quale la leggenda fece gareggiare Omero. Questo nome poi solo per un g i u d i z i o e s t e t i c o sarebbe venuto applicato, come già ad una più grande quantità di poesie epiche, al contenuto dei due grandi poemi, l'Iliade e l'Odissea, i quali però, se non nella loro forma attuale, nella sostanza sono pur sempre da attribuirsi a creazione di un individuo geniale, il cui nome proprio sia rimasto sacrificato allo appellativo generico[61].

Nel rimanente questo scritto è interessante per due riguardi. L'uno perchè Nietzsche si schiera contro l'ipotesi di un'anima poetica popolare, nazionale o collettiva, che dir si voglia (dichterische Volksseele).

---

[58]Vol. IX, 1-24.
[59]Vol. IX, 193-215.
[60]Vol. IX, 18 a 21.
[61]Vol. IX, 22.

Ammette l'esistenza di un'anima collettiva e considera la scoperta di questa esistenza, come una delle più importanti della scienza storico-filologica[62]. Anzi con considerazioni, che sono di evidente origine schopenhaueriana, di cui non c'è più traccia negli scritti posteriori, crede che «così si spieghi finalmente la potenza lungamente sentita delle più grandi individualità, dei più grandi fenomeni della volontà...; come tutto ciò ch'è veramente grande e potente nel regno della volontà possa avere le sue profonde radici non nella figura singola, caduca e debole, che questa volontà assume, come i grandi istinti delle masse, gl'inconscienti stimoli dei popoli siano i veri sostegni e la vera leva della cosidetta storia del mondo»[63]. Ma il trasporto analogico di questo concetto dal regno della volontà al regno dell'intelletto e dell'arte deve ritenersi secondo Nietzsche arbitrario e mal si pone la corona del genio sulla vuota testa del popolo[64]. Per queste considerazioni Nietzsche attribuisce i poemi omerici all'opera di un genio personale.

L'altro riguardo è la professione di fede filosofica fatta dal Nietzsche nell'ultima parte del suo discorso: che cioè «qualunque attività filologica dev'essere chiusa e limitata da un'intuizione filosofica del mondo, nella quale ogni cosa singola o isolata svapori come rigettabile e rimanga solo ciò ch'è completo e armonico col tutto[65].»

Le ragioni di questa necessità Nietzsche non diede e forse si possono difficilmente dare. L'affermazione di essa, come Nietzsche l'ha fatta, ha quindi la forma ed il valore di un credo e mostra chiaramente che l'interesse filosofico cominciava a predominare in lui su quello delle semplici ricerche filologiche.

Il 18 gennaro ed il 1° febbraro 1870 Nietzsche tenne in Basilea due conferenze: nella prima trattò del dramma musicale greco («Das griechische Musikdrama»)[66] e nell'altra di Socrate e della tragedia («Sokrates und die Tragödie»)[67].

Il discorso sul dramma musicale greco dava per grandi tratti

---

[62]Vol. IX, 14.

[63]Vol. IX, 14-15.

[64]Vol. IX, 15.

[65]Vol. IX, 24.

[66]Vol. IX, 34 e segg.

[67]Vol. IX, 37 e segg.

un'immagine dell'antico teatro, dell'antica tragedia e della sua storia, confrontata con il dramma medioevale moderno e con la moderna opera musicale. Il contenuto essenziale di questo discorso fu elaborato e svolto nell'«Introduzione all'Ödipus rex», letta dal Nietzsche all'Università di Basilea nel semestre estivo del 1870 e poi venne incorporato nell'opera posteriore «La nascita della tragedia dallo spirito della musica». Il discorso come tale ha perduto importanza di fronte agli sviluppi posteriori. È notevole che fra gli appunti preparatorî si trova questa sentenza: «Lo ellenismo ha per noi (tedeschi e protestanti) lo stesso valore che hanno i santi per i cattolici»[68].

L'altro discorso su «Socrate e la tragedia»[69] di gran lunga più importante, contiene alcuni germi di dottrine, che doveano diventare capisaldi della interpretazione dell'antichità greca secondo Nietzsche. Egli vi imputa la fine della tragedia attica allo spirito razionalistico di Socrate e di Euripide. Socrate, il fanatico della conoscenza, di entusiastica superficialità, ed il socratismo di Euripide resero impossibile la spontaneità creatricc di Eschilo; la dialettica introdotta nel dialogo cacciò dal teatro la musica, il dramma musicale scomparve ed il processo finì nella commedia d'intrigo.

Da queste prime considerazioni Nietzsche venne condotto a farne altre più importanti. Egli si avvicinava già «passo passo timido e meravigliato verso una comprensione totale dell'antichità greca».

Il primo grande progetto d'un'opera, che dovea contenere la nuova e intera ricostruzione del mondo greco, fu quello intitolato «Sokrates und der Instinkt», (un «libro dell'avvenire»), tracciato nell'aprile e nel maggio 1870[70]. Qui si presenta per la prima volta il pensiero di quel «Griechenbuch» (libro dei Greci), che poi tornò così spesso alla mente di Nietzsche come il progetto più grandioso, verso cui dovessero convergere tutti i suoi studi filologici; ma ciò rimase pur troppo un semplice proponimento. Argomenti del libro «Socrate e

---

[68]Vol. IX, 34.

[69]Questo discorso completamente rifatto nel principio del 1871 venne stampato solo per gli amici nel giugno dello stesso anno e compreso poi con poche variazioni stilistiche nell'opera «La nascita della tragedia etc.»

[70]Vol. IX 42-48.

l'istinto» doveano essere l'etica greca, l'estetica, la religione e la mitologia, il concetto di stato, di legge, di educazione del popolo presso i Greci. Vi si dovea mostrare come nell'età fiorente dell'Ellade la morale e l'arte stessero in servizio della volontà, che la religione greca sia stata più alta e profonda di tutte le posteriori, che il monoteismo di fronte al politeismo greco denoti impoverimento dell'animo, come non l'aumento della cultura c o n o s c i t i v a renda forti ma il continuo attivarsi della volontà, come l'ἄνϑρωπος ϑεωρητικός e l'ottimismo razionalistico impersonati da Socrate, abbiano ucciso la più alta manifestazione dell'arte greca, la tragedia, e infiacchita la volontà.

Nell'està 1870 Nietzsche scrisse un piccolo lavoro sull'intuizione dionisica del mondo[71], dove già è precisamente definita l'opposizione tra il culto di Apollo e quello di Dioniso, tra l'arte apollinica e la dionisica. Questo nuovo punto di vista dovea presto servirgli a dare una nuova spiegazione dell'origine della tragedia attica, non solo, ma anco di tutta la vita greca antica. I primi capitoli di questo scritto passarono poi a far parte della prima opera completa pubblicata dal Nietzsche: «La nascita della tragedia dallo spirito della musica»[72].

L'attività di Nietzsche in questi studî venne interrotta dalla sua partecipazione alla guerra franco-prussiana. Gli echi della battaglia di Wörth, che si ripercotevano sull'Europa, lo trovarono in un angolo delle Alpi a meditare sui Greci[73]. Alcune settimane dopo egli era sotto le mura di Metz, tuttavia le sue meditazioni sull'arte e sulla vita greca, complicate con quelle sulla cultura nazionale tedesca, non lo abbandonarono. Ritornato a Basilea, appena convalescente, tracciò il progetto d'un altro lavoro, «Die Tragedie und die Freigeister»[74]. (La tragedia e gli spiriti liberi), dove accanto alle quistioni riguardanti la cultura ellenica ed in stretto rapporto con esse molte altre se ne posavano intorno alla cultura moderna e dell'avvenire. Ma neppure di questo nuovo piano Nietzsche fu contento, finchè nei primi del 1871, in quel mese di grande ansia, in

---

[71]Ueber die dionysische Weltanschauung, Vol. IX 49-62.
[72]Vol. I § 1-4, 7-8.
[73]Vol. I 1.
[74]Vol. IX 63-85.

cui fu conchiusa la pace di Versailles, anche Nietzsche venne in pace con sè stesso e tracciò il progetto definitivo, che dovea accogliere il risultato essenziale di tutte le lunghe e laboriose indagini e meditazioni di argomento ellenico sin allora compiute e che intitolò successivamente «Griechische Heiterkeit» (Serenità greca), «Die Oper und die griechische Tragödie» (L'opera e la tragedia greca), «Ursprung und Stil der Tragödie» (Origine e stile della tragedia) ed infine «Die Geburt der Tragödie aus dem Geiste der Musik» (La nascita della tragedia dallo spirito della musica).

Quest'opera elaborata lungo tutto l'anno 1871 venne alla luce nei primi del 1872.

La nozione estetica fondamentale di quest'opera è la opposizione naturale e profonda tra il momento a p o l l i n i c o ed il momento d i o n i s i c o sia nella vita e nell'arte ellenica, sia nella vita e nell'arte in generale; i quali due momenti, originariamente ostili fra loro e quasi corrispondenti ai due aspetti del mondo come rappresentazione e come volontà separati da Schopenhauer, si ricongiungono secondo Nietzsche per un prodigio metafisico del genio ellenico nella tragedia attica, rappresentativi il momento dionisico dal coro, quello apollinico dal dialogo.

La necessità della loro opposizione e la possibilità di congiungimenti solo temporanei tra essi fu elevata da Nietzsche a legge estetica fondamentale, (contrariamente alla opinione di coloro, i quali vorrebbero far derivare tutte le arti da un unico principio (V. I 110), e trattata qual verità eterna (V. I 130), ch'egli pel primo avrebbe dedotta dall'insegnamento che ce ne danno i Greci non per via di concetti verbali, ma di figurazioni simboliche di miti e divinità.

L'apollinico prende nome da Apollo, dio della luce e della verità, reggitore del mondo della vista, ed è l'elemento estetico specifico che presiede al mondo delle imagini, sieno interiori, visioni, sogni, soggetti epici, sieno esteriori, prodotti di ogni arte plastica e figurativa, in ogni caso sottoposte ad una intima norma di misura ed a quello stesso p r i n c i p i o d ' i n d i v i d u a z i o n e che già governò l'origine degli esseri. O che la fantasia del greco omerico venga agitata dai racconti epici del rapsode, o che si percepiscano in sogno od in uno stato di visione le superbe figure delle divinità olimpiche, o che si creino le plastiche forme serene ed eterne dell'arte dorica, l'occhio preciso del greco misura, limita, individua, anima e proporziona ad un tempo, dal caos indistinto ritrae la bellezza individuata ed estrinsecamente perfetta.

Il dionisico prende nome da Dioniso, dio dell'ebbrietà, e dei misteri. O per influenza di bevande narcotiche, di cui tutti gli uomini e popoli primitivi parlano in inni, o all'appressarsi del risveglio annuale della natura si destano quelle commozioni dionisiche, durante le quali pare ripristinata l'unità degli uomini fra di loro e fra essi e la natura. Spontanea offre la terra i suoi doni e pacifiche si accostano all'uomo le fiere dalle rupi e dal deserto. Il carro del dio Dioniso è coperto di fiori e di ghirlande, sotto il suo giogo incedono pantere e tigri. Ora lo schiavo è uomo libero, ora cadono tutte le rigide limitazioni individuali, che il bisogno, l'arbitrio, la moda hanno interposte fra gli uomini. Or gli uomini si sentono l'un con l'altro non solo riuniti, riconciliati, ma tutt'una cosa, come se il velo della Maja fosse stracciato. Nel ditirambo dionisico l'uomo viene eccitato al più alto grado di tutte le sue potenze simboliche. Cantando e danzando egli si manifesta come membro d'una più alta comunità. Egli non è più un artista, ma è diventato un'opera d'arte, che si manifesta nella piena simbolica della danza e del canto.

La musica è l'arte sovrana, che deriva da questi stati e ne diventa la più alta espressione. Essa è il linguaggio della volontà, metafisicamente intesa come fonte una di tutte le cose, individue. L'origine della musica si trova quindi al di là di ogni individuazione. Solo essa può esprimere il restituirsi di ogni singolo essere nell'unità fondamentale del genio della specie, anzi della natura.

I Greci lungo tempo furono protetti contro la febbre delle feste orgiastiche in uso presso tutti i popoli che li circondavano, da Roma a Babilonia, dall'altera figura di Apollo, che si contrapponeva con maestoso disdegno alle follie dionisiche. Ma dalla più profonda radice dell'Ellenico germogliavano istinti dionisici, pur assumendovi un nuovo e grave significato; ed a poco a poco dovea divenir coscente che i due momenti apollinico e dionisico metteano capo ad un comune fondo pessimistico ed erano un diverso modo di comportarsi di fronte al problema del dolore.

La cultura apollinica avea creato per un istinto di bellezza dal caos delle primitive deità del terrore e delle spaventevoli lotte dei titani, le serene figure e magnifiche degli dei olimpici. Il greco conosceva e sentiva profondamente gli orrori, le miserie, l'assurdità della vita, egli era convinto dell'ineluttabilità del dolore, pure non aveva cercato, per sostenerlo, l'aiuto d'illusorie speranze compensatrici, non avea cercato di sfuggire alla realtà presente favoleggiandone delle future e migliori, non avea nell'ascesi maledetta e rinnegata la vita, ma avea interposto tra la Moira, il fato, e la vita umana quel mondo medio dell'Olimpo, quel mondo sereno e trionfante, dove tutto ciò che esiste, sia buono o cattivo, ritrovavasi divinizzato. Per poter vivere i Greci doveano creare questi Dei e quest'ordine olimpico sviluppatosi lentamente, in forza di quello istinto apollonico di bellezza, dal primitivo regno di lotte e di terrore, come le rose sbocciano da un cespuglio spinoso (V. I, 31). Gli Dei giustificano la vita umana in quanto essi stessi la vivono: ecco la sola bastevole teodicea!

D'allora l'esistenza sotto la chiara luce del sole, come quegli Dei la conducevano, potè venire stimata come la sola cosa desiderabile in sè ed il vero dolore dell'uomo omerico consisteva nel separarsi da questa luce e nel lamentare la brevità della vita.

Ed ecco che la sapienza del sileno si oppone a quel sereno mondo di parvenze e nell'ebbrezza torna a rivelare il comune fondo di dolore nascosto e necessario. E questa volta il dolore misto alla voluttà parlava dal cuore della natura. Il satiro greco era qualche cosa di superiore e di sacro, l'imagine dell'uomo originario, su cui la conoscenza non ha ancora operato, servo e riflesso d'un Dio, enunciatore della sua profonda saviezza, imagine sensibile dell'onnipotenza generatrice della natura, che il greco è abituato a considerare con venerazione e meraviglia.

Nel satiro, anzi nella moltitudine di satiri, in cui il popolo si trasforma, nell'entusiastica schiera dei servi del Dioniso, nel coro ditirambico si riproduce il dolore del Dio servito. Qual'è questo dolore? È il dolore dell'individuazione. Di Dioniso meravigliosi miti raccontano che venisse ragazzo, ridotto in pezzi dai titani e onorato in questo stato come Zagreo. Dal sorriso di questo Dioniso sarebbero sorte le divinità olimpiche, dalle sue lacrime gli uomini. Con ciò si volea significare come il frazionamento dell'unità originaria della natura in una molteplicità di esseri sia il vero dolore dionisico e che nello stato d'individuazione dobbiamo vedere la fonte d'ogni dolore. La speranza degli epopti si rivolgeva ora ad una rinascenza del Dioniso intero, che dobbiamo considerare come la fine dell'individuazione, e solo in questa speranza un raggio di gioia ravviva l'aspetto del mondo lacerato, frantumato in individui. Qui abbiamo già tutti gli elementi di una profonda concezione pessimista del mondo e nello stesso tempo la dottrina dei misteri della tragedia; la conoscenza fondamentale dell'unità di tutto ciò che esiste, la considerazione dell'individuazione come la causa originaria del male e del dolore, l'arte della musica come gioconda speranza che la condanna all'individuazione sarà soppressa e come il presentimento dell'unità ripristinata.

Quando l'uso delle feste dionisiche fu introdotto nella Grecia, assumendovi il significato di feste di redenzione del mondo, di giorni di trasfigurazione dell'uomo e della vita, l'istinto apollinico dell'ordine e della misura, virtù greca, si contrappose energicamente a quanto vi era di barbarico, di eccessivo, di ribelle nel pessimismo dionisico. Ma poichè in fondo il pessimismo in sè non si poteva negare, così quello stesso istinto di bellezza, che seduce all'ulterior vita, che avea generato la poesia epica e le arti plastiche, che dal caos titanico avea creato il regno olimpico ed ordinato il mondo greco s'impossessò del pessimismo dionisico e creò la tragedia. E questa assunse la funzione di una festa civile, che riuniva periodicamente tutto il popolo.

La tradizione ci dice che la tragedia è sorta dal coro tragico, e che originariamente non c'era che il coro. Nel coro si compie l'imitazione artistica di quel primitivo fenomeno naturale. Il coro tragico è un coro di trasfigurati, nei quali il passato cittadino è del tutto dimenticato: esso è il simbolo dell'intera massa del popolo dionisicamente eccitata. Ma quando questo coro passa ad esprimere le sue visioni, o quando più tardi queste visioni si obiettivano in un eroe, che si presenta sulla scena e che originariamente fu appunto, come la tradizione vuole, Dioniso stesso, del quale tutti gli eroi posteriori di Eschilo e di Sofocle non sarebbero che trasformazioni, allora comincia ad operare il momento apollinico, allora cessa l'intera mimica dionisica della danza e del canto, la chiarezza e precisione delle nuove figurazioni ed il linguaggio quasi epico del monologo e del dialogo tornano ad allettare l'anima greca, convincendola che un'opera di bellezza può generarsi dal dolore necessario (Prometeo, Edipo).

Avviene qui un fenomeno inverso ad un fenomeno ottico comune.

Chi vuol guardare fiso il sole deve torcere lo sguardo abbagliato ed allora vede presentarsi avanti gli occhi, come rimedio salutare, delle macchie oscure. Inversamente le figure luminose degli eroi sofoclei sono prodotti necessari d'un'occhiata in ciò che vi ha di più oscuro e terrorizzante nella natura, e per così dire, delle macchie luminose come rimedio salutare della vista offesa dalla tetra notte. Solo in questo senso possiamo giustamente interpretare l'interessante aspetto della s e r e n i t à   g r e c a, che non è comodo sensualismo, non è la tranquillità d'una vecchiezza che non trova più nulla di desiderabile, ma la vittoria sul dolore, ma l'affermarsi eroico di una coscienza che vuol acquistare la nozione completa del pessimismo più profondo, e nondimeno contrapporle la pienezza di una vita sana, attiva e trionfante.

E qui è notevole che mentre i miti della cultura olimpica, cominciavano ad impallidire e ad essere trattati dai Greci come una loro storia di gioventù, appunto ora, nell'epoca più vigorosa e più sana della cultura greca vengono assunti dalla nuova intuizione dionisica del mondo come simbolica della sua conoscenza; e proprio in questa nuova fase essi acquistano un significato veramente tragico. Ciò che infuse loro questo nuovo soffio di vita e li trasformò in veicolo di sapienza dionisica fu appunto il genio della musica.

Mentre la musica è il linguaggio della v o l o n t à non ancora individuata, del sentimento in ciò ch'esso ha d'irriducibile ed intraducibile in rappresentazioni, essa pure sforza la nostra fantasia a dar forma a quel mondo spirituale invisibile, che per mezzo di lei ci parla, ed a raffigurarlo in un esempio concreto analogico: questo alla sua volta acquista per mezzo della musica la sua più alta significazione. Così avviene che la musica greca, la musica dionisica s'impossessa del mito morente (Prometeo, Edipo) e gli conferisce il contenuto più profondo e lo riveste della forma più espressiva. Parlando il linguaggio della musica quegli eroi tragici sembrano tornati dagli abissi dell'essere, e così appunto nelle figurazioni artistiche della tragedia si riproduce la metafisica del mondo: dall'unità essenziale al di fuori dello spazio e del tempo» al dolore necessario della individuazione, ed alla sublime serenità dell'arte che redime traducendo le più amare verità in opere di bellezza.

La tragedia morì non di morte naturale ma violentemente, Euripide la combattè a morte. Egli le tolse ogni solennità e significazione metafisica, come pensatore e critico escluse dal dramma ogni elemento dionisico, accrebbe l'interesse per l'azione e per la descrizione di tipi particolari, il procedimento diventa con lui razionalistico, il dialogo segue le regole della dialettica sofistica: tutto dev'essere logicamente dimostrato.

Evidentemente dietro Euripide e come demone ispiratore della riforma sta Socrate. Egli è il vero distruttore della tragedia. Socrate, che si distingueva, com'è noto, fra i suoi contemporanei per una profonda indifferenza verso l'arte, nutriva poi specialmente avversione decisa per l'arte tragica, e si asteneva da qualunque rappresentazione che non fosse di drammi di Euripide. A lui dovea sembrare che l'arte tragica non dicesse mai la verità. L'ottimismo della sua concezione etica e dialettica della vita era in completa antitesi con il pessimismo dei miti tragici. Nelle sue tre proposizioni fondamentali: la virtù è sapere, si pecca per ignoranza, solo il virtuoso è felice, è la sentenza di morte della tragedia. L'eroe virtuoso dovea ora essere buon dialettico, tutto il nesso tra i motivi e le azioni tra causa ed effetto dovea essere razionale e logicamente evidente. Il flagello dei sillogismi scaccia dalla tragedia la musica, cioè distrugge l'essenza della tragedia. Ma vi ha di più. Da quel momento l'influenza di Socrate si diffonde sul futuro come l'ombra, che nel tramonto si fa sempre più grande. Socrate crea e rappresenta il tipo dell'uomo t e o r e t i c o. Egli combatte qualunque manifestazione spontanea degl'istinti morali, religiosi, estetici. Egli pone al di sopra degl'istinti il ragionamento, al di sopra della volontà l'intelligenza, al di sopra dell'azione la conoscenza. Egli impone schemi logici e concettuali a tutta la vita, a tutta quanta l'attività umana e toglie che l'uomo resti in un rapporto estetico spontaneo e geniale con la natura e con la vita.

Il suo razionalismo ed ottimismo lo mettono a capo del movimento di dissoluzione degl'istinti fondamentali del genio greco.

Attraverso un così complicato, anzi un più complicato che io non abbia reso, giro di pensiero, Nietzsche cercava in sostanza di dimostrare: che il fondamento della più alta cultura raggiunta dai Greci era pessimistico e che esiste un rapporto necessario tra la cultura vera ed il pessimismo; che la predilezione grandissima manifestata dai Greci, proprio nei secoli della loro piena giovinezza e salute, per la tragedia ed il mito tragico insieme ad un'avidità insaziabile del bello, mostra da un canto come vi sia un amore, un gusto per il pessimismo, che denoti forza d'animo, esuberanza d'energia, e d'altro canto come l'arte (e non l'etica e non la scienza) redima dal dolore, dia valore alla vita e costituisca la vera attività metafisica dell'uomo; che la musica ha un'origine ed importanza diversa da quella di tutte le altre arti ed è capace di destare le potenze dell'anima che creano i miti; infine che la vera serenità greca non è quella comunemente nota dei primi secoli del cristianesimo, ch'è fatta di apatia senile, ma quel pieno sorriso della volontà che trionfa e si compiace di alternare lo sguardo fra il fondo cupo e spaventevole della realtà e le luminose parvenze di bellezza create dal genio attivo dell'arte.

Fra i capitoli che doveano far parte del libro: «Die Geburt der Tragödie» uno ve n'era destinato a trattare delle «Voraussetzungen des tragischen Kunstwerks (Geburt des Genius)», cioè dei presupposti dell'opera d'arte tragica (nascita del genio).

Tuttavia, benchè il capitolo fosse interamente scritto, anzi copiato per la stampa, venne all'ultima ora soppresso. Forse Nietzsche non volea caricare il libro di troppe novità e di affermazioni troppo aspre, forse volea ancora approfondire la sua ardita ricostruzione del mondo greco. Ma poichè le opinioni, che vi si manifestavano vennero in seguito mantenute, così gioverà conoscerle sin da ora per rendersi conto di quella più forte e minacciosa sottocorrente di pensiero, che non si rivelava nelle idee venute alla superficie nel libro sulla tragedia.

Il capitolo[75] comincia con una definizione del genio: l'umanità con tutta la natura, qual suo grembo materno, può venir considerata come la nascita continuata del genio. In ogni momento il mondo ha in un qualche punto il suo apice, l'intera piramide della natura ha per punto culminante il genio. Nietzsche distingueva tre specie di genî: l'apollinico, che continua il processo d'individuazione della natura creando e perpetuando nuove forme, il dionisico, che riflette in sè l'unità fondamentale dell'essere, il dionisico-apollinico, che opera una seconda riflessione della conoscenza dionisica in parvenze apolliniche. Or l'opera tragica presuppone il genio tragico, e l'esistenza del genio presuppone quella delle condizioni che lo

---

[75]Vol. IX, 90-123 e 125.

rendono possibile. Nella Grecia antica, dunque, dove furono possibili tutte le più alte forme del genio, debbono ritrovarsi tutte le condizioni che ne preparano l'avvento.

Ricercando queste condizioni si trova, che le radici dell'albero meraviglioso dell'arte e della cultura greca, traevano vita da un suolo di barbarie e di crudeltà. Il carro trionfale della cultura era riservato ad una incredibilmente sparuta schiera di privilegiati: sotto di questi languiva un'enorme massa di schiavi. I concetti di dignità dell'uomo, dignità del lavoro sono mezzi moderni di allucinazione, che servono a nascondere la schiavitù reale e necessaria. I Greci non ne hanno bisogno: essi esprimono con la più grande schiettezza e semplicità le verità più crude: il lavoro è un'ignominia; l'uomo in sè, l'uomo assoluto, l'uomo-specie non ha dignità, nè diritti; un'enorme maggioranza deve necessariamente vivere in schiavitù e lavorare e produrre in favore d'una piccola minoranza di eletti; questa classe privilegiata dev'essere sottratta alla lotta per l'esistenza al fine di creare ed appagare un nuovo mondo di bisogni superiori, i bisogni della cultura; perchè una cultura sussista è necessaria la schiavitù.

Il fermaglio di ferro, che costringe le grandi masse unendole così, che ormai quella interna struttura piramidale si compie necessariamente, è lo stato greco. Alle porte del diritto delle genti ed all'origine della società presso i Greci sta questa legge: al vincitore appartiene il vinto con donne e figli, beni e sangue; la forza dà il primo diritto e non esiste diritto che nel suo fondamento non sia appropriazione, usurpazione, prepotenza. Qui vediamo con quale spietata rigidezza per venirsi alla società siasi formato il crudele strumento dello stato.

Come la natura si sforza di pervenire alla bellezza e raggiuntala provvede per la propagazione di lei, così lo stato greco è per così dire un istituto di protezione e di allevamento del genio. L'artista greco si dirige con la sua opera non al singolo, ma allo stato ed alla sua volta l'educazione, che lo stato dava a tutti, era indirizzata al godimento dell'opera d'arte. Tutte le grandi creazioni della plastica, dell'architettura e delle arti delle muse hanno per oggetto grandi sentimenti del popolo coltivati dallo stato. In special modo la tragedia è un avvenimento solenne preparato dallo stato, che riunisce ogni anno tutto il popolo. Lo stato era insomma un mezzo necessario per la esistenza efficace dell'arte.

La connessione tra lo stato ed il genio presso i Greci si vede più chiaramente quando si pensa alla importanza straordinaria che essi attribuivano al sentimento politico ed alla vita politica. I Greci hanno creato il tipo dell'uomo politico in sè, ed in verità la storia non conosce un secondo esempio d'un così formidabile scatenarsi dello istinto politico, di una così incondizionata dedizione di ogni altro interesse in servigio di questo istinto. Si può ben dire che lo sviluppo delle più grandi personalità greche è dovuto a questa partecipazione continua alla vita della πολις; e che quanto più forte è l'istinto politico, tanto più è garentita una continuata successione di genî.

Con il sorgere dello stato cessa il naturale «bellum omnium contra omnes» ed è possibile che la società si accresca in grandi masse, senza di che forse non sarebbe cresciuta al di là del limite della famiglia. Dopo la formazione generale degli stati quell'istinto di guerra si condensa di tempo in tempo in spaventevoli tempeste guerriere tra i popoli, e si scarica per dir così in colpi e fulmini tanto più formidabili quanto più rari. Nelle pause è intanto lasciato tempo alla società di germinare e rinverdire sotto l'azione di quello stesso istinto di guerra compresso e rivolto all'interno, per lasciar sbocciare, tostochè si avranno giorni più caldi, la splendida fioritura del genio.

Persino nell'ideale platonico dello stato viene espressa questa nozione genuinamente ellenica, che lo stato abbia per vero e solo fine l'esistenza olimpica e la sempre rinnovata produzione e preparazione del genio, e che di fronte a questo fine tutto il resto non sia che strumento, mezzo, facilitazione.

Solo è un errore socratico in Platone l'avere escluso dal suo stato il genio artistico a vantaggio del filosofico, ed è antiellenico ch'egli abbia accordato alla donna pari diritti che all'uomo. La donna greca era considerata precipuamente come madre, doveva vivere ritirata e vegetare all'ombra. L'uomo idoneo alla lotta, la donna idonea al procreare, questo è l'ideale dell'educazione greca.

La Grecia è il tipo di un popolo, che ha interamente raggiunte le più alte intenzioni della volontà scegliendo a ciò sempre le vie più brevi.

Prima di procedere oltre nell'esposizione delle idee di Nietzsche sul mondo greco, notiamo che nel novembre o dicembre 1870, mentre egli occupavasi del progetto di opera noto sotto il titolo «Die Tragödie und die Freigeister», tracciò lo schema di un dramma intitolato «Empedocle». Un secondo schema più sviluppato e la prima scena vennero scritte tra il gennaro e l'aprile del 1871, quando egli lavorava intorno al libro «Die Geburt der Tragödie». Il dramma dovea rappresentare il pessimismo dionisico e attivo di Empedocle, il filosofo del dolore e dell'amore elevati a principii universali. È notevole che, quando nel 1883 Nietzsche lavorava per aggiungere una ultima parte al libro di Zarathustra, riprodusse in un suo piano il concetto di questo dramma.

Di argomento ellenico oltre il libro sulla tragedia sono anche altri due libri rimasti pur troppo incompleti: «Homer als Wettkämpfer» (Omero come gareggiatore) e «Die Philosophie im tragischen Zeitalter der Griechen» (La filosofia nell'epoca tragica dei Greci).

Il primo intitolato anche «Homerus Wettkampf» oppure «Homerus Wettkampf mit Hesiod» (La gara di Omero, o La gara di Omero con Esiodo) deriva da studii filologici cominciati nell'anno 1867.

Nel 1870 Nietzsche pubblicò nel «Rheinisches Museum» un piccolo scritto (la cui continuazione fu pubblicata nello stesso Museum nel 1873) intitolalo «Der Florentinische Tractat über Homer und Hesiod, ihr Geschlecht u. ihren Wettkampf»; e nel 1871 curò una edizione critica negli «Acta societatis philologicae Lipsiensis» (Bd. I, 1-23) del «Certamen quod dicitur Homeri et Hesiodi e codice Florentino post Henricum Stephanum». L'idea di scrivere un'opera su questo argomento venne a Nietzsche già nel 1869. Ma solo nell'autunno del 1871 egli ne tracciò un piano compiuto e nel luglio del 1872, dopo cioè pubblicato il libro sulla tragedia, ne svolse ampiamente qualche parte (il 2° capitolo) esponendovi delle vedute, che considerava come fondamentali per la comprensione del mondo ellenico. Il desiderio di fare di questo lavoro un'opera basilare ne protrasse troppo la completa esecuzione. Sopravvenute frattanto altre più gravi occupazioni lo scritto restò abbandonato.

Per noi esso è importantissimo perchè contiene l'enunciazione di pensieri di grande momento per la filosofia di Nietzsche.

Infatti due concetti son posti a base di questo scritto, che poi si ritrovano anche nelle ultime opere di Nietzsche:

1° Il genio greco è pervenuto alle sue più alte affermazioni, che sono le più alte raggiunte dalla umanità, non combattendo gl'istinti più brutali e pericolosi, ma rivolgendoli a fini utili: così, per esempio, il furore tigrino di distruzione (delle tribù etc.) diventa in essi la gara feconda.

L'applicazione di ciò ch'è dannoso a fini di utilità è idealizzata nell'intuizione del mondo secondo Eraclito.

2° L'uomo non si apparta dalla natura per le sue qualità più nobili e più alte. Le sue proprietà cosiddette n a t u r a l i sono indissolubilmente cresciute insieme a quelle particolarmente dette u m a n e. Egli è sempre e tutto n a t u r a e le sue facoltà più terribili e considerate come i n u m a n e sono anzi forse il terreno fecondo, da cui soltanto la sua u m a n i t à nei sentimenti e nelle azioni può svilupparsi. Così hanno i Greci, gli uomini più umani dell'antichità, un carattere di crudeltà, di voglia tigrina di distruzione in sè, che è perfettamente visibile sia nella loro storia, come nella loro mitologia. Quando Alessandro Magno, che è l'imagine, ingrandita sino al grottesco, dell'elleno, fa traforare i piedi al valoroso difensore di Gaza, Batis, e vivo ne lega il corpo al suo carro per trascinarlo fra lo scherno dei suoi soldati, questa è la caricatura disgustosa di Achille, che di notte maltratta in modo simile il cadavere di Ettore. Ma anche nella sua forma primitiva questo carattere c'ispira orrore. Qui noi vediamo negli abissi dell'odio. Con lo stesso orrore noi assistiamo al sanguinoso e insaziabile dilaniarsi di due partiti greci, per esempio nella rivoluzione dei Corciri.

Quando il vincitore di una città secondo il dritto di guerra fa trafiggere l'intera popolazione maschile e riduce in schiavitù tutte le donne e i bambini, noi vediamo nella sanzione d'un tale diritto, che il greco considerava come grave necessità la completa effusione del suo odio. E perchè altro lo scultore greco dovea effigiare sempre di nuovo, in innumerevoli riproduzioni, scene di guerra e di lotte, corpi umani nelle pose dell'odio o dell'orgoglio del trionfo, feriti che si contorcono, morenti che rantolano? E perchè giubilava l'intero mondo greco al racconto delle lotte d'Ilio?

Nel mondo preomerico regna la notte e l'orrore, prodotti di una fantasia accostumata alle crudeltà. Quale esistenza terrena rispecchiano le disgustose e paurose leggende teogoniche! Quale aria irrespirabile è quella dei poemi di Esiodo. Ma pure in confronto alla realtà quel mondo mitico di Urano, Kronos e Giove e le lotte titaniche doveano dilettare come un alleviamento dello spirito. Ma ciò che vi ha di più notevole si è che il genio greco, malgrado tutto, attribuì in ogni tempo un valore assoluto a quell'istinto di lotta e lo stimò come giustificato. La lotta e la gioia della vittoria ebbero sempre pieno riconoscimento, e nulla distingue il mondo greco tanto dal nostro, quanto quella colorazione particolare di certi concetti etici, quali quelli dell'Erinni e dell'invidia. All'ingresso dell'etica ellenica si trovano queste parole di Esiodo: due Erinni sono sulla terra l'una cattiva, l'altra buona. L'una promuove le guerre più terribili, la crudele! Nessun mortale essa può soffrire, da essa nacque l'oscura notte. L'altra fu posta da Giove nelle radici della terra e fra gli uomini. Essa spinge l'uomo inesperto al lavoro, per essa chi è povero guarda il ricco e si affretta a seminare ed a coltivare ed a metter su bene la propria casa, il vicino gareggia col vicino ed aspira al benestare. Benefica è questa Eris per gli uomini! Anche il vasellaio ha gelosia del vasellaio, il falegname del falegname, e il mendicante invidia il mendicante ed il cantore il cantore!

Il greco è dunque invidioso e sente questa qualità non come una colpa, ma come l'ispirazione di una divinità benefica! Quale abisso tra il nostro giudizio etico ed il suo! E poichè egli è invidioso, sente in ogni stato di grandi onori, ricchezze, felicità l'occhio invidioso d'un dio su di sè e teme questa invidia. E poichè l'invidia è così forte la giustizia è una virtù infinitamente più grande ed importante presso i Greci che non presso di noi, che anzi il cristianesimo, come religione dell'amore, non conosce la giustizia.

Quanto più grande ed elevato è un greco, tanto più vivida si sviluppa in lui la fiamma dell'ambizione, distruggendo chiunque corra per la stessa via. Ogni grande Elleno porta più avanti la fiaccola della gara, ad ogni grande virtù si accende una nuova grandezza. Si pensi al giovane Temistocle che non potea dormire pensando agli allori di Milziade.

Per vedere palesato nella sua espressione più ingenua il sentimento della necessità della gara per la salute dello stato, si ponga mente al senso originario dell'ostracismo, come lo pronunciarono gli Efesi contro Ermodoro: «fra noi nessuno dev'essere il migliore e se qualcuno lo è, che lo sia altrove e presso altri!» E perchè nessuno doveva essere il migliore? Perchè così sarebbe cessata la gara e la eterna ragion d'essere dello stato ellenico sarebbe stata messa in pericolo. Più tardi l'ostracismo viene applicato quando può giustificarsi il timore che uno dei grandi politicanti in lotta si senta eccitato a mezzi troppo dannosi e distruttori. Il senso di questa singolare istituzione è di essere mezzo di spronamento: si eliminano i più alti acciocchè la emulazione della forza si desti di nuovo. C'è bisogno di più genii i quali si eccitino reciprocamente ad agire e si tengano l'un l'altro nei limiti della misura. Questo è il perno del concetto della gara presso i Greci: si aborre dal dominio di un solo e si ricerca come mezzo di protezione contro il genio... un secondo genio!

Ogni attitudine, ogni potenzialità si deve sviluppare lottando, così comanda la pedagogia del popolo greco. Ogni ateniese dovea sviluppare sè stesso nella lotta. Ogni greco sentiva sin dalla infanzia l'ardente desiderio di diventare nella gara delle città strumento di salute e di gloria per la propria città.

Anche gli educacatori gareggiano fra di loro, così pure i grandi maestri di musica, p. e. Pindaro e Simonide, così il sofista col sofista, il tragedo col tragedo. Il greco conosce gli artisti solo in lotta personale tra loro. È pure notevole che nelle feste panelleniche reggeva unità di norme per le gare, e che la celebrità dei vincitori era panellenica.

Cessata la lotta presso i Greci comincia la decadenza, così per gl'individui: Milziade divenuto solo dominatore riproduce il tipo del greco preomerico; così per le città: Sparta ed Atene degenerarono quando finirono di guerreggiarsi. Ed Alessandro Magno è una caricatura dell'ellenico.

Le altre parti del libro dovevano trattare delle più antiche leggende di gare, delle gare fra gli dèi, fra gli eroi, ed in particolare della leggenda della gara tra Omero ed Esiodo. I canti omerici sarebbero il risultato di composizioni di gara, e così anche quelli di Esiodo. I nomi di Omero ed Esiodo contrassegnerebbero i premi della vittoria.

Nel semestre d'inverno 1869-70 degli studî all'Università di Basilea Nietzsche lesse per la prima volta un corso di lezioni sui «Vorplatonischen Philosophen» (filosofi preplatonici). Fra le carte di quell'epoca si trova inoltre come titolo d'un futuro libro: «Die Philosophie im tragischen Zeitalter der Griechen». Ma gli studî sull'arte tragica ebbero la preferenza. Pubblicato il libro sulla tragedia, nel semestre estivo del 1872 Nietzsche lesse per la seconda volta il corso anzidetto e nella stessa epoca manifestò il pensiero di scrivere un libro sulla filosofia tragica. I filosofi preplatonici gli apparivano come i veri rappresentanti del genio greco non ancora fuorviato dai suoi istinti fondamentali. Il 6° ed il 5° secolo (a. C.)

della storia greca restavano ancora a scoprirsi. Ed egli ne voleva tentare la trattazione compiuta, considerando il libro sulla tragedia già pubblicato come l'esposizione di quella storia dal lato estetico, il libro da scrivere sulla filosofia tragica come la sua esposizione dal lato filosofico, ed infine il libro su Omero e la gara come quella dal lato etico e politico. Dal gennaro all'aprile del 1873 egli si pone assiduamente al lavoro sui filosofi greci, per finirlo prima dell'estate prossima. Egli vuol così sorprendere Wagner pel suo giorno natalizio. Ma ancora a Pasqua si trova ben lontano dalla fine. Egli sente il bisogno di fare per l'oggetto gli studî più svariati, persino di matematica, meccanica, chimica, teoria atomica etc. Tuttavia egli ha già guadagnato, da un altro punto di vista, una visione grandiosa del mondo greco. «Io mi sono convinto ancora una volta nel modo più splendido di ciò che i Greci sono ed erano» egli esclama: «La via da Talete a Socrate è qualche cosa di prodigioso!»

Verso la metà di aprile 1873 egli si reca a Bayreuth e tornatone è preso da quel sacro furore che dovea sprigionarsi, come vedremo, nelle «Unzeitgemässe Betrachtungen». I «filosofi greci» vennero messi da canto e non condotti oltre, malgrado nella estate di quell'anno Nietzsche rileggesse per la terza volta il corso prediletto. Solo nell'autunno del 1875 egli riprende il lavoro, ma quando al principio del 1876 la sua salute pericolò, il lavoro fu di nuovo abbandonato. Così questo scritto è rimasto un frammento. La prima prefazione data dal 1875, la seconda, mirabilmente sintetica, la dettò a sua madre in Naumburg nell'invemo 1876-80, quando convinto della sua prossima fine egli scelse dai suoi precedenti scritti ciò che gli sembrava pubblicabile.

Per giustificare la filosofia, così osserva Nietzsche nell'introduzione di questo libro, basta mostrare a qual uso i popoli sani abbisognino ed abbiano abbisognato della filosofia. I Greci, i quali sono stati i veri sani, hanno giustificato una volta per tutte la filosofia per il fatto stesso che essi hanno filosofato e più di qualunque altro popolo. Purtroppo non poterono cessare di farlo a tempo giusto, e con ciò hanno diminuito il loro merito, ma certo hanno ben compreso di cominciare a tempo giusto e l'insegnamento sul quando si deve cominciare a filosofare l'hanno dato così chiaramente come nessun altro popolo. Mentre cioè gli altri popoli hanno cominciato a meditare quando si sono trovati in calamità, i Greci cominciarono

nella felicità, nell'epoca della loro matura virilità serena e trionfante. I Greci hanno trovato il tipo del filosofo e tutto il mondo posteriore non vi ha aggiunto nulla di essenziale. Filosofi come Talete, Anassimandro, Eraclito, Parmenide, Anassagora, Empedocle, Democrito e Socrate sono fatti tutti d'un sol pezzo, sono per dir così dei monoliti. Tra il loro pensiero e la loro azione domina rigorosa necessità. Manca per essi ogni convenzione, poichè allora non esisteva alcuna classe di filosofi o di dotti: Essi vivevano in una magnifica solitudine: essi soli vivevano allora della conoscenza; essi tutti possedevano la virtuosa energia degli antichi, per la quale restano insuperati: l'energia di trovare ciascuno da sè la propria forma e di svilupparla fin nelle linee più sottili come nelle più grandi. Essi formano, in contrasto a ciò che appresso si appellò repubblica di dotti, una repubblica di genî: un gigante chiama l'altro, attraverso i deserti spazi del tempo e indisturbato dalla folla di pigmei che si agita rumorosa ai loro piedi, continua l'alto discorso spirituale. Nietzsche si proponeva appunto di narrare questo discorso. A lui sembrava che quegli antichi sapienti da Talete sino a Socrate abbiano in quel discorso trattato, benchè nella forma più generale, ciò che vi ha di tipico nell'ellenico. Essi portano nelle loro dottrine come già nella loro personalità i grandi tratti del genio greco, la cui impronta sbiadita, la cui copia confusa e perciò non chiaramente intelligibile è l'intera storia greca. Nella vita del popolo greco non troviamo infatti che il riflesso di ciò che nei grandi genî dell'Ellade splende coi colori più vivi.
Già il primo fatto della filosofia sul suolo greco, la sanzione dei sette sapienti è una linea luminosa e indimenticabile nella figura dell'ellenico. Altri popoli hanno santi, i Greci hanno sapienti. In altri tempi il filosofo è un viandante solitario, che attraversa per caso un territorio ostile. Solo presso i Greci il filosofo non è casuale, e noi lo vediamo apparire nel 6° e nel 5° secolo (a. C.) fra gli enormi pericoli e le seduzioni della mondanità, qual nobile ammonitore, allo stesso scopo pel quale in quei secoli vien creata la tragedia.
Il giudizio di quei filosofi sulla vita vale molto di più che un giudizio moderno, perchè essi avevano davanti a sè la vita rigogliosa e completa. Solo una cultura come la greca può rispondere alla domanda sul valore della vita, facendone il compito del filosofo solo essa può, come si disse, giustificare la filosofia. V'è una necessità

inflessibile per cui il filosofo è legato ad una vera cultura. Ma se questa cultura manca? Allora il filosofo è una cometa imprevedibile e quindi terrorizzante, mentre in quel rapporto naturale egli splende quale astro principale nel sistema solare della cultura. In un paese senza cultura la filosofia come l'arte non hanno alcun diritto. Abbiate anzitutto una cultura, esclama Nietzsche, allora apprenderete ciò che la filosofia vuole e può!

Con Platone comincia qualche cosa di nuovo, o meglio con Platone comincia a mancare ai filosofi qualche cosa di essenziale. I filosofi sino a Socrate sono u n i l a t e r a l i, i loro epigoni con a capo Platone sono m u l t i l a t e r a l i. Questi ultimi rappresentano mescolanze di caratteri, i primi sono i tipi puri. Platone è il primo grandioso miscuglio di caratteri. Nella sua filosofia come nella sua personalità è insieme socratico, pitagoreo, eraclitico. Elementi di queste tre filosofie sono commisti nella sua dottrina delle idee; e come uomo egli ha i tratti regali di Eraclito, melanconici e legislatoriali di Pitagora, dialettici di Socrate. Dopo di lui tutti i filosofi posteriori sono simili miscugli e se vi ha degli unilaterali, come p. e. i cinici, questi sono delle caricature. Inoltre: prima di Platone il filosofo viveva in contatto diretto con la cultura, con la città, con lo stato; dopo Platone egli diventa fondatore di sette in opposizione con la cultura dominante, vive in esilio e cospira contro la patria. La parte del libro interamente svolta tratta di Talete, Anassimandro, Eraclito, Parmenide e di Anassagora. Indi si hanno larghi appunti su Empedocle, Democrito, Pitagora e Socrate. È notevole come non esista in tutto il libro alcun accenno che ricordi Protagora, mentre ricorre varie volte citato nelle opere di Nietzsche e fin nel libro di Zarathustra come una verità fondamentale il principio primo di questo filosofo; L'uomo è la misura di tutte le cose. È altresì notevole come Nietzsche non confronti mai Socrate coi sofisti, ma soltanto con i grandi filosofi anteriori, mentre non è possibile intendere il significato della filosofia socratica senza tener presente la profonda trasformazione della società greca, della quale il sorgere dei sofisti è un sintomo così importante.

Mi dispenso dal seguire Nietzsche nella esposizione delle singole dottrine filosofiche preplatoniche, la quale non ha grande importanza. Credo pure interessante dire qualcosa dei suoi apprezzamenti su Eraclito, Empedocle e Socrate.

Di Eraclito narra come abbia spiegato il divenire cosmico dalla lotta dei contrari. Tutto accade secondo questa lotta e appunto in essa si appalesa l'eterna giustizia. È un'idea meravigliosa, attinta alla più pura fonte dell'ellenico, questa che pone la lotta come il continuo operare di una giustizia suprema legata a leggi eterne. Soltanto un greco era in grado di porla a fondamento di una cosmodicea. È la buona Erinni di Esiodo elevata a principio del mondo, è il concetto della gara fra i singoli e fra gli stati greci, che dal ginnasio, dalle palestre, dagli agoni artistici, dal lottare dei partiti politici e delle città fra loro vien trasportato nell'universo.

Empedocle apparve al Nietzsche come il vero filosofo tragico, contemporaneo di Eschilo. Di lui è ammirato lo straordinario pessimismo, che pure opera in modo altamente attivo, non quietistico, e l'aver posto l'amore universale, sotto il simbolo d'Afrodite, come il principio dell'unità (dionisica) e della redenzione di tutto ciò che ama.

Socrate si distingue da tutti gli altri filosofi per la sua origine plebea, per la scarsa cultura, per la sua indifferenza verso le arti, per il punto di vista utilitario e pratico sotto il quale concepiva le scienze. Egli è assolutamente plebeo, incolto ed anche nella persona specificamente brutto. Egli è un autodidatta etico, da lui si parte un fiume di speculazione morale. Egli rappresenta una prodigiosa forza di volontà diretta alla riforma morale.

Singolare è la superficialità del mezzo di questa riforma: il sapere è la via della virtù, la dialettica è lo strumento della moralità, la vita dev'essere dominata dalla ragione. La filosofia diventa con Socrate p r a t i c a, essa è insegnabile a ciascuno, non fa appello al genio ed alle più alte facoltà conoscitive, ma alla logica comune. Gl'istinti morali perdono ogni valore, la virtù dev'essere dimostrabile ed in questa dimostrabilità, che ciascuno può darne, risiede il vero merito!

Tutti i filosofi precedenti erano pessimisti, avevano una profonda sfiducia verso la realtà, nessuno ammetteva una deità buona, che abbia disposto il mondo nel miglior modo possibile. Al più si ammetteva un ottimismo artistico. Per Democrito, anzi, ch'è lo spirito più libero, il mondo è senza significato nè morale nè artistico, ma sottoposto al caso. I Greci erano con Empedocle e Democrito sulla migliore via di quotare giustamente la vita umana, la sua irragionevolezza, la sua miseria. A ciò non sono giunti per colpa di

Socrate. Con Socrate comincia l'ottimismo non più artistico, ma etico e teleologico, nasce la credenza in un buon Dio e la fiducia nell'uomo savio e buono. Con Socrate comincia la guerra agl'istinti ed il dissolvimento degl'istinti.

Tutti i filosofi anteriori avevano scoperto belle possibilità di vita. Essi potevano, grazie ad una smisurata libertà individuale, vivere liberamente ciascuno la propria forma particolare senza venir perciò considerati come pazzi. Esistono certamente ancora moltissime possibilità di vita, che non sono state ancora scoperte, perchè i Greci non le hanno scoperte. Oh i Greci non sono stati mai apprezzati abbastanza! La superiorità morale dei Greci si rivela nella loro schiettezza e interezza, nella loro elementarità: essi mostrano l'uomo semplicizzato senza doppia coscenza, senza cattiva coscenza e ci rallegrano come la vista degli animali. La più grande perdita che può colpire l'umanità è il non prodursi dei più alti tipi di vita. Qualche cosa di simile è accaduto allora con Socrate. Con lui i Greci perdono la loro ingenuità, spontaneità, schiettezza. Eppure i loro miti e le loro tragedie erano molto più savie delle etiche di Socrate, Platone ed Aristotele. Gli stoici e gli epicurei sono poveri in confronto ai più antichi poeti e statisti, e la loro tranquillità è un pauroso riguardarsi di malati al cospetto del dolore. Socrate distrusse la spontaneità del giudizio etico, annullò il valore intrinseco della scienza, disvelse l'individuo dal vincolo storico, inaugurò le ciancie dialettiche. Con lui la filosofia diventa tutta ansia per il proprio io.

Quasi tutti gli scritti di Nietzsche contengono riflessioni e notizie sui Greci, tuttavia dopo l'aprile del 1873, come si è accennato e come vedremo meglio nella seconda sezione di questa prima parte, la sua mente si rivolge quasi del tutto al problema della cultura tedesca e generale e la sua combattività si esplica principalmente nelle «Unzeitgemässe Betrachtungen». A queste voleva egli dedicare, secondo un piano sommario di vita ideato nel 1875, la sua attività sino al suo 30° anno, cioè sino al 1874. Nei dieci anni successivi avrebbe compiuto quel «Griechenbuch», che dovea contenere il risultato di tutti i suoi studî sui Greci. Poi dal 40° al 50° anno avrebbe scritto dei D i s c o r s i a l l ' u m a n i t à (Reden an die Menscheit).

Questo tranquillo programma di vita e di lavoro, secondo il quale lo avremmo forse ancora fra noi vivo e parlante, restò pur troppo un pio desiderio. Specialmente è a deplorare, ch'egli non abbia potuto recare ad effetto il suo proposito di fornire in un lavoro unico una ricostruzione organica del mondo ellenico, che sarebbe stata senza dubbio originale ed importante.

Dopo lo scritto sulla filosofia nell'età tragica dei Greci nessun'altra opera di Nietzsche si occupa espressamente ed esclusivamente d'argomento ellenico. Solo fra le «Unzeitgemässe Betrachtungen», di cui ci occuperemo appresso, ve n'ha una intitolata «Wir Philologen» (Noi filologi), che contiene un importante capitolo sui Greci, del quale giova riportare alcuni brani (V. X 348-358) insieme a varî altri dello scritto stesso (V. X 310-4 e 374).

Il mondo greco viene studiato, quale il più bello esempio della vita. Esso ci fa comprendere come i più grandi prodotti dello spirito hanno uno sfondo terribile e cattivo: la riflessione scettica. Oltre a ciò i Greci mostrano tutte le qualità umane, nella vita dello stato, nell'arte, nella società, nel diritto di guerra e delle genti, nei rapporti tra i sessi, nell'educazione, nei partiti, non mascherate e con una tale inumanità ed ingenuità da riuscire indispensabili per istruirsi. A ciò si aggiunga, che hanno dato il più grande numero di individualità, per questo sono così istruttivi sull'uomo.

La cultura greca poggia sopra un rapporto di dominio di una poco numerosa classe su una massa da quattro fino a nove volte più grande di non liberi. A non considerare che la massa, la Grecia era un paese popolato di barbari. Come si può trovare umani gli antichi? La storia greca è stata sin qui scritta troppo ottimisticamente. L'ellenismo di Goethe è storicamente falso e poi troppo svenevole e femineo. V'è un enorme contrasto fra i genî e quelli che lavorano per guadagnarsi il pane, la casta ed il mezzo animale da tiro e da soma. Ellenico e filantropico sono concetti antitetici.

Eppure i Greci sono l'unico popolo geniale nella storia del mondo. Il barbaro si comporta in confronto al greco come la conchiglia attaccata allo scoglio, che deve aspettare ciò che il caso le apporti, sta di fronte all'animale liberamente movibile, anzi alato. I Greci rappresentano il genio fra i popoli.

Di natura infantile, creduli, appassionati, essi vivono inconsciamente per la produzione del genio.

Essi erano anche in summa più morali degli uomini moderni. L'intera visibilità della loro anima nelle loro azioni mostra ch'essi non conoscevano il pudore, non la cattiva coscenza; ma erano apertamente appassionati come sono gli artisti, una specie di semplicità e ingenuità infantile li accompagna in tutte le loro azioni, perciò essi hanno anche nelle loro cose più brutte un tratto di purezza in sè, qualche cosa di sacro. Notevole è anche com'essi siano realisti nelle invenzioni pure, essi poetavano sulla realtà, non fuggivano al di là di questa. Sano, agile di corpo, senso puro e profondo nella osservazione di ciò che lo circondava, libera virilità, fiducia nella buona razza e nella buona educazione, prodezza guerriera, gelosia nella ἀριστεύειν, nello eccellere, gusto per le arti, rispetto per il libero ozio, senso per le individualità libere, senso per il simbolico: ecco i tratti salienti del tipo greco. Naturalmente non si può magnificare tutto un popolo. I singoli sono da magnificarsi, anche fra i Greci. Nel greco medio si trovano le qualità del geniale senza genialità, in fondo le qualità più pericolose. Ma ciò che più monta è il rapporto del popolo coll'educazione dei grandi s i n g o l a r i, ed in ciò si trova assolutamente fra i Greci qualcosa di molto favorevole e non per la bontà del popolo, ma per la libera lotta degl'istinti cattivi. I Greci sono interessanti e così straordinariamente importanti, perchè hanno una moltitudine di grandi individualità. Come fu ciò possibile? Questo si deve studiare.

IL PROBLEMA DELLA CULTURA NAZIONALE TEDESCA

Quando nel 1870, mentre cioè infieriva la guerra franco-prussiana, Nietzsche era tutto intento a meditare sull'arte tragica e sugli Elleni, egli aveva il convincimento di occuparsi implicitamente di un grave problema nazionale, quello della cultura germanica. E noi abbiamo visto com'egli ritornato dai campi di battaglia tracciasse il piano di un'opera dal titolo: «Die Tragödie und die Freigeister» dove parallelamente alla nuova teoria dell'arte tragica presso i Greci, dovevano venire esposte le vedute dell'autore sulla cultura germanica.

Vedremo per qual nesso ideale l'anello di congiunzione tra l'un argomento e l'altro doveva essere proprio la tragedia, rappresentata nell'età presente dai drammi musicali di Riccardo Wagner; per ora giova stabilire con quali tendenze principali Nietzsche si moveva alla soluzione del problema della cultura.

Le sue tendenze dominanti sono negative e cioè anti-romanze, anticristiane, anti-democratiche. – Germanizzare la cultura tedesca dovea significare anzitutto emanciparla dalla secolare influenza della cultura latina e specialmente della romanza, francese e italiana.

Restituire nella sua genuina purezza il genio della razza germanica, dovea significare sottrarlo al giogo d'una religione non nazionale, un misto di asiatico e di decadenza latina.

Ordinare a tipo germanico la società tedesca dovea significare opporsi radicalmente alle teorie del liberalismo umanitario trionfate con la Rivoluzione francese.

A queste tendenze fondamentali negative corrispondevano in Nietzsche delle convinzioni e speranze positive, teoriche e concrete;

Le convinzioni teoriche positive consistevano nei principî derivati dall'insegnamento dei Greci: che il fondamento di ogni vera cultura stia in una intuizione scettica e pessimistica del mondo, che l'arte sola possa dare un valore alla vita, che la musica in ispecie sia capace di far rivivere i miti e ridestare ed elevare al più alto grado tutte le geniali potenze creatrici di un popolo. Le convinzioni e speranze positive concrete consistevano nel considerare il criticismo cantiano ed il pessimismo di Schopenhauer come i prodromi di una cultura tedesca scettica e pessimistica; nel considerare la musica tedesca da Bach a Beethoven ed a Wagner come una potenza dionisica, che avrebbe fatto rivivere i miti nazionali e preparata una nuova era della tragedia e dell'arte; nel riguardare il valore addimostrato dal popolo tedesco, in armi contro i francesi, come un ritorno alla sua indole guerriera e dominatrice e l'inizio d'una età risolutamente eroica, anticristiana ed aristocratica.

La posizione di Nietzsche riguardo al problema particolare della cultura tedesca cambia in seguito, quando le speculazioni di lui prendono un'orientazione universale; non così le sue tendenze anticristiane ed antidemocratiche, che si rafforzano ognora più. Si può anche dire che l'adesione di Nietzsche alla filosofia di Schopenhauer ed all'arte di Wagner non era data alle loro teorie particolari, ma alle loro tendenze più generali e per dir così s u b c o n d i t i o n e , in quanto cioè pareva a Nietzsche, che Schopenhauer e Wagner rappresentassero le sue stesse tendenze. Nietzsche si separò infatti dall'uno e dall'altro quando si «accorse di essersi ingannato su questo punto.

Accennato così per tratti sommariissimi ed in ciò che ha di più appariscente lo schema ideale della speculazione di Nietzsche considerata dal punto di vista del problema della cultura, veniamo ad esaminarne lo svolgimento in fatto. E qui troveremo, accanto ad un grande lusso di teorie poscia abbandonate, i germi di alcune dottrine che dovevano divenire fondamentali nelle fasi posteriori del pensiero di Nietzsche.

Se il lettore nello studio che segue sarà condotto senza un ordine preciso da una quistione all'altra, sappia, che ci troviamo appunto nella fase caotica del pensiero del nostro filosofo.

Nel «Sokrates und der Instinct» Nietzsche proponevasi fra l'altro di dimostrare (Vol. IV, 43-8), che il principio d'individuazione spinto sino alla divinizzazione dell'individuo, come p. es. di Acibiade, di Alessandro, denoti uno stato d'indebolimento della volontà; che la distruzione della mitologia avviene per opera della riflessione coscente, (gl'istinti del popolo si dissolvono in concetti sempre più sbiaditi); che il mondo ebreo vinse sulla cultura greca quando la v o l o n t à, che la avea prodotta, s'infiacchì. In queste considerazioni si preludia in certo modo al problema della d e c a d e n z a come venne trattato da Nietzsche nell'ultima fase della sua attività filosofica. Anche il pensiero, che con l'aumento dell'attività conoscitiva l'organismo non diventi forte, ma debole, e che solo si rafforzi con la attivazione continuata senza conoscenza, preludia alla futura teoria della v o l o n t à d e l l a p o t e n z a.

Nello stesso scritto Nietzsche si proponeva di trattare inoltre del pessimismo. Il pessimismo, egli dice (Vol. IV, 45-9) è la conseguenza dell'assoluta illogicità dell'ordine del mondo. Esso è però impossibile come aspirazione al non esistere, sotto questa forma non è pratico e non lascia la possibilità di essere consequenti. L'arte è un sicuro p o s i t i v u m di fronte al desiderabile Nirvana. Bisogna costringere il mondo coll'agire positivamente: prima per mezzo della scienza qual distruttrice dell'illusione, poi per mezzo dell'arte come l'unica forma di esistenza che rimane, perchè inattaccabile dalla logica. La tendenza della scienza è la completa distruzione dell'illusione: ne seguirebbe il quietismo, se non esistesse l'arte. E qui Nietzsche vagheggiava la Germania come la vera sede dell'oracolo dell'arte, una organizzazione statale dell'arte come mezzo di educazione, l'abolizione della cultura specificamente scientifica, la liberazione dal predominio dell'ἄνθρωπος θεωρητικός, la risoluzione dei sentimenti religiosi ancora esistenti nel campo dell'arte etc...

Un'altra considerazione di grande momento per la futura critica, che Nietzsche farà dei sentimenti morali e religiosi è questa, che già si trova fra le note del «Sokrates und der Instinct»: la volontà nel suo smisurato anelare ad una esistenza infinita afferma nel modo più energico, tutto ciò che garentisce la durata dell'esistenza, per esempio il cristianesimo, la morale. L'etica si fonda sulla pura brama di vivere. Le direzioni ascetiche sono assolutamente contro la natura e per lo più la conseguenza di una natura intristita.

Il cristianesimo potè venire alla vittoria in un mondo degenerato. (Nel «L'Anticristo» Nietzsche non dirà di più). Non si sfugge al dominio della volontà: la morale, l'arte stanno solo in suo servigio e lavorano solo per essa. Forse l'illusione, che qualche cosa si faccia contro la volontà, è necessaria. È solo sopportabile di vivere con la credenza nella necessità del processo del mondo: questa è la grande illusione! La volontà ci tiene fermi alla vita e rivolge ogni convinzione verso quelle idee, che rendono la vita possibile. Questa è la ragione per cui la fede in una provvidenza è così inestirpabile, essa aiuta a sopportare i mali della vita. Uguale origine ha la credenza nella immortalità dell'anima.

Nello scritto «Die Tragödie und die Freigeister» Nietzsche si proponeva anzitutto di dimostrare (Vol. IX 63-85), che i Greci ebbero una rivelazione del mondo più profonda, che non noi con una religione artificialmente inoculata. Ed esclama: «o noi (tedeschi) periremo per causa di questa religione, o questa religione morirà per opera nostra. Io credo al detto germanico primitivo: tutti gli dei debbono morire» (Vol. IX, 54). Poi si volgeva a combattere il socratismo di ogni tempo nella sua formula: uomo = pensatore. Qui si nasconde, egli dice, la stoltezza! La dimostrazione di questo errore abbozzata in termini schopenhaueriani venne in seguito modificata, ma il principio, che il pensiero, anzi la coscenza stessa non sia il centro dell'organismo, fu mantenuto e rimase fondamentale per la filosofia di Nietzsche.

La dimostrazione primitiva suona presso a poco così: Il mondo delle rappresentazioni è il mezzo che ci tiene fermi nel mondo dell'azione e ci costringe ad agire in servizio dell'istinto. La rappresentazione è il motivo (apparente) del fatto, ma non tocca menomamente

l'essenza dell'azione. L'istinto, che ci costringe ad agire, e la rappresentazione, che si presenta nella nostra coscenza come motivo dell'azione, sono due cose distinte e separate. La libertà della volontà appartiene al mondo delle rappresentazioni intermedio tra l'istinto e l'azione, e poggia sulla falsa credenza, che il motivo e l'azione si condizionino reciprocamente. La rappresentazione invece, è la più piccola di tutte le potenze dello spirito, e come a g e n s è soltanto un'illusione, perchè ciò che è attivo è soltanto la v o l o n t à. Il d o v e r e come obbedienza dovuta ad una rappresentazione è una illusione. Le vere cause motrici della volontà vengono dalle rappresentazioni, alle quali il dovere si riferisce, nascoste. È un non senso affermare la connessione necessaria tra volontà e rappresentazione: la rappresentazione è un meccanismo ingannevole, che noi non abbiamo bisogno di supporre anche nell'essenza delle cose. Tosto che la volontà metafisica vuol diventare fenomeno, comincia questo meccanismo (Volume IX, 65-9).
Un'altra serie di considerazioni doveva condurre ad affermare il determinismo e l'assenza di scopi nella natura. L'intelligenza umana si attiva nella finalità. Ma poichè lo scopo non è che una riproduzione delle esperienze fatte, il vero a g e n s rimane nascosto. Così essendo, non ci è lecito trasportare nella natura il concetto dell'agire secondo una finalità, cioè non si ha motivo di supporre nella natura un'intelligenza, che abbia delle rappresentazioni. D'intelligenza può solo parlarsi dove può aver luogo l'errore, cioè nel dominio della coscenza – Nel regno della natura, cioè della necessità, la finalità è una supposizione priva di senso. Ciò ch'è necessario è la sola cosa possibile. A che dunque presupporre nelle cose anche un intelletto? La parola v o l o n t à, se deve significare qual cosa cui vada necessariamente congiunta una rappresentazione, non è ancora la espressione adeguata per l'essenza della natura (Vol. IX, 71).
Il lettore ha già compreso, che sin qui abbiamo navigato in piena filosofia schopenhaueriana. Solo l'ultima proposizione accenna ad un principio di critica del concetto metafisico della volontà. È pure notevole, che sin da ora Nietzsche, nella critica del pessimismo, contrappone alla negazione della vita proposta da Schopenhauer l'affermazione della vita per mezzo dell'arte.

Stabilita la necessità dell'illusione e dell'errore, come un tributo, che l'uomo paga al principio d'individuazione, si presenta il problema: come deve apparire il mondo per essere desiderabile di vivere? Qui vengono in aiuto la religione o l'arte come correzione del mondo. Loro mezzo sono le rappresentazioni antropomorfiche. Il monoteismo sembra a Nietzsche un minimo di trasfigurazione poetica del mondo. Egli invece esprime il rimpianto per la morte degli dei nazionali germanici: «Noi abbiamo ricevuto in cambio un bambino spurio (Wechselbalg). La fine della religione è imminente quando si sono soppiantati fraudolentemente gli dei nazionali. Spaventevoli torture è costato ciò all'arte. Enorme è stato il lavoro del genio tedesco per scuotere quel giogo straniero, non nazionale, ma già egli vi riesce!» (Vol. IX, 74).

Notiamo che fra le note di questo scritto è espresso il pensiero, che la credenza nello spirito puro sia una illusione. Ognuno sa di quale importanza questo principio sia stato per Nietzsche nella critica del cristianesimo e nella determinazione degli scopi della vita umana.

È anche molto importante questo pensiero: nel popolo troviamo da per tutto le traccie lasciate dai «leoni dello spirito transitati»: nel costume, nel diritto, nella fede da per tutto la moltitudine si è piegata all'influenza di singoli. L'u m a n o p u r o è una frase, anche più, una illusione delle più volgari (Vol. IX, 74).

Fra i lavori preparatori del libro sulla «nascita della tragedia» e più particolarmente in due sezioni (la 2ª e la 9ª) intitolate «I presupposti dell'arte tragica» e «La metafisica dell'arte», non comprese poi nel testo del libro, malgrado fossero quasi interamente svolte, si leggono affermazioni importantissime, le quali palesano quale ardito sustrato di pensiero, quale r a d i c a l i s m o stesse in fondo alle poche idee sulla riforma della cultura manifestate da Nietzsche nella sua prima opera.

«Io riconosco, egli dice, l'unica forma di vita nella greca» (Vol. IX, 87). Trattando della schiavitù presso i Greci, egli proclama la necessità della schiavitù come istituzione naturale: È secondo l'essenza della natura, che le pompe trionfali della cultura siano riservate ad una incredibilmente piccola minoranza di privilegiati e che questi vivano del lavoro schiavo delle grandi masse. Noi moderni parliamo della dignità dell'uomo e della dignità del lavoro. Tutto si tortura per perpetuare miseramente una misera vita. Tali allucinazioni sono i miseri prodotti di una schiavitù, che si vuol nascondere a sè stessa. Funesti seduttori quelli che hanno distrutto lo stato innocente degli schiavi col frutto dell'albero della conoscenza! Ora bisogna che questi si sostengano da un giorno all'altro con quelle trasparenti menzogne, quali l'uguaglianza dei diritti, i diritti dell'uomo, dell'u o m o   c o m e   t a l e, la dignità del lavoro. Ora è anche lecito ch'essi non concepiscano a quali altezze si può parlare di dignità, cioè là dove l'individuo oltrepassa completamente la sfera del proprio io e non deve più lavorare e produrre in servizio della sua sola ulteriore vita individuale. P e r c h è   u n a   v e r a   c u l t u r a   e s i s t a   c i   v u o l e   l a   s c h i a v i t ù: è questa una verità, che non lascia più alcun dubbio sul non assoluto valore dell'esistenza. La miseria dell'uomo, che vive penosamente, dev'essere ancora accresciuta per rendere possibile ad un piccolo numero di uomini olimpici la creazione del mondo dell'arte. Qui è la fonte di quella sorda ostilità che comunisti e socialisti ed i di loro discendenti più sbiaditi, la razza bianca dei «liberali», hanno avuto in ogni tempo contro le arti ed anche contro l'antichità classica. Dalla effeminatezza dell'uomo moderno sono sorti gli enormi bisogni sociali del presente, non dalla vera e profonda compassione con la miseria, e se anche dovesse esser vero che i Greci soggiacquero per la schiavitù, è ben più certo che noi soggiaceremo per mancanza di schiavitù. Come ci esalta la vista del servo medioevale con il rapporto intimamente forte e delicato di subordinazione verso chi stava più in alto, con la profonda contentezza della sua limitata esistenza, come ci esalta e com'è piena di rimproveri per noi! (Vol. IX, 98-40).

Confrontando il mondo politico degli Elleni col nostro, Nietzsche si proponeva di mostrare quali pericoli il presente nasconda per la vita sociale e per l'arte.

Egli vedeva lo stato moderno in servizio di una aristocrazia del denaro, internazionale, senza patria, senz'altra mira al di là dell'interesse privato, tutta intenta ad eliminare ogni incognita incalcolabile, prima fra tutte, la guerra fra gli stati. Da ciò la formazione di stati, che si facciano e q u i l i b r i o, le combinazioni tra essi intese a rendere la guerra una grandissima improbabilità, il lasciar decidere della pace e della guerra all'egoismo delle masse o dei loro rappresentanti, al quale uopo si cerca di dissolvere gl'istinti monarchici dei popoli. Allo stesso scopo serve la più larga diffusione delle teorie liberali ottimiste, che hanno le loro radici nelle dottrine della Rivoluzione francese, cioè in una filosofia del tutto non germanica, genuinamente romanza, superficiale e non metafisica. Nietzsche non esita a considerare il movimento nazionalista, che ha dominato l'età nostra e la contemporanea estensione del suffragio universale come effetti della p a u r a d e l l a g u e r r a, anzi a vedere nello sfondo di quelle agitazioni come i veri paurosi quegli eremiti del denaro senza patria, i quali hanno appreso a sfruttare la politica come mezzo di borsa e lo stato e la società come apparati di arricchimento. Or contro questa temibile deviazione della tendenza dello stato in una tendenza verso il denaro l'unico rimedio è la guerra e sempre di nuovo la guerra. Durante gli sconvolgimenti, ch'essa arrecherà, diverrà per lo meno chiaro, che lo stato non è un istituto di protezione di singoli egoisti contro la paura, ma che piuttosto dallo amore per la patria e per il principe si sprigiona uno slancio etico che addita ad una destinazione molto più alta. La guerra è per lo stato una necessità, tale qual'è la schiavitù per la società. (Vol. IX, 109).

Ogni uomo con tutta la sua attività ha in tanto dignità, in quanto egli consciamente o incosciamente è strumento del genio; dal che si deve trarre subito la conseguenza etica che l'u o m o i n s è, l'uomo assoluto non ha nè dignità, nè diritti, nè doveri; solo come un essere del tutto determinato servente a scopi, di cui è anco inconsapevole, l'uomo può giustificare la sua esistenza.

Nella metafisica dell'arte Nietzsche definiva la sua filosofia un platonismo capovolto: quanto più lontano si è dal vero essere, tanto più pura, più bella, migliore è la vita. Vivere nelle parvenze è considerato come lo scopo (Vol. IX, 163). Tutto ciò che vive, appartiene al mondo delle parvenze. Anche la v o l o n t à è una parvenza. Nessuna via conduce a conoscere l'essenza del mondo. L'uomo è interamente fenomeno. Come si vede in questo punto Nietzsche aveva già abbandonato la dottrina della volontà di Schopenhauer per abbracciare un completo agnosticismo ed addentrarsi in una complicatissima tecnica di concetti (Vol. IX, 163,182), nella quale noi non lo seguiremo. Da essa doveva risultare: la realtà del dolore, l'illusione come mezzo del piacere, la rappresentazione come mezzo della illusione, il divenire, la molteplicità, come mezzo della rappresentazione, quindi anche come mezzo del piacere, la volontà come fenomeno, anzi come la forma più generale dei fenomeni. Secondo questi risultati scopo del mondo sarebbe la contemplazione senza dolore, cioè il godimento estetico puro; il genio rappresenterebbe l'apice del mondo, in cui quel godimento ha luogo; l'individuo empiricamente considerato non sarebbe che un passo verso il genio. La libertà della volontà naturalmente viene negata. Essa non sarebbe che un'illusione necessaria, una parvenza, e lo stesso sarebbero la responsabilità, il bene ed il male.

Anche l'educabilità dell'uomo è definita una illusione così necessaria, come quella della libertà morale; l'una e l'altra sono modi di spiegazione messi avanti per un processo, che ci sfugge del tutto. Il genio ha la forza di avvolgere il mondo in una nuova rete d'illusioni; educare per il genio significa rendere necessaria la illusione. L'arte è la fonte del più alto ed energico idealismo. Le velleità religiose impediscono, che l'uomo venga su intero, che il fine della cultura e dell'arte si svolga puro. Chi vuol rendere gli uomini serî, deve farla finita con le religioni disfatte e impallidite. E qui Nietzsche scrive per la prima volta quella formula terribile, che è la sintesi suprema di tutte le negazioni contenute nella sua filosofia: m o r t e a l d e b o l e! (Volume IX, 182).

L'opera sulla tragedia fu dedicata da Nietzsche a Riccardo Wagner. In una diffusa prefazione al libro, non pubblicata e sostituita poi con quella comunemente nota, Nietzsche esprimeva tutte le sue speranze per una r i n a s c e n z a t e d e s c a d e l m o n d o e l l e n i c o. «O mio venerato amico! egli soggiunge, appena posso dire, in qual maniera io collego queste mie speranze con la presente gloria sanguinosa del nome tedesco!... Ella sa con quale aborrimento io respingo quella follìa, che il popolo o lo stato debbano essere fine a sè stessi; ma altrettanto mi ripugna il cercare lo scopo della umanità nell'avvenire dell'umanità. Nè lo stato nè il popolo, nè l'umanità esistono per sè stessi, ma nelle loro apici, nei grandi S i n g o l i risiede il loro scopo... Non per la cultura g e n e r a l e, non per una ascetica negazione di sè, non per preparare uno stato universale, i grandi genî elevano qua e là contro ogni previsione i loro capi... L'esistenza del genio addita ad un qualche nobilissimo scopo della vita, che noi possiamo appena intuire con terrore... Non per

l'umanità esiste il genio, pur essendone assolutamente il culmine e l'ultimo fine... Non esiste alcuna più alta tendenza della cultura, che non sia la preparazione e produzione del genio... Ed ora le mie speranze! L'unica potenza produttiva in Germania, la p o l i t i c a , è pervenuta in modo prodigioso alla vittoria, e d'ora innanzi dominerà la Germania fin nei suoi atomi. Questo fatto è di estrema importanza, perchè sotto quella potenza finirà qualche cosa, che noi consideriamo come vera nemica di ogni più profonda filosofia e valutazione dell'arte, uno stato d'infermità, in cui la vita tedesca soffre sin dalla grande Rivoluzione francese, e che attacca anco le migliori nature tedesche, per tacere della grande massa, presso cui quella malattia, con bassa profanazione di una buona parola, si chiama l i b e r a l i s m o . Tutto quel liberalismo costruito sopra una sognata dignità dell'uomo, dell'uomo come specie, ... appassirà al cospetto di quella rigida potenza anzicennata ...; la via del genio sarà sgombrata di questa dottrina veramente contraria ad ogni cultura». Wagner aveva detto nel suo scritto su Beethoven: il tedesco è valoroso, lo sia anche in pace. Disdegni di apparire ciò che non è. La natura gli ha negato la piacevolezza, in cambio egli è profondo e nobile. «Questa bravura insieme alle altre qualità anzicennate sono, soggiunge Nietzsche, l'altro pegno delle mie speranze. Se è vero, e sia questa la mia professione di fede, che ogni profonda conoscenza è terribile, chi altri se non il tedesco si porrà da quel punto di vista tragico della conoscenza, che io reclamo come preparazione del genio, come il nuovo termine della cultura di una gioventù, che aspiri a nobili cose? Chi altri se non il giovane tedesco avrà l'impavidezza dello sguardo e quel tratto eroico sino al prodigioso per volgere in ogni forma le spalle a tutte quelle svenevoli dottrine comode dell'ottimismo liberale e per vivere in tutto e per tutto risolutamente?» (Vol. IX, 27-33).
Quanto ho sinora esposto delle teorie di Nietzsche sulla cultura ho ricavato dagli scritti postumi, anteriori o contemporanei al libro sulla tragedia. Tutte queste idee o furono taciute in quel libro o vi trovarono una espressione molto attenuata. Il cristianesimo in special modo, come Nietzsche stesso rilevò nel 1886 (Vol. I, 9), vi è trattato con un silenzio «circospetto ed ostile». Nietzsche venne invece in certo modo all'affermazione indiretta e spesso sottintesa delle sue convinzioni, trattando nella seconda parte del libro d'un argomento

per così dire di attualità: della r i n a s c e n z a d e l l a t r a g e d i a.
Poichè le idee di Nietzsche su questo argomento sono legate a quelle
di lui su Wagner, giova premettere una breve notizia di queste
ultime, pria di passare all'esposizione delle prime.
Nietzsche doveva a Wagner per buona parte la spinta a quel suo
orientamento nell'interpretazione dell'antichità greca. Per questo
egli nel 1868 annunciava all'amico Deussen la conoscenza fatta
degli scritti del grande maestro con le parole: «... ho scoperto il vero
santo della filologia, un filologo genuino e reale... sai tu come si
chiama? Wagner, Wagner, Wagner![76]» Wagner distingueva una vera
ed una falsa serenità greca ed affermava, che dal concetto di quella
falsa non si può pervenire a conoscere l'essenza della tragedia attica.
Da questa intuizione Nietzsche era stato condotto a ricercare la
genesi dionisica e pessimistica della tragedia e del mito tragico nel
bel mezzo della età più fiorente dell'Ellade. Wagner come
Schopenhauer attribuiva alla musica una origine diversa da quella di
tutte le altre arti e la considerava come il linguaggio universale della
v o l o n t à: scopo di quest'arte non sarebbe il bello, ma la
significazione del tragico, dell'eroico, del sublime. Inoltre
proclamava l'arte quale suprema attività metafisica dell'uomo e
poneva tutte le ricchissime energie del suo genio in servigio d'una
grande riforma della vita umana e civile. Ciò ch'era stata la tragedia
per i Greci, egli voleva che divenissero i suoi drammi per la società
moderna. Di più egli si poneva a capo di una grande reazione contro
ogni influenza della cultura romanza sulla germanica, voleva
nazionalizzare la musica ed il teatro ed all'opera italiana e francese
contrapponeva il suo dramma musicale. Infine riassumeva
nell'atmosfera animatrice della musica i miti germanici obliati, ed
elevandoli a simboli di una profonda metafisica li richiamava a
nuova vita.
Tutto ciò spiega abbastanza perchè Nietzsche abbia potuto sentirsi
irresistibilmente attratto nella sfera ideale di Wagner, e considerarlo
come il più grande tedesco vivente. Le sue speranze più immediate
si collegarono al nome del grande maestro ed al successo della sua
riforma del teatro: Wagner rappresentò per lui il passo più deciso
verso la rinascenza tedesca della cultura greca tragica (Vol. IX, 87).

---

[76]DEUSSEN, loc. cit., p, 54.

Non che Nietzsche non abbia nel suo intimo dubitato, anche nell'epoca del suo più fervido entusiasmo per Wagner, della assoluta sostenibilità di alcune nozioni estetiche fondamentali di lui. Anzi fra gli appunti destinati al libro sulla tragedia, e poi lasciati da canto, si trovano chiaramente sviluppate delle argomentazioni contro l'opera italiana e francese (sui rapporti tra poesia e musica, concetto e musica etc. Vol. IX, 128-145), dalle quali a rigore non si potevano salvare neppure i drammi di Wagner; nè, infatti, se ne salvarono quando la suggestione wagneriana cessò. Esse ritornano infatti sin nel «Fall Wagner». Inoltre egli vagheggiava una forma di tragedia, dove l'azione fosse soppressa e non si avesse che l'orchestra e il coro, ed elevava gravi obiezioni sulla tecnica di Wagner (Vol. IX, 155-6). Ma la intrapresa del grande maestro aveva ancora sufficienti lati per infervorare il giovanissimo filosofo: l'alta stima dell'arte in generale e dell'arte tragica in particolare, il culto per l'antichità ellenica, la lotta contro la cultura romanza, il richiamo in vita dei miti germanici etc. etc.

La seconda parte del libro sulla tragedia si occupa, come ho detto, della rinascenza della tragedia. La musica, come l'arte dionisica per eccellenza, mentre esprime la volontà al di là di ogni limitazione di spazio e di tempo, ha la potenza di eccitare la fantasia a creare immagini, che corrispondano quali esempi concreti analogici a ciò che la musica rivela nella sua forma più generale. Questo è il nesso per cui la musica può generare il mito e specialmente il mito tragico. Or bene, Nietzsche credeva di poter riscontrare nel movimento intellettuale e artistico della Germania un graduale risveglio dello spirito dionisico: la filosofia tedesca da Kant a Schopenhauer da una parte, la musica tedesca da Bach a Beethoven ed a Wagner dall'altra gli parvero sintomi sicuri della prossimità di una nuova epoca tragica, la quale non avrebbe avuto altro riscontro nella storia, se non quella dei Greci. E dall'antichità ellenica doveva prendersi esempio e consiglio per raggiungere quella libertà ed energia dello spirito necessarie per inaugurare una cultura pessimistica e tragica.

Qui ritorna in Nietzsche l'idea di quel L i e b e s b u n d, di quel vincolo d'amore tra il genio greco ed il germanico vagheggiato da Schiller, Goethe, Winckelmann (Vol. I, 141). La fede in una imminente rinascenza tedesca dell'antichità ellenica si ravviva, perchè soltanto in una tale rinascenza Nietzsche può riporre le sue speranze di un rinnovamento e d'una purificazione del genio tedesco al fuoco magico della musica. Qui, infine, Nietzsche eleva un inno alla rinascenza dei miti germanici, quale vero contenuto della risorta tragedia e simbolica a p o l l i n i c a della nuova sapienza d i o n i s i c a.

Fra le carte del 1870 (primavera) si trova segnato come titolo di un libro da scrivere: «L'avvenire dei nostri istituti di cultura». Nell'autunno del 1874 mentre Nietzsche era ancora occupato a terminare il libro sulla tragedia tracciò il piano di varie conferenze da tenere su quell'argomento; il vero lavoro cominciò verso il natale di quell'anno e le conferenze furono lette nel museo di Basilea, per invito di quella Società Accademica, il 16 gennaro, il 2 ed il 27 febbraio, il 5 ed il 23 marzo del 1872. Una sesta conferenza doveva chiudere la serie, ma non ebbe luogo per un raffreddore contratto da Nietzsche e pel sopravvenuto lavoro di chiusura del semestre d'inverno di quegli studî universitarî. In cambio Nietzsche si proponeva di elaborare le conferenze, con l'aggiunta di un'altra o di due altre, in un libro, che voleva dedicare alla «Allgemeine deutsche Philologen-und Lehrerversammlung», la quale si riuniva nel maggio seguente a Lipsia. Ma l'avvenimento di Bayreuth, di cui diremo fra poco, sconvolse quel piano, che fu rinviato all'inverno successivo per essere indi del tutto abbandonato.

Come si rileva dal titolo di queste conferenze: «Ueber die Zukunft unserer Bildungsanstalten» (sull'avvenire dei nostri istituti di cultura), l'argomento era particolarmente pedagogico, pure assumeva nella mente di Nietzsche un'importanza capitale, perchè posto in diretta connessione non con i fini pratici di quegli istituti, ma con le vedute speciali di lui sul problema della cultura.

Nietzsche rileva nell'età presente due indirizzi principali dei nostri istituti: l'uno la tendenza verso il maggior possibile elargamento e la maggior possibile diffusione della cultura, l'altro la tendenza verso il restringimento e l'attenuamento della cultura stessa.

Il primo indirizzo fa parte dei dogmi della economia politica contemporanea: cultura significa conoscenza dei mezzi più diretti per far denaro; compito dell'educazione: formare quanto più è possibile uomini c o r r e n t i, alla stessa maniera come si fabbrica della moneta corrente, perciò istruzione rapida e facile e per tutti. Naturalmente c'è il grave pericolo, che la grande massa una buona volta salti il gradino medio e si slanci verso le felicità, ed è questo che si chiama oggi: q u i s t i o n e   s o c i a l e. Inoltre la cultura per tutti è una cultura attenuata, che non forma alcun privilegio e non ispira più alcun rispetto: l'istruzione generale è appunto la b a r b a r i e.

L'altro indirizzo consiste nella specializzazione del lavoro scientifico. Chi vuol fare qualche cosa nelle scienze coltivi una materia del tutto speciale e non si curi più di tutto il resto. In quella particella del sapere egli starà al di sopra del volgo, in tutto il resto egli apparterrà al volgo. I due indirizzi si riuniscono poi nel g i o r n a l i s m o (contro il quale Nietzsche ebbe sempre un odio spietato): in esso la diffusione e la specializzazione della cultura si danno la mano.

Nietzsche fa indi una critica severissima degl'istituti di cultura a cominciare dal ginnasio e dalla cosidetta istruzione classica. Specialmente per quest'ultima osserva, che è così estremamente difficile e raro raggiungere una vera cultura classica, che il ripromettersela al ginnasio è una ingenuità o una sfacciataggine. Nietzsche rileva inoltre, come la cultura tedesca dominante stia sotto la più pericolosa influenza straniera, particolarmente francese e come sia ancora necessario creare uno stile veramente tedesco nel pensiero, nell'arte e nella vita. Pure lo faceano sperare le manifestazioni del genio tedesco, quali si rilevano dalla riforma religiosa, dalla musica e dalla filosofia tedesca, dalla fedeltà e disciplina dal soldato tedesco. Questo genio dovea però epurarsi ed a ciò dovea servire la cultura classica vera. Misterioso e difficile a comprendersi è, dice egli, il vincolo che esiste realmente tra la più intima essenza germanica ed il genio greco. Ma fintanto che il più nobile bisogno dello spirito genuinamente tedesco non si protenderà verso il genio greco come verso un fermo appoggio nel fiume della barbarie, finchè questo spirito tedesco non si struggerà d'amore per i Greci, finchè la patria greca, nella quale Schiller e Goethe vissero, non diventerà il luogo di pellegrinaggio degli uomini migliori, il fine della istruzione classica del ginnasio mancherà di base e sarà campato in aria.

Naturalmente si dovrebbe secondo Nietzsche rendere aristocratica la vera cultura. Egli vede nei tentativi di coloro, che vogliono emancipare le masse dal dominio delle grandi individualità, lo sforzo di capovolgere l'ordine più sacro nel regno dell'intelletto: la sottomissione delle masse sotto lo scettro del genio. Tutti coloro, i quali parlano d'istruzione popolare, vogliono consciamente od inconsciamente festeggiare le saturnali della barbarie. Nietzsche deplora l'eccessivo numero dei ginnasi e nega allo stato il diritto di subordinare la cultura ai fini suoi particolari, tanto meno di farsi guida della cultura stessa secondo l'ideale di Hegel. Bisogna distinguere due cose, egli dice: ogni educazione, che ha in vista di far acquistare un impiego od altra posizione per guadagnarsi il pane non è che un ammaestramento sul modo di vincere nella lotta per l'esistenza. I corrispondenti istituti, sieno alti quanto si vuole, non saranno mai istituti di cultura. Questi debbono invece esistere per i veri privilegiati e per la preparazione del genio. Facendo la critica dell'università Nietzsche dimostra quanto vana ed infeconda sia la tanto decantata libertà accademica. Ogni vera cultura comincia proprio col contrario di ciò che si loda come vantaggio dell'università, cioè con l'ubbidienza, con la sottomissione, con la disciplina, con la servitù di fronte al genio.

Della sesta conferenza si hanno due progetti diversi, uno anteriore ottimistico, l'altro pessimistico. Secondo il primo si dovea descrivere l'affratellamento del filosofo coll'artista ed elevare le speranze della cultura tedesca prossima a fiorire per l'unione della filosofia di Schopenhauer con l'arte di Wagner. Secondo l'altro progetto si dovea descrivere lo stato di degenerazione della cultura odierna, che fa disperare il filosofo. Nietzsche avea predetto nel «Die Geburt der Tragödie», che una prossima generazione avrebbe veduto il miracolo della rinnovellata cultura ellenica in Germania, qui invece parla già il dubbio e lo sconforto per l'acquistata coscenza della realtà degli ostacoli.

Il 22 maggio 1872 ebbe luogo la collocazione della prima pietra del teatro di Wagner in Bayreuth.

Nietzsche prese parte alla festa e credette di toccar già con mano la realizzazione del suo ideale: un teatro semplice e solenne come un tempio pagano in grembo alla natura, la tragedia ricorrente ogni anno come una solennità civile e nazionale, il pellegrinaggio del popolo tedesco al nuovo santuario dell'arte.... Chi avrebbe potuto dubitare di veder rivivere nella giovanissima Germania la civiltà dell'Ellade antica? L'intrapresa di Wagner si dibatteva tuttavia tra gravi difficoltà. La recente vittoria sui francesi aveva eccitato l'orgoglio dei tedeschi oltre ogni misura e ispirato il convincimento, che in quella guerra la cultura tedesca avesse vinta la francese. Da ciò quella coscienza di maturità, che dovea rendere indifferenti ed anche ostili verso quei rivoluzionari della cultura germanica, che andavano predicando la necessità di riformare tutto, auspice Wagner. Nietzsche vide il pericolo e ne fremette. Tornato da Bayreuth concepì il proposito d'interrompere nel prossimo inverno la sua attività professionale per tenere nelle Wagner-Vereine (Società Wagner) delle grandi città conferenze sull'Anello del Nibelungo e sul significato del nuovo teatro. Egli tracciò subito il piano di sei «Reden eines Hoflenden» (discorsi di uno che spera) e ne scrisse forse nel giugno i primi abbozzi. Per pratiche considerazioni il proposito fu abbandonato. Oltre a ciò, l'assoluto radicalismo delle idee di Nietzsche non sarebbe stato adatto ad accrescere immediatamente favore all'intrapresa. «Tutto ciò che io progetto, egli scrive, è così offensivo, provocante e così contrario a destar favore...!»

Infatti nella parte polemica questi discorsi, che doveano intitolarsi «Bayreuther Horizontbetrachtungen», avrebbero contenuto un attacco di fronte contro tutto ciò che allora si proclamava come d e u t s c h e C u l t u r. Sotto questo aspetto esse preludiano alle «Unzeitgemässe Betrachtungen». Il filosofo, che nella «Nascita della tragedia» aveva messe in evidenza tutte le buone qualità del popolo tedesco, ora dava in ismanie ed insultava. Il piano delle sei conferenze contiene una lunga filza di cose e persone da attaccare: i tedeschi, egli dice ora, non sono degni di vere creazioni d'arte! malgrado le migliori qualità, la docilità, la istruzione, la onestà un popolo può essere barbaro. Cultura significa dominio dell'arte sulla vita. L'educazione di un popolo alla cultura è assuefacimento a buoni modelli e creazione di bisogni nobili. Non esiste alcuna cultura tedesca, perchè ancora non esiste alcuno stile tedesco nell'arte. Schiller e Goethe hanno lottato prodigiosamente per pervenire ad uno stile tedesco ed hanno imparato all'uopo dagli stranieri e principalmente dai Greci. Non il separatismo, ma la tendenza cosmopolita sta alla origine d'ogni vera cultura. L'arte o è c o n v e n z i o n e, tesi, ed è questo il concetto romanzo di essa, o è fisis, n a t u r a, concetto ellenico. L'arte ellenica è stata per lungo tempo compresa attraverso il concetto, che se ne erano fatto i Romani, quando l'adottarono per semplice ornamento esteriore. La compiuta dottrina di Wagner è la connessione dell'arte con la vita: dalla cultura come erudizione si passa al bisogno vivo dell'arte. Con lui il concetto romanzo dell'arte è superato e si ritorna al concetto ellenico.

Alla stessa epoca di queste «meditazioni bayreuthiane» appartiene l'idea di uno studio dal titolo: «Goethe e Wagner sul teatro», che non fu peranco abbozzato; inoltre, un piccolo scritto su «Il rapporto della filosofia schopenhaueriana con una cultura tedesca» composto verso il Natale del 1872. Questo piccolo lavoro contiene già in germe i concetti fondamentali delle prime tre «Unzeitgemässe Betrachtungen»: l'attacco contro i filistei della cultura («David Strauss»), le riflessioni sulla «malattia storica», sulla tendenza moderna di concepire tutto storicamente («Vom Nutzen und Nachtheil der Historie»), finalmente l'entusiastico accenno a Schopenhauer come al profeta d'una vera cultura tedesca («Schopenhauer als Erzieher»).

Mentre Nietzsche partecipava con sì vivo interesse alle quistioni anche pratiche, che si dibattevano intorno alla cultura del recente impero, non tralasciava i severi studî, che anzi in quest'epoca e sino alla primavera del 1873 lo troviamo occupato nelle sue ardue ricerche sulla «gara di Omero» e sulla «filosofia preplatonica». Come lavoro introduttivo al «La filosofia nell'epoca tragica dei Greci» Nietzsche andava elaborando delle note di metafisica e di teoria della conoscenza. Ma quando queste furono cresciute oltre i limiti d'una semplice introduzione, Nietzsche pensò, nella primavera del 1873, di sceverare dal libro sui filosofi greci quanto non aveva con la ricerca storica diretta connessione e lo raccolse sotto il titolo «Wahrheit und Lüge im aussermoralischen Sinne» («Verità e menzogna in senso extra-morale» o meglio amoralistico), col proposito di elaborarlo poi in un libro a parte.

In questi frammenti (V. X, 161-198) Nietzsche mostra già completamente teorizzato quell'a g n o s t i c i s m o, che aveva trovato la sua prima espressione nel capitolo sulla «metafisica dell'arte», scritto per «La nascita della tragedia» e poi lasciato inedito.

«In un certo remoto angolo dell'universo cosparso d'innumerevoli sistemi solari c'era una volta un astro, sul quale degli animali savî avevano inventato il conoscere. Fu quello il minuto più orgoglioso e menzognero della storia del mondo: ma pure soltanto un minuto. Dopo pochi respiri della natura l'astro irrigidì e quei savi animali dovettero morire!» Così si potrebbe favoleggiare della conoscenza umana. Furonvi eternità nelle quali l'intelletto umano non esistette, e quando esso non sarà più, non resterà nulla di esso, poichè esso non ha alcuna missione, che vada al di là della vita dell'uomo. Soltanto il suo possessore e produttore lo considera così pateticamente, come se i cardini del mondo si muovano intorno a lui. Se potessimo intenderci con la zanzara capiremmo, che anche essa va per l'aria con questo patos e che si considera come il centro volante del mondo.

Da un'eccitazione nervosa concludere alla esistenza di una causa fuori di noi è già il risultato di una falsa e ingiustificata applicazione del principio di ragion sufficiente. Da questa affermazione Nietzsche avrebbe potuto concludere al s o l i p s i s m o , tuttavia egli si contenta di dedurne solo la nostra ignoranza necessaria della c o s a i n   s è . Tradurre un'eccitazione nervosa in una imagine, è una prima metafora. Tradurre poi l'imagine in un suono, la parola, è una seconda metafora, ed ogni volta si compie un salto da una sfera ad un'altra del tutto diversa. L'essenza delle cose è dunque ben lungi dallo essere espressa nel nostro linguaggio. Osservando poi la formazione dei concetti, troviamo, che essi sorgono col porre come eguale ciò che non lo è, vale a dire col sopprimere mentalmente le differenze individuali. Con ciò si falsa nuovamente la materia prima della nostra conoscenza. Che cos'è dunque la verità? Un esercito mobile di metafore, metonimie, antropomorfismi, in breve una somma di relazioni poste dall'uomo, le quali poeticamente e retoricamente accresciute, trasportate, abbellite divengono, per il lungo uso di un popolo, ferme, canoniche e obbligatorie. La società per poter esistere impone di essere veritieri: cioè di usare le consuete metafore, cioè di mentire secondo una ferma convenzione, a mo' di gregge, secondo uno stile obbligatorio per tutti. Ciò che distingue l'uomo dagli animali è la facoltà di risolvere le imagini sensibili in un concetto, di passare da una metafora ad uno schema. Nel regno di questi schemi è possibile ciò che non potrebbe avvenire sotto le prime impressioni sensibili, cioè: di costruire quell'ordine piramidale della conoscenza secondo caste e gradi; un nuovo mondo di leggi, privilegi, subordinazioni, delimitazioni, si contrappone all'altro mondo intuitivo delle prime impressioni, come il più fermo, il più generale, il più conosciuto, il più umano e perciò stesso come regolatore e imperativo. Solo dimenticando quel primitivo mondo di metafore, solo coll'irrigidire e solidificarsi di quella originaria massa di imagini uscenti ad ondate dalla potestà più intima della fantasia umana, solo con la fede incrollabile che questo sole, questa finestra, questo tavolo siano delle verità in sè, in breve solo per ciò che l'uomo dimentica sè stesso come soggetto artisticamente creatore, egli vive tranquillo, sicuro, consequente. Un sogno regolarmente ripetuto acquisterebbe per l'uomo la stessa certezza della realtà.

Resta malgrado tutto la confidenza nelle leggi della natura. Ma che cosa sono esse, se non una somma di relazioni incomprensibili nella loro intima essenza? E se si pone mente, che esse ci sono conosciute soltanto come rapporti di tempo e di spazio, di successione e di numero, che tutto il rigore matematico di queste leggi consiste nella inviolabilità delle rappresentazioni di spazio e di tempo, che però noi stessi produciamo da noi siffatte rappresentazioni con la medesima necessità con cui il ragno cava da sè la propria tela, non ci sorprenderà più, che quello che noi conosciamo delle cose siano appunto quelle forme, che noi stessi diamo loro. Tutte le costruzioni poi che noi facciamo con i concetti non sono che una imitazione dei rapporti di tempo, spazio e numero trasportati nel campo delle metafore.

Alla formazione dei concetti lavora originariamente il linguaggio, in tempi posteriori la scienza. Come l'ape costruisce le celle e le riempie di miele, così la scienza lavora incessantemente intorno a quel grande colombaio dei concetti, delle tombe delle intuizioni sensibili, e costruisce sempre nuovi e più alti piani, ripara, pulisce, rinnova le antiche celle e si sforza di riempire quell'enorme alveare torreggiante ordinando in esso l'intero mondo empirico, il mondo antropomorfizzato.

Mentre così si produce per via dei concetti un mondo regolare e solido come una prigione, quell'istinto originario, che crea le metafore, si cerca un nuovo campo d'azione, un altro letto di fiume e lo trova nel mito e nell'arte. Continuamente esso sconvolge le rubriche e le celle dei concetti, formando nuovi trasporti, nuove metafore, metonimie, continuamente esso mostra la brama di rendere il mondo reale dell'uomo desto, così variopinto, irregolare, inconseguente, sconnesso, attraente ed eternamente nuovo come il mondo dei sogni. L'uomo ha anzi una tendenza invincibile a lasciarsi illudere ed è come incantato, se il rapsode gli racconta leggende epiche come vere o se l'attore gli rappresenta il re più regale del vero. Qui l'uomo non è più guidato dai concetti, ma dalle intuizioni sensibili.

Vi sono epoche nelle quali l'uomo razionale e l'uomo intuitivo stanno l'uno accanto all'altro: il primo con la paura dell'intuizione, il secondo col disdegno per l'astrazione, quest'ultimo altrettanto irrazionale quanto il primo è entusiastico. Entrambi vorrebbero dominare sulla vita. Quando l'uomo intuitivo riesce a vincere, come nella Grecia antica, allora si produce una vera cultura ed il dominio dell'arte sulla vita.

Certo l'uomo soffre così, quando soffre, più violentemente, anzi soffre più spesso, perchè egli non sa apprendere dalla esperienza, e nel dolore grida forte e non trova consolazione. Lo stoico, al contrario, esperto alla vita e dominato dai concetti, pure essendo nel resto tutto sincerità e verità, dissimula le sue gioie ed i suoi dolori, e se una vera tempesta lo coglie, si avvolge nel suo mantello e l'attraversa a passi lenti.

A questi sviluppi Nietzsche aggiunse in seguito degli appunti di pensieri, da compenetrare nel libro. Fra essi ve n'ha di notevoli, che giova spigolare.

– Non esiste alcuna tendenza verso la conoscenza e la verità, ma soltanto una tendenza verso la fede nella verità. Il conoscere non ha tanta importanza per il bene dell'uomo quanto il credere. Volere esprimere la verità ad ogni costo è s o c r a t i c o . – Le nostre abitudini diventano virtù per un libero trasporto di esse nel regno del dovere, cioè per l'inviolabilità ch'esse prendono nel concetto, cioè infine ponendo quella inviolabilità in sè al di sopra del nostro benessere. – Ogni conoscere è un misurare secondo una unità di misura, perciò non sapremo mai che sia la c o s a i n s è . – L'uomo si è sviluppato lentamente e così anche la sua conoscenza; l'imagine del mondo che si riflette in lui diventa sempre più vera e completa. Lo specchio è sorto lentamente, come misuratore delle cose. Noi vediamo lo sforzo di rendere lo specchio sempre più adequato: la scienza continua il processo naturale. – Forse l'uomo non può dimenticare nulla. – L'uomo porta con sè la memoria di tutte le passate generazioni: gl'individui sono i ponti, sui quali passa il divenire (sostituendo alla parola i n d i v i d u i la parola s p e c i e, la specie u m a n a compresa, abbiamo già qui il concetto fondamentale del «Zarathustra»). – Secondo Kant il mondo è una palla, che gli uomini si lanciano l'un l'altro con la testa. Al di fuori però di questo fenomeno cerebrale, esiste la realtà, come un capolavoro d'arte esisterebbe sempre, anche se un solo stupido potesse guardarlo. – Noi viviamo per mezzo d'illusioni, la nostra coscenza sfiora la superficie della realtà. Molto è nascosto ai nostri sguardi. Si potrà conoscere lo schema di ciò che accade, ma questo non modifica nulla per la nostra vita.

Similmente ai pensieri del «Wahrheit u. Lüge» appartengono agli studi preparatori della «filosofia nell'epoca tragica dei Greci» alcuni altri, raccolti poi sotto il titolo: «Il filosofo, riflessioni sulla lotta tra l'arte e la conoscenza» (V. X, 200-23).

Il filosofo vi è definito come il più alto e raro tipo del grande, dotato della genialità creatrice dell'artista, del sentimento del religioso e del rigore di pensiero dello scienziato.

Il valore della filosofia vien riconosciuto non nella sfera della conoscenza, ma in quella della vita. La volontà di vivere si serve della filosofia allo scopo di creare una più alta forma di esistenza. Il filosofo del futuro deve rappresentare il tribunale superiore di una cultura artistica.

Trattando della fine della metafisica Nietzsche enuncia già dei pensieri, che dovevano avere un'importanza grandissima per le sue dottrine fondamentali: L ' i n f i n i t o, egli dice, è il f a t t o p r i m o r d i a l e. C o m e s i p u ò a r d i r e d i p a r l a r e d i u n a d e s t i n a z i o n e d e l l a t e r r a? N e l t e m p o i n f i n i t o e n e l l o s p a z i o i n f i n i t o n o n e s i s t o n o s c o p i: c i ò c h e e s i s t e, e s i s t e e t e r n a m e n t e s o t t o q u a l u n q u e f o r m a. Queste riflessioni preludiano già alla dottrina dell'e t e r n o r i t o r n o. E poi: «l ' u m a n i t à d e v e p o t e r s t a r e d a s è s e n z a a l c u n s o s t e g n o d i q u e l l a f a t t a (metafisico). Questa è la conseguenza terribile del darvinismo, che pure io ritengo vero». Enorme diventa quindi il compito dell'artista. Con lo scetticismo teorico-conoscitivo di Kant (contro il quale pure si può obiettare, che il mondo potrebbe malgrado tutto essere come appare) non si può vivere. Non nel conoscere è la nostra salute, ma nel creare. In quanto a Schopenhauer è osservato, che la v o l o n t à non è qualche cosa di semplice, ma un risultato ultimo molto complicato della natura e che non si può parlare di fini inconsci della umanità, considerandola quale un tutto, allo stesso modo come non si può parlare di fini inconsci dell'insieme di tutti i formicai della terra; ma è ammirata la critica della credenza cristiana, e l'aver composto una religione ideale senza la paura della morte, senza immortalità, senza separazione di anima e di corpo, senza alcun palliativo sulla miseria della vita, senza rapporti con divinità, ma soltanto con la compassione di tutti coloro che vivono e soffrono. Con Schopenhauer diventa di nuovo possibile la s e r e n i t à dell'arte. Segue indi una apologia dell'arte come un ritorno alla vita ed è affermata la «meravigliosa unità» di Schopenhauer e Wagner.

Buona parte delle riflessioni contenute in questo scritto doveano passare in un altro intitolato «Il filosofo come medico della cultura» (V. X, 225-230) e destinato a dimostrare ciò che può il filosofo per la cultura di un popolo. Il nuovo piano è già tracciato nel marzo 1873, ma queste meditazioni, che pur contenevano tanta parte di Nietzsche egli non le continuò: le lotte sopravvenute ne lo distrassero. Nello autunno dello stesso anno Nietzsche ebbe l'idea di riassumere tutte le sue riflessioni sulla filosofia» in un libro polemico intitolato «La filosofia nell'imbarazzo». Tutta la filosofia e cultura spicciola corrente doveva essere energicamente attaccata. Egli disperava oramai delle cosidette classi colte, quietisticamente adagiate nella sodisfazione di sè, e riteneva più adatti alla vera cultura gli uomini incolti delle classi inferiori, che conoscono il bisogno e sono quindi in grado di comprendere a che cosa può servire la sapienza. Guai però se le classi inferiori verranno su infettate dalla cultura odierna! In quanto al cristianesimo Nietzsche osservava una stanchezza generale: tutte le possibilità di una vita cristiana dalle più entusiastiche alle più rilasciate sono state pienamente esperimentate. Ormai è necessario trovar qualche cosa di nuovo, ma non è facile, dopo due millenii di assuetudine. La debolezza stessa del cristianesimo è una garenzia della sua durata: esso non preme più tanto sulla vita, perciò è diventato la religione più comoda: I gesuiti ne assicurarono la potenza indebolendone e mitigandone le pretese. Per la filosofia Nietzsche notava un eccesso di attività di pensiero senza alcun risultato; il conflitto tra pensiero e vita tollerato dapertutto; il gusto prevalente della relatività affermata nel senso più infecondo; la vita pratica del filosofo in nulla dissimile da quella di qualunque erudito. Al filosofo di questi tempi (escluso Schopenhauer) si dovrebbe dire: medico, cura te stesso!

In questo libro Nietzsche avrebbe voluto sviluppare ampiamente la polemica su siffatti argomenti, ma la campagna più vasta e radicale iniziata, come fra poco vedremo, nelle «Unzeitgemässe Betrachtungen» finì coll'occuparlo quasi esclusivamente e con l'assorbire il resto. Infatti buona parte del materiale preparato per questo libro passò nella Unzeitgemässe Betrachtung sulla «Historie».

Nell'aprile del 1873 Nietzsche si recò di nuovo a Bayreuth. I lavori procedevano a rilento. L'impresa minacciava di fallire per la generale indifferenza del pubblico. Nietzsche se ne tornò accorato ed in preda ad una profonda malinconia.

Nei primi di maggio egli scrisse ad un amico: «Son tornato da Bayreuth in preda ad una così assidua malinconia, che non mi son potuto salvare altrove se non nel sacro furore». Questo furore era l'esplosione dell'odio lungamente accumulato verso tutto ciò che era e pareva a Nietzsche di ostacolo al sorgere di una vera cultura, nel senso da lui vagheggiato, e die' luogo ad una vera e propria dichiarazione di guerra lanciata ormai a viso aperto contro il mondo della cultura e della ignoranza ufficiali. Nietzsche concepisce infatti la serie delle sue «Unzeitgemässe Betrachtungen», riflessioni intempestive[77], come un piano di guerra: ogni riflessione dovea significare una nuova battaglia. Egli si colloca al di fuori del suo tempo, e, naturalmente, nel futuro, e di lì giudica e condanna tutto e tutti. Questo ardore di lotta non lo lascia per varî anni.

Nel marzo del 1874, dopo la pubblicazione della seconda

---

[77]La traduzione da altri fatta della parola «unzeitgemäss» con «importuno» o «inopportuno» è da ritenersi, a mio credere, erronea. Nietzsche voleva contrapporre le sue idee a quelle correnti come premature, perchè troppo progredite, e quindi come «non consentanee al tempo, all'epoca»; e ciò significa appunto la parola «unzeitgemäss» anche etimologicamente considerata. VAIHINGER traduce bene in francese *inactuelles*.

«Betrachtung» scrive ad un amico: «so bene che io con i miei sfoghi produco immaturamente come un dilettante, ma ciò che importa in modo assoluto, si è, che io anzitutto cacci fuori una buona volta tutto il materiale polemico negativo, che è in me; io voglio prima finire di cantare senza stancarmi l'intera scala ascendente e discendente delle mie ostilità, ed abbastanza aspramente, sì che la volta ne rimbombi. Più tardi, da qui a cinque anni, lascierò ogni polemica dietro di me e mediterò una buona opera. Ma per ora il mio petto è ingorgato di sole avversioni e oppressioni, perciò debbo espettorare, bene o male, ma definitivamente».

Egli voleva anche fondare una società di U n z e i t g e m ä s s e n e sin nella primavera del 1875 scriveva degli appunti per lo statuto di tale società: «Ogni trimestre ciascuno deve presentare un rapporto scritto sulla sua attività.....»! L'idea di raccogliere intorno al suo ideale poche nature elette e di costituire così una oligarchia dello spirito è congeniale in Nietzsche. In generale nei suoi scritti egli non si rivolge mai al grande pubblico, ma ai suoi amici e presunti o attesi compagni di fede. Oltre a ciò si trovano in varie epoche importanti manifestazioni sul suo modo di concepire l'azione riflessa dei condottieri ideali dell'umanità sulla vita sociale. Nel primo progetto della sesta conferenza sull'«avvenire dei nostri istituti di cultura» Nietzsche aveva già osservato, che sin oggi non esiste per quei condottieri alcuna organizzazione. E soggiungeva: sarebbe pensabile una scuola degli uomini più nobili, del tutto priva di base utilitaria, un areopago per la giustizia dello spirito..... Questi uomini dediti alla cultura dovrebbero vivere esemplarmente, quali veri e propri magistrati dell'educazione. Una vera aristocrazia spirituale si costituirebbe così, e questa si dovrebbe rendere indipendente dallo stato (V. IX, 342). E più tardi nel «Wir Philologen»: Io sogno un'associazione di uomini, i quali siano assoluti, non conoscano riguardi e vogliano essere d i s t r u t t o r i . Essi applicheranno a tutti la misura della loro critica e s'immoleranno alla verità. Tutto ciò ch'è cattivo e falso deve venire alla luce. Noi non vogliamo edificare prematuramente, noi non sappiamo neppure se potremo mai edificare e se il meglio sia di non edificare affatto. Vi sono pessimisti pigri, predicatori di rassegnazione: a questi non vogliamo appartenere (V. X, 376).

La prima vittima di quel «sacro furore» fu David Strauss. In lui

Nietzsche volle colpire, come nel suo esempio più spiccato e popolare, ciò che si chiamava allora «cultura tedesca». Fra le sue prime idee c'era anzi quella di pubblicare lo scritto in forma di lettere di uno straniero vivente in Germania. È notevole che Nietzsche inaugura la serie delle «Unzeitgemässe Betrachtungen» prendendo a considerare gli effetti sfavorevoli della vittoria tedesca sulla Francia e negando che in quella la c u l t u r a tedesca abbia vinto sulla francese, proprio come la macedone non vinse sulla greca malgrado il successo delle armi. Nietzsche definisce la cultura come l'unità dello stile artistico in tutte le manifestazioni della vita di un popolo e afferma, che il popolo tedesco non possieda un tale stile, ma viva nella confusione caotica di tutti gli stili. Attacca indi sotto il nome di «filistei della cultura» (frase in parte studentesca) coloro che travestono in forme pompose la piccolezza, la pedanteria, la povertà dello spirito e di queste loro qualità si fanno un magnifico ideale. Come insigne tipo di filisteo presenta David Strauss, qual si rivela nelle sue «Confessioni» e ne fa strazio. Discutendolo poi come scrittore Nietzsche arriva a fare numerosissime analisi logiche e grammaticali degli scritti di lui e non si può non convenire, che da siffatte analisi quello scrittore, il quale pure andava per la maggiore come un grande stilista, esce assai malconcio.

Nell'autunno del 1873 Nietzsche scrive molti appunti di «Unzeitgemässe». Abitualmente parlava di 12 «Betrachtungen», qualche volta di 24 e di un epilogo; la scienza della storia, la filosofia, la letteratura, l'arte, la religione, nelle loro forme moderne dovevano venire successivamente combattute: egli era divenuto «vulcanico» e doveva «vomitar lava». Nell'ottobre e nel novembre 1873 scrive alcuni appunti per una U. B. dal titolo «Deutsch und Afterdeutsch» (tedesco vero e tedesco falso). Egli impreca alla teoria dell'a n i m a p o p o l a r e, della «Volkseele» ed esclama: «Quando noi parliamo dello spirito tedesco intendiamo dire Lutero, Goethe, Schiller. Vogliamo essere ben cauti a qualificare qualche cosa come tedesca..... Il tedesco come stile è ancora da trovare»: Nello stesso tempo Nietzsche traccia il piano di un'altra U. B. intitolata «die Stadt», la città, dove elevando ad ideale il tipo della πολίς greca propone la soluzione della quistione sociale, del problema religioso, del nazionalismo etc. organizzando la società in tanti comuni liberi. Contemporaneamente scrive qualche pensiero per un'altra U. B.,

«Der Weg zur Freiheit» (La via della libertà), che dovea chiudere l'intera serie come epilogo.

Nella stessa epoca infine si occupa, come abbiamo visto, del libro «La filosofia in imbarazzo», che però viene, come tale, abbandonato (insieme agli altri progetti anzicennati), per dar posto (trovandovi anche in parte ricetto) alla seconda U. B. compiuta e pubblicata: «Vom Nutzen und Nachteil der Historie für das Leben» (Dell'utilità e del danno dell'istoria per la vita).

Era un pensiero frequente di Nietzsche, già manifestato anche nelle conferenze sugl'istituti di cultura, che l'ipertrofia del senso storico si compia a spese della vita attiva, così in un individuo, come in un popolo ed in una intera cultura. In questa U. B., per la quale si trova anche fra le carte il titolo di «Malattia storica» o «Malattia dell'istorismo», Nietzsche svolge ampiamente questa sua tesi, che colpiva il lato più lussureggiante della cultura tedesca contemporanea, dedita in massima parte alle ricerche storiche. Egli riconosce non solo la utilità, ma fin la necessità della storia, purchè usata per la vita, per l'azione. La storia per la storia è una forma di sapere, nella quale l'attività individuale scompare, condotta alle sue ultime conseguenze significherebbe il termine della vita e la liquidazione finale dell'umanità. Non così la pensavano i Greci, i quali nel periodo della loro più grande energia serbarono tenacemente un senso «non storico». L'energia creatrice, che apre nuove vie alla vita è antistorica e super-istorica. L'aquetarsi alla storia è indizio di debolezza della personalità. E di una tale debolezza soffrono i tedeschi. Appena è terminata la guerra del 70, che già è stata raccontata e analizzata in centomila modi. La storia può essere sopportata soltanto dalle personalità forti: le deboli ne restano pienamente cancellate. La obbiettività dello storico è soppressione del soggetto. Per essa domina la cieca potenza dei fatti, la tirannia dell'accaduto. Dì li si passa a fantasticare di un processo del mondo. Tutto l'infinitamente piccolo e miserabile della vita acquista un diritto ad essere eternato sol perchè è accaduto. E non si vuol comprendere, che il valore e lo scopo dell'umanità non è in sè stessa, ma nei suoi più alti esemplari. Gravissima è poi la tendenza irresistibile degli storici di deificare il successo, mentre le cose più nobili e più alte non agiscono sulla massa e quindi la grandezza di un'idea o di una personalità non deve misurarsi dal successo. Il successo storico del cristianesimo, per esempio, non prova nulla in favore della grandezza del suo fondatore, anzi potrebbe essere una prova in suo sfavore.

Contro siffatte tendenze, che rendono stagnante la vita, non vi ha che un sol mezzo, rafforzare l'energia creatrice della personalità, il senso anti-storico e super-storico dell'uomo moderno, specialmente della gioventù, reagire contro il significato decorativo della cultura romanza, produrre una vera cultura nel senso ellenico. Questo sarà il compito della crescente generazione educata alla scuola dei Greci.

In una lettera del 18 gennaro 1874 Nietzsche manifesta il proposito di riprendere dopo una breve interruzione dovuta al suo ufficio di professore, la sua attività di combattente nella prossima Pasqua. Ed accennava ad uno scritto sui «volontari di un anno» da metter fuori a proposito della discussione delle leggi militari in parlamento. Lo scritto avrebbe contenuto proposte, che Nietzsche riteneva praticamente accettabili e dannose per i soliti «filistei», e dimostrato che il filosofo non vive sempre fra le nuvole. Nel febbraro successivo scrive, che sin dall'ultimo natale egli si trovava immerso in meditazioni politiche e sociologiche.

Ma queste meditazioni vengono interrotte e riprese nell'autunno seguente. Tra il marzo e la prima metà di maggio Nietzsche concepisce e scrive il piano della terza U. B. interamente svolta e pubblicata: «Schopenhauer als Erzieher» (Schopenhauer quale educatore). Intorno a questa «Betrachtung» egli lavorò sino all'estate di quell'anno.

Chi può dire con precisione sino a qual punto un filosofo deve il proprio svolgimento allo studio di un altro? Particolarmente difficile è poi determinare in quale rapporto Nietzsche stia con Schopenhauer. Egli deve senza dubbio a questo filosofo la sua prima coscenza dei problemi filosofici. Giovanetto ancora egli vide in Schopenhauer il rivelatore delle più grandi verità e divenne suo aderente entusiastico. Egli scrisse anzi i primi scritti servendosi di formule e della terminologia schopenhaueriane e fin riguardo al suo libro sulla tragedia lasciò scritto: «la più grande parte del mio libro è dimostrabile nel senso più rigoroso: certo però soltanto per coloro, che accettano i principi fondamentali di Schopenhauer (Vol. IX, 87). Tuttavia nel 1874 egli scriveva: «Io sono ben lontano dal credere di avere compreso esattamente Schopenhauer, ma soltanto per mezzo di lui ho imparato a comprendere me stesso un po' meglio, e perciò gli debbo la mia più grande gratitudine (Vol. X, 285).

La filosofia di Schopenhauer per certi lati non poteva non esercitare su Nietzsche un fascino ed una influenza particolari e quasi inevitabili. La subordinazione del mondo delle rappresentazioni al mondo della volontà, la dottrina delle idee come gradi di obiettivazione della volontà, la riduzione delle varie forme concrete di rappresentazioni a modi di estrinsecarsi della volontà di vivere, doveano parere a Nietzsche la condanna a morte di ogni razionalismo, di ogni socratismo nella filosofia e nella vita, e come tale non cessarono mai d'influire potentemente sul pensiero di lui. La soppressione del dualismo tra anima e corpo, tra forma e materia, il determinismo come legge di necessità cieca, l'ateismo, l'esclusione dall'etica del concetto di d o v e r e, il pessimismo radicale ed assoluto la critica del cristianesimo, l'assegnazione all'arte del compito più alto della vita, la particolare teoria di Schopenhauer sulla musica, tutto ciò non poteva non conquistare l'animo di Nietzsche. Egli in verità cominciò presto a dare alle dottrine del maestro un'impronta sua particolare. Nietzsche non era tale pensatore da adagiarsi interamente alle dottrine di un altro. E noi abbiamo visto com'egli partendo da una critica della volontà presa in senso schopenhaueriano sia tornato all'agnosticismo totale di Kant; solo che mentre Kant si salvava dallo scetticismo inevitabile con un salto nel noumeno attraverso la legge morale, Nietzsche sa di dovere restare ineluttabilmente nel mondo dei fenomeni, cioè delle illusioni («conoscenza tragica»), ma gli conferisce un valore più alto per mezzo dell'arte.

Malgrado che ormai ad ogni dottrina particolare di Schopenhauer Nietzsche potesse già contrapporne una propria, nè egli si tenesse ben certo di avere esaurientemente studiato quel filosofo, pure questi rappresentava per lui ancora un così prodigioso fenomeno di libertà e grandezza di spirito, pure il suo assoluto pessimismo era così eroico e risoluto e contrastava così energicamente contro il quietismo ottimistico e superficiale dei tempi, residuo dell'hegelianismo, che Nietzsche poteva ancora vedere in Schopenhauer, senza compromettersi sul valore delle dottrine, un antidoto sicuro contro ogni falsa cultura. Da ciò la U. B. «Schopenhauer come educatore», la quale non contiene alcun accenno alle dottrine particolari del filosofo, ma solo un'apologetica descrizione della sua personalità e del suo significato per il popolo tedesco.

Nell'autunno del 1874 Nietzsche, riprende, come abbiam detto, le sue meditazioni sullo stato e sulla società, e le scrive verso la fine dell'anno in un progetto di U. B. dal titolo: «Der Staat» (Lo stato), che porta anche i titoli: «Lo stato nazionale come idolo» e «La nuova società». Le critiche contro lo stato sono le solite, già più volte mosse da Nietzsche: l'assorbimento dell'individuo, lo elevarsi a fine di sè stesso, l'usurpare il dominio della cultura etc. Per ciò, egli dice debbono sorgere delle s e t t e libere, nelle quali la cultura e l'individuo si salvino per non restar sacrificati alla politica. Qui non esisterà più alcuna differenza nazionale. Mentre il livello generale della cultura europea si abbassa sempre più, nella setta le esigenze ed il fine potranno venir portati sempre più in alto. Il crepaccio diverrà più grande che mai, quando l'atomistico stato universale si comporrà di semplici individui senza individualità (Vol. X, 289).

Gli appunti noti sotto il titolo «Lesen und Schreiben» (Leggere e scrivere, Vol. X, 293-9) datano da varie epoche fra il 1873 ed il 1875. L'idea, di fare un libro sullo «stile», manifestata già nel 1871, si trasforma in quella di una U. B., dove si doveano mostrare i gravi difetti della maniera corrente, in cui vien trattata la lingua tedesca. Anche nella 2ª conferenza sugl'istituti di cultura questa critica aveva trovato sfogo. Ora Nietzsche si proponeva di attaccare lo stile di vari scrittori rinomati, come Hegel ed Heine, e di dare una teoria compiuta dello stile. «Es ist die rechte Zeit mit der deutschen Sprache sich endlich artistisch zu befassen»[78] egli dice, e queste sue parole son divenute l'insegna della generazione vivente di scrittori tedeschi d'ogni materia.

Probabilmente al 1874 appartiene inoltre un progetto di dramma intitolato «Prometheus». Dovea rappresentare la liberazione di Prometeo compiuta da Giove, a patto che l'umanità venisse rimpastata per formarne una nuova, l'umanità futura. Per lenire il dolore del rimpasto Giove avrebbe concessa la musica. Il concetto di questo dramma, al quale non dovea «esser estranea in Nietzsche l'idea di creare un nuovo mito, è rimasto allo stato rudimentale.

---

[78]È proprio il tempo di trattare finalmente la lingua tedesca in modo artistico.

Fra le più importanti «Unzeitgemässe» sarebbe stata sicuramente, se compiuta, quella intitolata, «Wir Philologen» (Noi filologi). I germi di essa sono già visibili nell'epoca degli studi a Lipsia. Nell'autunno del 1869 Nietzsche segna fra i libri da scrivere: «Die Philologie der Gegenwart und der Zukunft» (La filologia del presente e dell'avvenire, e nel 1871 il titolo: «Ueber die Zukunft der Philologie» (Sull'avvenire della filologia). L'idea di sostituire al libro una U. B. ed il piano di questa ultima datano dall'ottobre del 1874. I lavori procedettero con varia lena dal febbraro all'aprile 1875 e poi furono ripresi per poco nell'ottobre dello stesso anno. Indi rimasero abbandonati, malgrado contenessero tanta parte dell'esperienza personale di Nietzsche. La trasformazione, che già si operava nell'animo di lui, e della quale diremo fra poco, attrasse la sua mente in altre direzioni.

In questa U. B. Nietzsche si volge violentemente contro la classe dei filologi, la quale in Germania ha il monopolio dell'educazione della gioventù. Non che egli in fondo non voglia un tal monopolio, ma combatte quanto di falso, di attenuato, di femineo, d'infecondo c'è nella ereditata idealizzazione delle b e l l e   l e t t e r e, e dimostra come immeritato sia il privilegio di queste e del falso classicismo di educare la gioventù». Egli contrappone alla falsa intuizione della cultura greca, risultata dall'uso decorativo fattone dalle civiltà latina e romanze, dalle mutilazioni imposte dal cristianesimo, dalla ignoranza del vero ellenismo, e di tutta l'antichità, un'intuizione franca ed «inumana» del mondo ellenico con la coscenza di tutte le sue barbarie e crudeltà.

E qui egli osserva come il nostro Leopardi sia «l'ideale più moderno del filologo» e che in confronto a lui i tedeschi non riescano a nulla.

È notevole il contrasto tra il cristianesimo e l'antichità classica. È presto detto che il cristianesimo abbia superato l'antichità. Anzitutto esso è un pezzo di antichità, in secondo luogo esso ha conservato l'antichità, in terzo non ha lottato con i migliori tempi dell'antichità... Noi soffriamo della ingegnosa maniera di mentire sugli uomini introdotta dal cristianesimo. Con esso guadagnò la preponderanza una religione, che corrisponde ad uno stato preellenico degli uomini: credenza ai fatti magici in tutto e per tutto, superstiziosa paura di un tribunale demonico, disperazione di sè, allucinazioni estatiche, il sentirsi divenuto campo di battaglia di spiriti buoni e cattivi etc. In rapporto alle cose terrene il cristianesimo ha conservato le nozioni più grossolane degli antichi. Quanto vi ha di più nobile nel matrimonio, nella schiavitù, nello stato non è cristiano. Il cristianesimo abbisognava di tutte le deformazioni della vita per dimostrarsi vero. Allo uscire dall'antichità si trovano ancora figure del tutto non cristiane, le quali sono più belle, più pure, più armoniche, che non tutte le cristiane: Proclo per esempio!... In confronto ad essi il cristianesimo appare come la più grossolana volgarità fatta per la plebaglia e gli scellerati. Il politico soggiacere della Grecia fu la più grande perdita della cultura. La seconda fu il trionfo del cristianesimo: lì la forza cieca, qui l'intelletto ottuso vinsero sul genio aristocratico dei popoli. Le religioni sono specie di narcosi, quando vengono però somministrate a popoli come i germanici sono niente altro che veleni. Il cristianesimo si servì della cultura dell'antichità come mezzo di adescamento pei popoli barbari m e n t r e   u n a   v e r a i n c l i n a z i o n e   p e r   l ' a n t i c h i t à   r e n d e a n t i c r i s t i a n i[79]. Eppure alla Chiesa è riuscito di rendere gli studi classici innocui!

Rivolgendo la mente all'avvenire Nietzsche esprimecosì il suo programma: produrre una completa rottura tra la nostra cultura odierna, cioè tra la cultura romanizzata e l'antichità. Si crede che il compito della filologia sia esaurito, invece non è ancora cominciato.

Il 5° ed il 6° secolo (a. C.) sono ancora da scoprire. Nietzsche raccomanda di coltivare lo stile greco invece del latino, specialmente quello di Demostene, e addita come esempio Leopardi, riconoscendo in lui «forse il più grande stilista del secolo». La riforma della vita e della cultura debbono procedere di pari passo.

La storia è stata sin qui scritta dal punto di vista teleologico del successo. La c e c i t à   d e l l a   v o l o n t à è invece la più grande dottrina di Schopenhauer. Ogni religione poggia su alcune ipotesi fisiche. Così il cristianesimo poggia sulla distinzione tra anima e corpo, sull'importanza assoluta del nostro pianeta, come «mondo», sulla credenza nei miracoli etc. Quando le nozioni opposte saranno divenute dominanti: inviolabilità delle leggi della natura, inutilità ed

---

[79]V. X, 318. Ecco la riprova della genesi psicologica del pensiero di Nietzsche come io l'ho esposta nell'introduzione.

impotenza di tutti gli dei, corporeità di tutti i processi psichici, il cristianesimo sarà tramontato. Orbene l'intero ellenismo poggia appunto su tali nozioni opposte al cristianesimo. Nella nuova evoluzione vi sarà dunque questo di nuovo, che gli uomini non saranno più dominati da rappresentazioni religiose. L'unica religione, se così si potrà chiamare, sarà la produzione del genio e nell'educazione saranno riposte le più alte speranze, i più grandi conforti.

La maggior parte degli uomini viene al mondo casualmente: in essi non si rileva alcuna necessità naturale di ordine superiore. Se ognuno di essi deve avere il suo scopo negli altri (come vuole l'altruismo) allora nessuno di essi ha per sè stesso scopo di esistere; e questo vivere «l'uno per l'altro» diviene la commedia più comica. Nello allevamento degli uomini più insigni son da riporre le speranze dell'umanità: forse si potrà per via di felici scoperte educare i grandi singoli diversamente e fino a gradi più alti, che non sia sinora avvenuto per opera del caso. Nè è da trascurare la bellezza. La bruttezza dell'uomo moderno in confronto all'antico dipende dalla complicazione in noi di rimasugli metafisici, dalla confusione dei costumi, dal cattivo procedere dei nostri matrimoni. L'uomo bello, sano, moderato, intraprendente rende bello ciò che lo circonda. E qui torna l'idea della setta. L'unione di un grande centro di uomini per la produzione di uomini migliori è il compito dell'avvenire. Quanto meglio è organizzato lo stato tanto più fiacca è l'umanità. Gl'individui debbono divenire molesti l'uno all'altro. Il singolo deve conquistare la libertà nella lotta!

Fra le «Unzeitgemässe Betrachtungen» doveva, naturalmente avere larga parte la polemica su Wagner. E fra le prime disposizioni di «Unzeitgemässe» si trovano due titoli: «Musicisti letterati: come i partigiani del genio ne annullano gli effetti» e «Gli avversari di Wagner». Durante tutto l'anno 1873 l'intrapresa del teatro di Bayreuth parve naufragasse. Abbiamo veduto come dapprima Nietzsche ne fosse accorato tanto da provare un sollievo nel «sacro furore». Aggravatasi in seguito la situazione si manifesta però un fatto nuovo: Nietzsche si domanda il vero perchè dell'insuccesso ed allora comincia con la massima calma, a valutare gli argomenti contrarî a Wagner ed a discutere liberamente fra sè il grande maestro. Così quando nel febbraro del 1874 l'intrapresa di Bayreuth risorse, egli scrisse in una lettera: «Una comunicazione molto precisa del «Mannheimer Journal» reca da ottima fonte, che le rappresentazioni siano definitivamente assicurate. Così il miracolo sarebbe accaduto! Speriamo! Dal capo d'anno in qua la situazione era disperata, ed io potei finalmente salvarmi nella maniera più strana: cominciai con la più grande freddezza di analisi ad esaminare perchè l'intrapresa fosse fallita: ciò facendo ho molto imparato e credo di conoscere ormai Wagner molto meglio di prima. Se il miracolo è vero, esso non annulla il risultato delle mie riflessioni, ma noi vogliamo esser contenti e solennizzare la festa, se è vero».

L'arte di Wagner è senza misura, eccessiva, è questo il primo pensiero, che Nietzsche registra nel gennaro del 1874. Wagner riunisce tutti gli elementi più efficaci, il pomposo, l'inebriante, lo spaventoso, il rumoroso, il brutto, il convulsivo, il nervoso: tutto è ammesso. Straordinarie proporzioni, mezzi straordinari. L'irregolare e il sovrappiù dello splendore e dell'ornamento fan l'impressione della ricchezza e del lusso. Wagner è un commediante sbagliato; come tale egli ricerca tutto ciò che fa il massimo effetto sugli uomini. Egli ha un senso tirannico per il colossale, tenta la tirannide nell'arte con l'aiuto delle masse del teatro. Egli adopera la musica come m e z z o d e l l a e s p r e s s i o n e, ciò è molto significativo per la sua natura di attore scenico. E qui Nietzsche non doveva che ricordarsi di quanto aveva scritto e lasciato da parte per il libro della tragedia, sui rapporti tra musica e concetto, musica e parola (V. IX, 128-156). Egli avea sempre ritenuto (con Schopenhauer), che la musica può generare immagini, può eccitare la fantasia a figurazioni concrete corrispondenti in senso analitico al processo universale, che la musica rivela, ma non mai il contrario. Nè la parola, nè il concetto, nè l'immagine, nè una successione d'immagini, come nell'opera, potranno mai generare la musica. Ciò sarebbe come pretendere che il figlio generi il padre. La musica come viene adoperata nell'opera non è che una retorica convenzionale di segnali e di mezzi di espressione, i quali in tanto agiscono sullo spettatore in quanto sono convenzionali.

Da tutto ciò era ormai facile dedurre, che anche il dramma musicale di Wagner commetta lo stesso errore estetico, di abbassare la musica a mezzo di espressione di fatti e figure determinate, quando essa, sempre e soltanto come musica assoluta raggiunge la più alta potenza di espressione di un contenuto universale. Come musica assoluta quella di Wagner inganna con la falsa impressione di una ricchezza che non ha: il dissolversi d'ogni periodo ritmico d'ogni frase nella cosidetta «melodia infinita» è una artificiosità delle più compromettenti per l'essenza della musica.

Come vedremo, tutto quanto Nietzsche pensò appresso su Wagner dal «Menschliches, Allzumenschliches» al «Der Fall Wagner» è sostanzialmente contenuto in queste riflessioni del gennaro 1874. Tuttavia qualche cosa lo teneva ancora unito al grande maestro: i suoi rapporti personali con lui, la lotta che Wagner sosteneva contro l'arte romanza, il principio dell'arte nazionale germanica, il tentativo di far rivivere i miti germanici etc..... Nell'ottobre del 1874 Nietzsche progettò una U. B. dal titolo: «Richard Wagner's Freunde und Feinde» (Amici e nemici di R. W.), pure il titolo più indeterminato: «Richard Wagner in Bayreuth» doveva avere la preferenza. In varie riprese egli si occupa di questo scritto nell'anno 1875, ma evidentemente lo spirito di Nietzsche si veniva trasformando. Egli si era a poco a poco avvicinato al punto in cui comincia la matura riflessione su sè stesso. Di ciò abbiamo un sintomo sicuro in ciò ch'egli scrive ad un amico verso la fine di luglio di quell'anno: «Ho davanti a me un bel cesto pieno di lavoro per i prossimi sette anni e veramente mi sento bene quando ci penso. Noi dobbiamo impiegare ancora la nostra gioventù ad imparare molte buone cose... Io son dietro per ora a colmare le gravi lacune della nostra educazione... Noi dobbiamo ancora ascendere per un bel tratto di via, lentamente, ma sempre più innanzi per guadagnare una libera veduta sulla nostra v e c c h i a c u l t u r a; e si deve procedere attraverso molte ardue scienze e anzitutto attraverso le e s a t t e». Accanto a studî storici, economici, matematici, di fisica e di scienze naturali, etc. Nietzsche pensava di fare inoltre una raccolta di un enorme materiale empirico di conoscenza umana, e per ciò si proponeva di leggere vecchie storie, romanzi, lettere, etc... Non solo, ma si proponeva di rivedere anche le sue nozioni filosofiche fondamentali e perciò di rileggere Schopenhauer, contrapponendogli Dühring, Fra gli autori da studiare sono anche notati Aristotele, Platone e Goethe.

Egli comincia col leggere di Dühring il libro sul «Valore della vita» e lo riassume commentandolo. Le sue critiche (V. X, 381-91) sono però del tutto a favore di Schopenhauer. Legge anche e sunta il libro di B. Stewart «La conservazione dell'energia». Ritornando nell'autunno del 1875 alla U. B. «Richard Wagner in Bayreuth» egli dichiara, che quel suo scritto è impubblicabile e nel principio di ottobre scrive: «La mia «Betrachtung» intitolata «R. Wagner in Bayreuth» non sarà stampata: essa è quasi compiuta, ma io sono rimasto molto indietro a ciò che esigo da me stesso, e quindi lo scritto ha per me il valore di un'orientazione sul punto più grave dei nostri casi vissuti sin qui. Io non sto però al di sopra di essi e quindi vedo che la orientazione non mi è riuscita pienamente, tanto meno potrei aiutare gli altri». In questa stessa epoca anzi Nietzsche medita varie critiche molto gravi su Wagner, sulle sue qualità di attore scenico, sulle sue pretese tiranniche, sul suo senso musicale e sulla tecnica delle sue composizioni (V. X, 413-425).

Molto probabilmente verso la fine del 1875 scrisse alcuni appunti di una U. B. intitolata «Über Religion», la quale doveva contenere una critica del cristianesimo, della quale si hanno i primi accenni nel 1869 (la religione cristiana come democrazia etica V. X, 435) e nel 1872 (primavera, quando egli si proponeva di scrivere un libro intitolato «Kritik des Christenthums»).

Ma nei primi del 1876 Nietzsche fu colto da una grave infermità e tutti i piani dell'anno precedente andarono a monte. Quando si rimise un poco potè prendere parte alle feste di Bayreuth, ch'ebbero luogo nell'estate del 1876. Per non rimaner muto in quella solennità, che commosse la Germania, anzi l'intera Europa colta, pubblicò quella sua U. B. «Richard Wagner in Bayreuth», che contiene un'apologia vacua ed esteriore della personalità del maestro. Tutta quella festa invece finì coll'alienarlo definitivamente da Wagner e dalla sua arte. In quel luogo, dove Nietzsche aveva sognato di veder rinascere la tragedia ellenica, si agitava una folla in gran parte volgare e frivola. L'anello del Nibelungo visto sotto l'angolo della nuova critica doveva parere una mostruosa e grottesca caricatura. La vanità consueta di Wagner dovea essere in quei giorni salita sino all'assurdo. Nietzsche si aggirava in quel luogo, fra quelle persone come un estraneo e in quel momento stesso in cui la gloria, serva di ogni successo, posò una corona sul bianco capo di Riccardo Wagner, Nietzsche si ritirò in Klingbrunnen a scrivere alcuni pensieri e l'intitolò: «L'aratro». Con essi egli inaugurò una nuova fase di vita.

SECONDA PARTE

«Die Pflugschar», il vomere dell'aratro strazia la terra e la feconda. Per Nietzsche è uno strumento di liberazione dello spirito.

Con la completa delusione su Wagner, la quale dovea presto avere una conferma terribile, egli perdette la sua ultima speranza su tutto ciò che si appellava «modernità». Solo oramai, diffidente verso tutto e tutti, ma più ancora verso di sè, non senza una rabbia sorda decise di parteggiare d'ora innanzi sempre contro sè stesso ed in favore di tutto ciò, che gli diceva dolore e riusciva duro (V. III, 8). I due scritti su Schopenhauer e Wagner significarono ormai per lui un modo di prender commiato da quelle due grandi personalità, che lo avevano fatto massimamente sperare per l'età nostra. Ora egli ha abbandonato le case rovinanti degli altri e si mette in cammino in cerca d'una nuova via non mai battuta, la via dell'ignoto, ma della libertà.

In questa via egli non incontra più nessuno, ma sempre e sempre di nuovo sè stesso. A misura che va il deserto si fa intorno a lui ed egli si compiace della sua solitudine. Per un qualche tempo anzi dimentica il suo fatale andare. Ei vuol provare a muoversi in tutte le direzioni, vuol provare le sue forze in ogni senso. Pensare è anzitutto per lui una disciplina voluntatis: non è più tanto l'interesse dell'oggetto pensato che lo muove, ma la misura della energia spiegata dal suo intelletto, ma lo esperimento di libertà interiore bravamente compiuto. Libertà! è questa l'insegna nuova sotto la quale Nietzsche raccoglie ed esalta tutte le sue forze. Tutto quanto egli pensa dall'«Aratro» a «Il viandante e la sua ombra» ed è compreso nei due volumi intitolati «Umano, troppo umano» non dimostra una orientazione precisa e deliberata, ostenta, anzi di non averne e non volerne alcuna. Nietzsche uscito dalle strette gole delle sue credenze, non entra in altre, si salva nel deserto che non ha limiti. «La sua anima può essere senza invidia e quasi priva di bisogni, egli non si sforza di ottenere molto per sè, piuttosto nulla più, a lui basta come lo stato più desiderabile questo libero librarsi senza paura su uomini, costumi, leggi, ed ereditarie valutazioni delle cose» (Vol. XI, 9).

Separatosi da Wagner nel bel mezzo delle feste bayreuthiane,

Nietzsche non si ritrae a ripestare le sue idee sull'arte, sulla tragedia musicale, sull'ellenismo, ma si pone a meditare sulla libertà dello spirito e sul modo di raggiungerla, sulla genesi dei sentimenti morali e religiosi, dei costumi e delle leggi, e scrive semplici d u r e z z e p s i c o l o g i c h e (lauter harte Psychologica). Per esempio egli nota: La credenza in Dio, nella, libertà e nell'immortalità si deve perdere come si perdono i primi denti, allora soltanto cresce la dentatura buona. – Chi vuol impiegare il suo denaro da spirito libero, deve fondare istituti sul tipo dei conventi, per render possibile una comune vita amichevole, della più grande semplicità, ad uomini che non vogliono aver più nulla da fare col mondo. – Il figlio non ha ragione d'esser grato al padre per l'esistenza, forse gli può anzi rimproverare alcune particolari qualità ereditate. Lo scopo della procreazione è di mettere al mondo uomini p i ù l i b e r i di noi. Nessuna meditazione è così importante come quella sulla ereditarietà delle qualità.

Di tal sorta sono i pensieri dell'«Aratro» (Vol. XI, 17-33). «L'aratro fende la terra dura e la molle, passa sull'alto e sul basso e l'eguaglia. Questo libro è per il buono e per il cattivo, per l'umile e per il potente. Il cattivo che lo legge diventerà migliore, il buono peggiore, il piccolo più potente, il potente più piccolo». Così Nietzsche conchiudeva le sue meditazioni.

Queste continuarono in Basel nel settembre 1876 e nell'ottobre successivo in Bex. Quivi Nietzsche ebbe l'idea di riunire tutto in una quinta «Unzeitgemässe Betrachtung» intitolata «Der Freigeist» (Lo spirito libero), volendovi rappresentare l'ideale del Freigeist del presente. Le sue condizioni di salute peggiorate l'obbligarono intanto ad interrompere per quell'anno la sua attività accademica ed a venire a svernare in Italia e precisamente a Sorrento. In questa deliziosa e tranquilla dimora Nietzsche maturò quella nuova fioritura ideale germinata dal fermento della crisi. Come il suo corpo anche il suo spirito aveva cambiato clima, avea lasciate le brume del nord per i liberi orizzonti soleggiati ed ariosi del sud; e si può esser certi che da quell'epoca data quel gusto per il riso schietto, per l'aria aperta, per i colori vivi, per il sole meridiano, quale egli espresse di poi in pagine meravigliose. Dapprima Nietzsche pensò di comporre 9 altre «Unzeitgemässe Betrachtungen», ma quando egli si fu allontanato abbastanza dal suo passato, sentì il bisogno di dare un nuovo nome alle sue meditazioni ed ebbe l'idea di raccoglierle tutte in un volume dal titolo «Menschliches, Allzumenschliches. Ein Buch für Freigeister» (Umano, troppo umano o meglio: Cose umane, troppo umane, un libro per spiriti liberi): così le 9 «Unzeitgemässe» divennero altrettante sezioni del libro. I pensieri del «Pflugschar», le «Sorrentiner Papiere», le altre meditazioni scritte in Rosenlaui (Svizzera), dov'egli passò la estate del 1877, vennero incorporati nel nuovo libro (Vol. I, dell'«Umano...»), destinato a far parlare quello stesso «spirito libero» che Nietzsche voleva prima soltanto descrivere. Alla elaborazione del libro Nietzsche si dedicò nell'inverno 1877-1878 in Basel, fra indescrivibili sofferenze corporali, con l'aiuto del sig. Peter Gast, che allora studiava in quella Università.

L'intenzione originaria era di ridurre quella massa disgregata di pensieri in un tutto armonico. Ma oltre l'infermità dell'autore, una ragione intrinseca doveva rendere ciò impossibile: l'assenza voluta di unità di una precisa direzione, di una orientazione deliberata in tutto quel libero vagabondare da un argomento all'altro. Pertanto fu deciso di conservare alle parti componenti del libro quella forma aforistica, ch'esse avevano ricevuto a titolo provvisorio. Così sorse il primo volume di aforismi, la cui pubblicazione, curata in gran fretta, avvenne nei primi di maggio 1878 pel desiderio di Nietzsche di dedicarlo, come fece, alla memoria di Voltaire, nell'anniversario della morte, che ricorreva appunto il 30 maggio.

Ci è impossibile seguire Nietzsche in tutte queste sue esercitazioni di libertà spirituale, che pure han dato luogo a così innumerevoli manifestazioni geniali. Osservazione acuta ed originale, sottigliezza di analisi, satira fine, quell'abile e così difficile giuoco di equilibrio tra la verità ed il paradosso, interrotto a volte dall'enunciazione cruda di una amara sentenza, sintesi brillante ed agile, han cooperato alla formazione di questo volume. Tuttavia non questo può interessarci dal nostro punto di vista. E se il volume non contenesse altro converrebbe saltarlo a piè pari. Ma in tutta questa epoca di crisi, come abbiamo detto, Nietzsche mentre si allontana da tutti gli altri, si accosta sempre più a sè stesso: «Divieni quel che tu sei» (Vol. XI, 80), questo è ormai il suo imperativo categorico. Perciò egli più tardi assomigliò tutto questo suo periodo critico alla malattia di un serpente, che rinnova il suo squame. In fondo Nietzsche non cambiava che il metodo e non faceva che epurare la sua coscenza filosofica d'ogni infiltrazione estranea e sviluppare con psicologica necessità s è s t e s s o . Noi, dunque, ci occuperemo dell'«Umano, troppo umano» solo in quanto contiene l'ulteriore svolgimento delle dottrine fondamentali del filosofo.

Prima di venire a questo esame, giova accennare alla disputa intorno ai rapporti tra Nietzsche e Paul Rée. Molti in Germania si ostinarono per un pezzo a ritenere l'«Umano, troppo umano» come influenzato dal libro del D.r Rée «Der Ursprung der moralischen Empfindungen» (L'origine dei sentimenti morali), pubblicato nel 1877. Separatosi dai suoi vecchi amici Nietzsche si dilettò della conversazione col D.r Rée, le cui idee pareva concordassero in generale con quelle di lui. Ma egli aveva già prima di questo avvicinamento scritto le sue meditazioni del «Pflugschar», che contengono in germe l'«Umano, troppo umano». Del resto Rée dedicò a Nietzsche una copia del suo libro con le parole: «Al padre di questo scritto gratissimamente sua madre». E Nietzsche nella «Genealogia della morale» scrisse di non aver letto forse mai un altro libro, di cui abbia contradetto fra sè, pur senza ira, ogni proposizione, ogni ragionamento, come quello del D.r Rée.

La variazione più notevole che si compie in Nietzsche durante questa seconda fase ed esplicitamente manifestata nell'«Umano, troppo umano» riguarda il metodo della sua filosofia (Vol. II, 15-53). Nietzsche era stato sin qui un metafisico, alla maniera di Schopenhauer, aveva tenuto in poco conto le scienze particolari, le aveva solo, diciamo così, adibite occasionalmente per servirsene nella dimostrazione di sue teorie già fatte, aveva derivato queste teorie da alquante meditazioni di filosofia della storia, di etica e psicologia sociale, di estetica, le quali benchè sommarie e parziali ebbero però il loro fondo comune, manifesto o sottinteso, in una metafisica voluntaristica prima, in un agnosticismo critico poi.

Ora Nietzsche non è più un metafisico, ma, per designarlo con termine facilmente comprensibile, un p o s i t i v i s t a . E mentre nella sua prima fase aveva lanciato una «Unzeitgemässe» contro l'«Historie», nella seconda frase riconosce, che il metodo storico è l'indirizzo più progredito del sapere. La sua filosofia riceve l'appellativo di «storica» e non si deve più pensare divisa dalla scienza della natura: essa non si meraviglia più di alcun contrasto, di alcuna antinomia di «concetti o sentimenti, tanto meno si sforza, come la filosofia metafisica di trovare la loro conciliazione, ma studia e analizza concetti e sentimenti come la chimica tratta le sostanze naturali. Nè l'uomo, nè la conoscenza dell'uomo nè il mondo sono eterni, aeternae veritates: l'aver ritenuto il contrario è il peccato d'origine di tutti i filosofi. Tutto è divenuto, tutto ha la sua storia e noi non conosciamo della storia umana che alcune migliaia di anni: considerare tutto «storicamente» è necessità di metodo e scuola di umiltà.

È probabile, che gli oggetti del sentimento religioso, morale estetico, non appartengano che alla sola superficie delle cose, mentre l'uomo crede volentieri di sentir pulsare in essi il cuore del mondo. È proprio di una cultura superiore apprezzare le piccole verità invisibili trovate dalla scienza con rigoroso metodo più altamente degli errori confortevoli e abbaglianti, che provengono dalla metafisica o dall'arte. È vero, che potrebbe anche esistere un mondo metafisico accanto a quello che noi conosciamo, ma, poichè mai potremo astrarre da noi stessi, la conoscenza di quel mondo metafisico, sarebbe la più inutile delle conoscenze, ancor più inutile che non sia al navigante in pericolo di tempesta la conoscenza dell'analisi chimica dell'acqua. Quando la religione, l'arte e la morale saranno descritte nella loro genesi in modo da potersi pienamente spiegare, senza ricorrere ad incursioni nella metafisica, cesserà quel vivissimo interesse per il problema puramente teorico della «cosa in sè» e del «fenomeno». Poichè comunque sia di questo problema, con la religione, l'arte e la morale noi non tocchiamo l'e s s e n z a del mondo in sè, ma restiamo nel dominio delle rappresentazioni, e nessun presentimento può spingerci al di là. Con piena calma si lascerà allora, che la fisiologia e la storia della evoluzione degli organismi rispondano alla quistione sulla origine della nostra imagine del mondo.

Storicamente la prima forma di sapere è il linguaggio. In origine l'uomo crede di esprimere con la parola non un segno convenzionale, ma l'essenza stessa delle cose. Fin la ragione umana omette quasi sempre una tale distinzione. La logica poggia su presupposti, ai quali nulla risponde di reale, per esempio l'ipotesi dell'uguaglianza di più cose, dell'identità della stessa cosa in tempi diversi. Anche la matematica non sarebbe sorta se si fosse saputo da principio, che in natura non esistono linee esattamente rette, vere circonferenze, misure assolute; fin le leggi del numero originano dall'errore che esistano molte cose uguali, e che esistano, almeno, cose individue. Quando l'uomo conoscerà pienamente la genesi e la storia di queste sue più generali e sinora più sicure forme di conoscenza, quando saprà che solo da lui il mondo ha ricevuta forme, grandezze, numeri, colori, valore, che il cosidetto mondo è un mondo u m a n o , sviluppatosi, nella maniera in cui ci appare, con e per l'uomo e soltanto per lui, allora è possibile che venga un'epoca di profondo scetticismo scientifico, di libera comparazione di tutti i valori ereditati e nuovi, di una cultura coscientemente creata con l'impiego volontario delle migliori condizioni per la nascita, l'allevamento, l'educazione dell'uomo e per la sapiente economia di tutte le forze umane e naturali.

Non più legati da nessun vincolo necessario, sia logico, sia morale, sia religioso, si vedrà come lungi dal porsi come ideale l'ingenuità kantiana di voler fare agire tutti gli uomini in un sol modo, di gran lunga più desiderabile, sarebbe che ciascun uomo nell'interesse generale si attribuisse un compito speciale e forse persino, sotto condizioni, un compito immorale. Si vedrà come vano sia il vanto di certe filosofie di servire come surrogato della religione, mentre i bisogni, che religione e filosofia appagano, non sono immutabili, ma tali da potersi indebolire ed anche estirpare. Si vedrà come l'illogicità, l'ingiustizia, l'errore siano necessarî e forse più utili alla vita, sotto condizioni, che non la logica, la giustizia, la verità.

Da siffatte premesse era naturale attendersi, che la critica della morale divenisse «Storia dei sentimenti morali». L'etica considerata sotto il punto di vista della psicologia perde ogni valore normativo, diventa scienza descrittiva. Nietzsche riduce appunto tutta l'etica ad una storia (Vol. II, 54-112), convinto di toglierle per ciò stesso ogni forza imperativa dissoluta. Egli comincia le sue meditazioni sui sentimenti morali con un appello alla psicologia; e mentre nella prima fase avea mostrato di disdegnare la filosofia francese, perchè superficiale e non metafisica, si ora ispira alle analisi psicologiche di La Rochefoucauld e dei suoi affini nel pensiero e nell'arte. – La libertà intelligibile nel senso di Kant è una favola, l'immutabilità del carattere nel senso di Schopenhauer è un errore dovuto alla ignoranza dell'evoluzione umana possibile attraverso i millenii. La valutazione morale si compie secondo la graduazione dei beni, che varia col variare dei popoli e delle età. Gli uomini crudeli di oggi rappresentano stadî di culture anteriori e sono di ciò così irresponsabili come un pezzo di granito è irresponsabile di esser granito. I nostri concetti: buono e cattivo hanno una doppia storia: l'una deriva dalle tribù e caste dominatrici: chi è capace di rendere bene per bene e male per male è buono; chi è incapace di ciò è cattivo. I buoni appartengono ad una casta, i cattivi non hanno casta, sono massa come la polvere. Buono e cattivo significa per lungo tempo tanto quanto nobile e vile, signore e schiavo: il nemico per esempio non è cattivo. Troiani e Greci sono per Omero entrambi buoni. L'altra storia deriva dagli oppressi, dagli impotenti. Per essi ogni altro uomo, sia elevato o basso vale come un nemico, sfruttatore, crudele, astuto. Qui dominano i valori della paura.

Seguono molte riflessioni frammentarie sulla compassione, sulla vanità, sull'origine della giustizia, sui rapporti tra morale e costume ecc. etc. Siamo qui ben lungi da quella analisi organica, che Nietzsche farà della morale nelle sue «Aurore». Si trovano però qui già espresse le riflessioni sulla necessità dell'egoismo, sulla irresponsabilità morale, sull'immoralità come legittima difesa, sulla malvagità inconsapevole. E quasi come conclusione vien affermata la sentenza: L'uomo agisce sempre bene (Aph. 102).

Il procedimento è uguale per la critica della religione (Vol. II, 113-153). Si può lottare contro il male, dice Nietzsche, in doppio modo o eliminandone la causa o modificandone gli effetti su di noi. La religione e l'arte (ed anche la filosofia metafisica) si sforzano di modificare la nostra maniera di sentire il male, parte modificando il nostro giudizio (per esempio con la proposizione «Dio castiga chi ha caro») parte con destare un certo piacere per il dolore, per l'emozione in generale (come avviene con l'arte tragica). Quanto più gli uomini sono inchinevoli a narcotizzarsi con l'arte e con la religione tanto meno si occupano seriamente a sopprimere le cause dei loro mali. Quanto più essi divengono rigorosi e positivi nel lottare contro queste cause, tanto maggior terreno perdono i tragedi ed i sacerdoti i quali sin qui hanno vissuto della narcotizzazione dei mali umani.

Nessuna religione ha sin qui contenuto, nè mediatamente nè immediatamente, nè come dogma, nè come simbolo, una verità; il celebre consenso delle genti come prova delle verità religiose, della esistenza di Dio etc. non ha quindi alcun valore. L'origine del culto deve vedersi nella pretesa di modificare, mediante certe pratiche religiose, il corso della natura a favore dell'uomo, imprimendole leggi che non ha.

Il cristianesimo ha poi in sè elementi così incredibili da doversi considerare, in quest'epoca di rigoroso positivismo, come forse il più vecchio resto dell'antichità. Quando di domenica al mattino sentiamo suonare le vecchie campane ci domandiamo: è possibile? questo si fa per un giudeo crocifisso or sono due millenii, il quale disse di essere il figlio di Dio! La prova di questa affermazione manca del tutto. Un Dio che fa figliuoli con una donna mortale; un savio che esorta a non più lavorare, a non tener più tribunale, ma a por mente ai segni dell'imminente fine del mondo; una giustizia che ammette l'innocente al posto del vero colpevole; taluno che da a bere il suo sangue ai suoi seguaci; preghiere e interventi miracolosi; peccati commessi contro un Dio, scontati da un Dio; paura di un al di là, che cominci con la morte; la figura della croce come simbolo in un tempo in cui non si conosce più la ignominiosa destinazione della croce − come tutto ciò ci spira intorno quasi uscisse dalla tomba di lontanissimi passati! È possibile che si creda ancor oggi a qual cosa di simile?

I Greci vedevano su di sè gli dèi omerici non come padroni e sè stessi sotto di quelli non come schiavi, alla maniera degli ebrei. Essi vedevano nei loro dei, per dir così, lo specchio degli esemplari meglio riusciti della loro propria casta, e quindi un ideale non un'antitesi del loro proprio essere. L'uomo pensa elevatamente di sè, quando si foggia simili dei e si pone in rapporto con essi, come la nobiltà di rango inferiore con la nobiltà di rango superiore. Il cristianesimo al contrario schiacciò e spezzò l'uomo completamente e lo immerse come in una melma profonda: nel sentimento dell'assoluto ripudio di sè stesso, fece d'un tratto brillare la magnificenza della misericordia divina, sicchè l'uomo sorpreso, stordito dalla grazia emise un grido di rapimento e per un istante credette di portare tutto il cielo in sè stesso. Su questo malaticcio eccesso del sentimento, sulla a ciò necessaria profonda corruzione della testa e del cuore, agiscono tutte le invenzioni psicologiche del cristianesimo: esso vuole annichilire, infrangere, stordire, rapire, solo una cosa esso non vuole: la m i s u r a e perciò è nel senso più profondo, barbaro, asiatico, ignobile, non-greco. Queste e molte altre critiche vengono fatte al cristianesimo, al sentimento del bisogno di redenzione, al tipo del santo, all'ideale ascetico etc. Ma esse hanno perduto importanza in confronto agli sviluppi posteriori.

L'arte eleva il capo dove le religioni declinano. Essa s'impossessa di una quantità di sentimenti e disposizioni d'animo prodotti dalla religione, li prende a cuore e diviene così più profonda, più animata, sicchè può comunicare stati di elevatezza e di entusiasmo come prima non le era possibile. La ricchezza sino ad oggi straordinariamente cresciuta del sentimento religioso irrompe sempre di nuovo e vuol conquistare nuovi dominî: d'altra parte l'illuminismo crescente ha scosso i dogmi della religione e ispirato un profondo scetticismo, ed ecco che quel sentimento cacciato dall'illuminismo fuori delle sfere religiose si riversa oggidì nell'arte, in casi speciali nella vita politica e persino nella scienza.

Le arti più alte divengono sempre meno sensibili, sempre più intellettuali. In sè nessuna musica è profonda e piena di significato, essa non parla nè della «volontà», nè della «cosa in sè»; l'intelletto ha attribuito questo significato al suono. Or con l'uso continuo d'interpretare intellettualmente i suoni l'orecchio è divenuto più intellettuale. Lo stesso avviene dell'occhio, quando viene abituato a indovinare al di là dei colori e delle forme. Questo progresso della intellettualità trasporta il godimento artistico nel cervello e gli organi dei sensi diventano così ottusi e deboli.

Non senza profondo dolore si deve confessarsi, che gli artisti di tutti i tempi nei loro slanci più elevati hanno innalzato ad una glorificazione celeste appunto quelle rappresentazioni, che noi riteniamo oggidì false: essi sono i glorificatori degli errori filosofico-religiosi della umanità e non avrebbero potuto esserlo senza la fede nell'assoluta verità di quegli errori. Scemata la fede in tali verità, allora non potrà mai più fiorire quella specie d'arte la quale, come nella «Divina commedia», nei quadri di Raffaello, negli affreschi di Michelangelo, nelle cattedrali gotiche, non presuppone soltanto un significato cosmico, ma anche un significato metafisico degli argomenti d'arte. Che una tale arte, una tale fede d'artisti sia esistita sarà oggetto di una commovente leggenda.

Che cosa resterà dell'arte? È vero ch'essa fiorisce meglio sotto certe ipotesi metafisiche: ma queste sono state dimostrate false. E allora? Anzitutto l'arte ha insegnato per millenii a trovare la vita in ogni forma interessante e piacevole. Questo insegnamento dell'arte, di provare diletto alla vita, è così immedesimato in noi, che si manifesta adesso sotto forma di prepotente bisogno del conoscere. Si potrebbe rinunziare all'arte, non si perderebbe con ciò la facoltà da essa appressa: appunto come si è rinunziato alla religione, non però all'aumento ed elevamento delle emozioni ispirate da lei. Dopo la scomparsa dell'arte la intensità e molteplicità della gioia di vivere, che essa ha coltivato, spingerebbe sempre di nuovo al proprio appagamento. L'uomo scientifico è la continuazione dell'uomo artistico.

Come nella vecchiaia ci ricordiamo della gioventù e ne festeggiamo gli avvenimenti, così presto l'umanità considererà l'arte come un commovente ricordo delle gioie della sua gioventù. L'artista diverrà presto un magnifico sopravanzo e lo si onorerà come un meraviglioso estraneo, dalla cui forza e bellezza dipese la felicità di tempi remoti.

Forse la parte migliore di noi è ereditata da sentimenti di epoche anteriori, ai quali noi non possiamo più pervenire per la via diretta: il sole è già tramontato, ma il cielo della nostra vita riluce ancora dei suoi raggi, benchè noi non lo vediamo più (Vol. II, 155-208).

Trattando di culture superiori e inferiori (Vol. II, 208-267) Nietzsche esamina la genesi e l'importanza del genio e mette in rilievo quanto di casuale, individuale, imprevidibile ed incalcolabile, concorre alla sua origine, quanto relativo sia il suo valore.

È notevole poi, che il suo apprezzamento sulla Riforma in Germania, precedentemente ritenuta una delle manifestazioni più gloriose dello spirito germanico, che si contrappone al romanzo, è ora essenzialmente modificato. La rinascenza italiana, egli dice, portava in sè tutte le energie positive, alle quali si deve la cultura moderna: cioè libertà di pensiero, disprezzo dell'autorità, vittoria della cultura sull'orgoglio della nascita, entusiasmo per la scienza e per il passato scientifico dell'umanità, liberazione dell'individuo, ardore per la verità ed avversione per le parvenze; la rinascenza aveva forze positive, che nella nostra cultura sino ad oggi non sono ancora divenute così potenti. Era l'età d'oro di questo millennio, malgrado le sue macchie ed i suoi vizi. Ad essa si contrappone la riforma tedesca come una energica protesta di spiriti rimasti indietro, non ancora sazî di medioevo, i quali invece di salutare con gioia i segni della dissoluzione di esso, la straordinaria superficializzazione ed esteriorizzazione della vita religiosa, li accolsero con sdegno.

Con nordica forza e pertinacia essi ricacciarono gli uomini indietro, provocarono la contro riformazione, e ritardarono di due o tre secoli il pieno destarsi e dominare delle scienze, ma resero impossibile forse per sempre l'innesto e lo sviluppo associato dello spirito antico col moderno. Senza le complicazioni politiche Lutero sarebbe stato forse bruciato come Huss e l'aurora dell'illuminismo sarebbe spuntata forse prima e più bella ancora di quanto noi non arriviamo ad imaginare.

Ripensando poi alla filosofia greca Nietzsche torna ad attribuire a Socrate l'avere interrotto il rapidissimo svilupparsi del più alto tipo ellenico. Il sesto ed il quinto secolo pare abbiano più promesso, che mantenuto. Eppure non si può pensare una perdita più grave di quella di un nuovo tipo, di una nuova altissima p o s s i b i l i t à, sin allora ignota, quella della v i t a filosofica. Forse senza Socrate Platone avrebbe trovato un ancora più alto tipo di uomo filosofico, che è andato perduto per sempre.

Osservando particolarmente quei filosofi da Talete a Democrito Nietzsche rileva che ognuno di quei grandi pensatori, nella credenza di possedere l'assoluta verità, divenne tiranno. Ora lo scetticismo è troppo forte per permettere ciò. Il tempo dei tiranni dello spirito è passato. Nella sfera della più alta cultura si avrà sempre una dominazione, ma questa apparterrà d'ora innanzi agli o l i g a r c h i d e l l o   s p i r i t o. Essi formeranno, malgrado ogni divisione spaziale e politica una società compatta. La superiorità di spirito che prima divideva e inimicava, suole oggi u n i r e. Gli oligarchi abbisognano l'un dell'altro, essi si rallegrano l'uno dell'altro e si intendono a vicenda: tuttavia ciascuno di essi è libero: lotta e vince al s u o posto e perisce piuttosto che sottomettersi.

Ed ora avanti! avanti sulla via della saviezza di buon passo, con fiducia! Chiunque tu sia, serviti di te stesso come fonte di esperienza! Ripudia il disgusto di te stesso, perdona a te il tuo proprio io, perocchè in ogni caso tu hai in te una scala con cento piuoli, per la quale potrai salire alla conoscenza. Non disdegnare di essere stato religioso; approfondisci lo esame del come tu hai avuto un diretto accesso nel dominio dell'arte. Si deve aver amato religione ed arte come madre e balia, altrimenti non si può divenire savî. Ma si deve anche guardare al di là di esse, si deve crescere al di fuori di esse. Parimenti tu devi esser padrone della storia: ricalca le orme sulla via percorsa dall'umanità attraverso il deserto del passato: così tu saprai nel modo più sicuro dove l'umanità futura non potrà, nè dovrà di nuovo andare. Quando il tuo sguardo sarà divenuto abbastanza fermo per vedere negli oscuri pozzi del tuo essere e della tua conoscenza, allora forse ti diverranno visibili nel suo specchio le lontane costellazioni di culture dell'avvenire. Credi che una tale vita con un tale scopo sia troppo penosa? Troppo priva di piaceri? Allora tu non hai ancora appreso, che il miele non è più dolce della conoscenza, e che le nuvole sospese delle tribolazioni devono servirti per mungerne il latte, che ti ristori.

Una parte dell'«Umano, troppo umano» è dedicata alle teorie politiche (V. II, 323-360). Qui trovasi di nuovo affermato, che una cultura superiore può solo sorgere là dove esistono due caste distinte: quella dei lavoratori, e quella degli oziosi, o con più efficace espressione: la casta del lavoro imposto, e quella del lavoro libero. Il punto di vista della distribuzione della felicità fra le due caste non è essenziale; anzi la casta degli oziosi è senza dubbio destinata a soffrire di più, il suo diletto alla vita è più piccolo, il suo compito più grande. Nietzsche così enuncia la sua «utopia»: in un migliore ordinamento della società il lavoro pesante e lo stento della vita sarà per colui, che ne soffre di meno, e quindi per il più ottuso, e così per gradi in su, si verrà fino a colui che è il più sensibile per le più alte e sottilissime specie del dolore e perciò soffre persino fra le più grandi agevolezze della vita. Nulla è invece così sbagliato, che considerare come la più alta mira della vita sociale il benessere del maggior numero possibile di persone. Nietzsche collega con queste riflessioni varie critiche contro il socialismo. La quistione sociale non è quistione di diritto, ma di potenza. Il diritto nasce da un contratto, e questo è possibile tra persone di pari grado. Sino a quel punto non vi sono, che classi di forze disuguali e quindi di disuguali diritti. In quanto alla organizzazione sociale vagheggiata dal socialismo Nietzsche osserva, come questo sia il fantastico fratello minore del dispotismo: alla sua formula: tanto più stato quanto più è possibile, bisogna reagire coll'altra: tanto meno stato quanto meno è possibile.

Nietzsche aveva tentato una critica complessiva del socialismo, che omise di comprendere nel volume e si trova fra i resti postumi delle «Sorrentiner Papiere» (V. XI, 76-78).

Le obiezioni principali sono: 1° si erra nel valutare da spettatore le sofferenze e le privazioni delle classi più basse. La verità è che sofferenze e privazioni crescono con la cultura, mentre i gradi più bassi sono i più ottusi: voler migliorare la loro posizione significa volerli rendere più suscettibili di soffrire. – 2° Se si pensa non al benessere dei singoli, ma ai fini dell'umanità allora è molto discutibile, che in quegli stati socialisticamente organizzati si p o s s a n o ottenere risultati analoghi a quelli, che negli stati disorganizzati del passato si s o n o raggiunti. Forse il grande uomo e la grande opera crescono nella libertà selvaggia. E l'umanità non ha altri scopi al di fuori dei grandi uomini e delle grandi opere. – 3° Poichè molti lavori duri e grossolani d e b b o n o essere eseguiti, così debbono anche venir conservate classi di uomini, che vi si sottopongano. Se s'introducono nelle classi operaie i bisogni e le finezze delle classi superiori, quei lavori umili non potranno più essere eseguiti. – 4° Non è vero, che i socialisti abbiano la giustizia dalla loro parte. In uno stato naturale la forza è la prima legge. Ed in quanto i socialisti vogliono la totale distruzione della società presente essi fanno appello alla forza. Solo quando due potenze sono ugualmente forti, diventano possibili contratti, alla stregua dei quali sorge poi la giustizia. Diritti dell'uomo non esistono. – 5° Quando un operaio dice ad un ricco fabbricante: voi non meritate la vostra fortuna, egli ha ragione, ma le conseguenze ch'egli ne trae sono false: nessuno merita la sua fortuna, nessuno la sua sfortuna. – 6° Non col cambiamento delle istituzioni si aumenta la felicità sulla terra, ma col far scomparire il temperamento tetro, debole, cavilloso, bilioso. La posizione esterna nulla aggiunge, nulla toglie. – 7° Solo nella sfera della tradizione, del costume fisso, della limitazione esiste il benessere; i socialisti sono invece alleati con tutte quelle potenze, che distruggono la tradizione, il costume, la limitazione: essi non hanno sinora dimostrato alcuna nuova capacità costitutiva.

Seguono a queste critiche alcune previsioni del futuro fra alcuni secoli; economia della terra, estinzione delle cattive razze umane, allevamento di razze migliori, una lingua universale, del tutto nuove condizioni di vita per l'uomo; «a n z i p e r u n e s s e r e p i ù e l e v a t o ?» Continuando nell'«Umano, troppo umano» l'enunciazione di riflessioni politiche, Nietzsche afferma l'alleanza necessaria dello stato colle religioni, l'opposizione tra stato ed una libera evoluzione dello spirito, la probabile fine delle grandi nazioni, l'indispensabilità della guerra come un ritorno alla barbarie ed alla natura, i mali prodotti dalla grande politica e dal sacrificio che essa impone di enormi energie individuali.

Dell'ultima parte del libro, «L'uomo con sè solo» (V. II, 361-414) sono notevoli gli aforismi, che riguardano le convinzioni e la giustizia. Le convinzioni sono più pericolose nemiche della verità, che non le menzogne. Perchè si ammira colui che rimane fedele alla sua convinzione e si disprezza colui, che la cambia? Ciò è irragionevole. Convinzione significa credenza di essere in un qualche punto della conoscenza in possesso della verità assoluta. Questa credenza presuppone perciò: che esistano assolute verità, che siano inoltre trovati i metodi perfetti per conoscerle, che ciascuno il quale abbia convinzioni si sia servito di tali metodi perfetti. Queste tre proposizioni significano, che l'uomo dalle convinzioni non è quello che pensa scientificamente; egli vive ancora nell'età dell'inocenza teorica ed è rimasto bambino. Chi non è passato attraverso differenti convinzioni, ma è rimasto appeso alla credenza, nella cui rete egli una volta cadde, è un rappresentante di culture arenate: il patos di chi afferma di possedere la verità oggi vale pochissimo in confronto al patos, certo più mite e meno altero di chi c e r c a la verità e non diviene mai stanco di imparare da capo e di esaminare di nuovo. Le opinioni crescono dalle passioni, la pigrizia dello spirito le fa poi cristallizzare in convinzioni. Chi si sente però lo spirito libero e incessantemente vivo può impedire questo irrigidimento con continue mutazioni, nelle quali però il sentimento della giustizia deve temperare a quando a quando gli eccessi dell'ardore di riforma. Chi è in certo modo pervenuto alla libertà della ragione può sentirsi sulla terra non altrimenti, che come un viandante, benchè non muova verso un fine ultimo, che non esiste. Ma egli vuol ben vedere con occhi abbastanza aperti tutto ciò che accade positivamente nel mondo, perciò il suo cuore non deve attaccarsi ad ogni cosa singola; egli stesso deve avere in sè qualche cosa di transiente, che provi gioia alla mutazione ed alla fugacità. Riassumendo: se il procedimento teorico in Nietzsche è mutato, la sua intuizione deterministica ed ateistica del mondo, il suo immoralismo, la sua irreligiosità, le sue tendenze e teorie anticristiane ed antidemocratiche, le sue idee politiche rimangono costanti. Vi ha di più: il nuovo metodo serve a meraviglia a porre Nietzsche sulla propria via. Combattendo la metafisica, detronizzando l'arte, servendosi del metodo storico per dissolvere ogni valore imperativo della religione e della morale, Nietzsche non fa che lottare per la completa liberazione del suo spirito da ogni tradizione, da ogni valutazione ereditata, da ogni altra possibile estranea influenza: per questo la parte più personale delle sue dottrine si ritrova nel nuovo assetto teorico non solo conservata, ma quasi rianimata. Noi vediamo Nietzsche in questa impresa come un navigante che tagli ad una ad una le gomene, che lo tengono ancora legato al lido: quando l'ultima sarà troncata, egli si spingerà libero e padrone di sè in alto mare per un viaggio senza ritorno e senza approdi.

Il 25 dicembre 1877 Wagner pubblicò il suo nuovo dramma in versi «Parsifal»[80]. Parsifal, il cavaliere del San Graal, decide di dar guerra al mago Klingsor, che ha elevato un castello maledetto non lungi dal Monsalvato e con le seduzioni e gl'incanti più perversi trattiene schiavi del peccato i cavalieri del sangue di Gesù. Parsifal va, resiste alle tentazioni della bellissima Kundry e sol tracciando con la punta dell'arme il segno della croce uccide Klingsor e distrugge il castello infernale.

Questo dramma fu per Nietzsche come un fulmine, che lo illuminò sinistramente sui suoi errori passati. Wagner, la cui arte lo aveva fatto sperare come la via di un nuovo paganesimo germanico, ma per lo meno apriva l'adito ad una concezione del mondo e dell'uomo specificamente non cristiana, Wagner cadeva d'un subito derelitto e infranto ai piedi della croce! E così facendo si rivelava, come al levarsi di una maschera, un romantico! Quanto vi è di femineo, di fanatico sfrenato, di menzognero sotto il manto dell'idealismo, di svenevole nella romantica aveva covato in lui, nella sua arte, ed ora veniva chiaramente alla luce. Ormai non c'era più dubbio, ogni più lontana illusione era svaporata, Nietzsche aveva piena conoscenza

---

[80]La relativa musica fu compiuta il 13 gennaro 1882, ed il lavoro fu rappresentato per la prima volta in Bayreuth il 26 luglio dello stesso anno.

del luogo che aveva abbandonato, del pericolo corso, del pericolo che correva la cultura col trionfare di una tale arte. Dopo la pubblicazione del primo volume dell'«Umano, troppo umano» (maggio 1878) concepì l'idea di scrivere un libro, di cui si hanno abbondanti interessantissimi frammenti (Vol. XI, 89-137), intitolato «Der neue Umblick – Der Wanderer an seine Freunde» (Il nuovo sguardo all'intorno, il viandante ai suoi amici). In esso egli si proponeva di narrare gli errori della sua fase metafisica, descrivere la crisi, che lo aveva allontanato dalla sua antica fede ed esporre il suo vero giudizio su Schopenhauer e Wagner. Notevolissima è la franchezza ed obbiettività, con cui egli giudica sè stesso la sua «superstizione del genio» le sue ubbie metafisiche, la mancanza di base scientifica e storica di molte sue teorie. Ma altrettanto serena è la dimostrazione dei pericoli della metafisica romantica ed antiscientifica di Schopenhauer e dei pericoli dell'arte metafisica di Wagner. Quest'ultima critica specialmente supera per temperatezza ed efficacia tutte le critiche posteriormente scritte da Nietzsche su Wagner e la sua arte. Notevole è l'affermazione, che Wagner abbia abbastanza spesso riconosciuto in privato l'esattezza di molte di quelle critiche, senza però mai volerlo fare pubblicamente. È da deplorarsi, che uno scritto così interessante non sia stato condotto a termine. E non se ne sa il perchè.
Invece Nietzsche si occupò ad aggiungere alcune appendici all'«Umano, troppo umano». La forma aforistica adottata in istato di necessità pel primo volume, corrispondeva felicemente alle sue abitudini di pensiero e di lavoro. Egli soleva fissare a tutta prima in appunti brevi e sintetici le idee, come sgorgavano piene e abbondanti dal fondo sempre attivo della sua coscenza. Bastava quindi che si attenesse a questa prima forma di espressione, elaborandola un poco, senza obbligo di coordinare in una sintesi più larga le sue idee, per poter mettere su agevolmente il materiale di un nuovo volume di aforismi. Così dai resti delle «Sorrentiner Papiere» e da nuove meditazioni compose negli ultimi mesi del 1878 una prima appendice all'«Umano, troppo umano», che fu pubblicato nella seconda metà di marzo 1879 col titolo particolare: «Vermischte Meinungen und Sprüche» (Pensieri e detti diversi). Indi nella primavera e nell'estate del 1879 compose una seconda ed ultima appendice alla stessa opera, pubblicata verso la fine di quell'anno

(con la data del 1880) sotto il titolo: «Der Wanderer und sein Schatten» (Il viandante e la sua ombra).

I «Pensieri e detti diversi» non aggiungono nulla di essenziale a quanto è già contenuto nel primo volume dell'«Umano, troppo umano». Piuttosto esso riproduce l'impressione di quel libero vagabondare da un argomento all'altro, di quel continuo esperimentare le proprie forze in ogni direzione. L'ostilità verso la metafisica, la conversione al positivismo, la critica psicologica dei sentimenti morali e religiosi si ritrovano in questa appendice confermate ed ampliate. Gli aforismi riguardanti l'estetica contengono una parte del «Neuer Umblick» specialmente per quanto riguarda Wagner.

È notevole, che non si ritrova più il pensiero del prossimo tramonto dell'arte, e della sostituzione dell'«uomo artistico» con l'«uomo scientifico». È bensì affermata la superiorità di questo su quello, ma l'arte ha pure la sua ragion d'essere per abbellire la vita. La ragione di quella precedente profezia dello esaurimento dell'arte deve forse trovarsi in quel che Nietzsdie narra di sè nel «Neuer Umblick». Le rappresentazioni di Bayreuth lo convinsero del «tramonto dell'ultima arte». Pure a poco a poco egli entrò in una specie di convalescenza da una grave malattia e potè pensare con indicibile dolcezza al «requiem» di Mozart e ad altri «cibi semplici». Egli li gustava di nuovo.

L'idea su cui Nietzsche comincia ormai ad insistere di più è che l'uomo, con la compiuta cognizione della realtà, può disporre di sè e del suo avvenire come assoluto padrone, senza alcuna assistenza trascendentale, col semplice uso coscente delle forze sue e della natura. Ed è singolare, che mentre Nietzsche continua ad affermare, che la necessità domina nella natura e che la espressione «legge naturale» è un modo di dire superstizioso (Af. 9) (dunque fa ancora professione di fede deterministica), nel campo pratico considera la umanità come unica ed assoluta padrona dei suoi destini: «l'umanità può d'ora innanzi fare di sè tutto ciò che vuole» (Af. 179).

I Greci vengono di nuovo lodati per quel loro senso pieno ed intero della realtà.

Essi accettavano come inevitabili tutte le loro qualità «troppo umane» e, piuttosto che vilipenderle, preferivano di accordar loro una specie di dritto di second'ordine, dando loro un posto negli usi della società e del culto: anzi proclamavano divino tutto ciò che è potente nell'uomo e lo iscrivevano alle pareti del loro cielo. Essi non rinnegavano gl'istinti naturali, che si manifestano in qualità cattive, ma li ordinavano e limitavano in speciali culti e giorni dell'anno. Si accordava al malvagio, al pericoloso, al residuo di animalesco, che viveva ancora in fondo all'essenza greca, uno sfogo moderato, ma non si cercava di annullarlo del tutto.

L'intero sistema di tali ordinamenti era poi compendiato nello stato, la cui struttura mostra quel meraviglioso senso per il tipicamente reale, che rese i Greci scienziati, storiografi, geografi e filosofi. Nella vita dello stato e nel culto greco decideva infatti sempre la più comprensiva nozione della realtà di tutto ciò che è umano (Af. 220).

Il Cristianesimo invece con quella sua dottrina della completa peccaminosità e della dannazione dell'uomo fu, ad esempio, per quelle anime di eroi, di fanciulli e di animali dei Germani un veleno, che le confuse e le indebolì profondamente. L'Europa senza il Cristianesimo sarebbe piombata nella barbarie, ma forse senza quell'infiacchimento, l'una o l'altra di quelle giovani e fresche razze, sarebbe stata in grado, nel pieno possesso di tutte le sue forze e qualità umane, troppo umane, di trovare da sè a poco a poco una più alta cultura, che non quella dell'antichità classica, una propria, una nuova (Af. 224).

«Il viandante e la sua ombra» contiene però già qualche cosa di più deciso: esso è più di una semplice parte aggiunta, vi si sente già squassar d'ali di un'aquila che si prepara ad un gran volo.

Gli errori fondamentali dell'uomo provengono dal ritenersi il solo libero nel mondo della necessità, lo eterno facitore di miracoli, sia che agisca bene o male, la sorprendente eccezione, il super-animale, il quasi dio, il senso della creazione, l'indispensabile, la spiegazione dell'enigma cosmico, il grande dominatore della natura ed il dispregiatore di essa, l'essere che può chiamare la sua storia storia del mondo! Vanitas vanitum homo (Af. 12). L'uomo è il commediante del mondo; dovrebbero esistere esseri superiori a lui per gustare tutto il ridicolo di questa commedia umana, nella quale l'uomo si presenta come scopo dell'universo intero e l'umanità si acqueta solo all'idea di avere una missione cosmica da compiere (Af, 14). L'ultimo rifugio, nel quale si asila l'istinto religioso, sotto forma solo apparentemente scettica di «bisogno metafisico», è l'opinione, che si deve aspettare, giacchè non si vogliono avere che «certezze», finchè la scienza si sarà definitamente pronunziata sulle cose prime ed ultime, ma che sin a quell'ora si potrà pensare e credere nella maniera tradizionale, ed il credente sarà in diritto per lungo tempo ancora di non curarsi di nulla. La verità è che noi non abbiamo affatto bisogno di queste «certezze» per vivere una vita umana piena e perfetta, come non ne abbisogna la formica per essere una buona formica. Piuttosto dobbiamo spiegarci donde propriamente deriva quella fatale importanza che noi abbiamo per così lungo tempo attribuito a quelle «certezze»; ed a ciò abbisogniamo della s t o r i a d e i s e n t i m e n t i m o r a l i e r e l i g i o s i (Af. 16).

La critica di questi sentimenti, dell'illusione della libertà morale, della giustizia e dell'equità, di tutti i meschini travestimenti degl'istinti utilitarî, del valore delle passioni, della coscenza morale e del rimorso, della casuistica della morale in confronto alla casuistica dell'utilità, dei mezzi di salvazione offerti dal cristianesimo etc, è qui fatta con maggiore insistenza, energia, efficacia. Ogni aforisma è come un nuovo tiro a palla, che colpisce sempre nel nero, nel nero della natura umana.

A tutto quel tessuto d'inganni, di errori, di sogni vien contrapposto, che se gli uomini conoscessero positivamente ed esperimentalmente, com'è possibile che conoscano, le «cose più prossime», le condizioni reali della loro migliore vita organica, corporea e spirituale, tutta la terra diverrebbe un insieme di stazioni della salute (Af. 188). «All'uomo sono state appese molte catene, acciocchè disimpari a muoversi come un animale: e realmente egli è divenuto più mansueto, più spirituale, più ameno, più cauto. Ora però soffre di avere portato così a lungo le sue catene, d'essere stato privo così a lungo di aria pura e di libero moto: queste catene sono, io lo dico e lo ripeto sempre, quei pesanti e profondi errori delle rappresentazioni morali, religiose, metafisiche. Solo quando questa malattia sarà superata, verrà raggiunto il grande fine: la vera separazione dell'uomo dagli animali. – Per ora noi siamo immersi nel nostro lavoro, di tog1ier via le catene, e procediamo in ciò con la massima precauzione.... Ma solo all'uomo nobilitato può venir data la libertà dello spirito: per lui solo è prossimo lo alleviamento della vita e la cura delle sue ferite. A lui per il primo sarà lecito di dire, che vuol vivere per la gioia e per nessun altro fine: in ogni altra bocca il suo motto; «pace intorno a me e godimento di tutte le cose più prossime», sarebbe un pericolo... Sempre ancora è il tempo dei singoli» (Af. 350).

TERZA PARTE

«Il viandante e la sua ombra» contiene un più compatto sistema d'idee morali, che non le altre parti dell'«Umano, troppo umano». Pure quelle meditazioni hanno ancora un carattere frammentario e sono qua e là interrotte da un grande numero di riflessioni le più varie per argomento ed importanza. La prossima opera di Nietzsche «Morgenröthe» (Aurore) mostrerà chiaramente com'egli, padrone ormai di sè, sciolto da ogni vincolo, intraprenda risolutamente quel suo ideal viaggio, che dovea condurlo alla scoperta delle sue dottrine più personali. Perciò parmi non esatto il porre in unica serie tutte le opere dal «Menschliches, Allzumenschliches» alla «Gaya scienza» come fa qualcuno[81] e ritengo con Heinze[82] più rispondente al vero, considerare iniziata colle «Aurore» una terza fase nella vita spirituale di Nietzsche.

Oltre che dalla orientazione generale di quest'opera, la distinzione è poi voluta da alcune teorie specificamente nuove, appartenenti allo stesso periodo di tempo delle «Aurore», teorie, che se non furono esplicitamente enunciate nel libro pubblicato, secondo un'abitudine più volte riscontrata in Nietzsche, furono però registrate nelle note preparatorie del libro stesso (pubblicate postumamente nell'XI Vol.). Or queste nuove teorie, come vedremo, hanno il loro svolgimento fin nella ultima opera, «Der Wille zur Macht», e sono divenute basilari per la speculazione posteriore di Nietzsche. Ciò prova ad evidenza che colle «Aurore» un nuovo orizzonte s'illumina allo sguardo di lui. D'altra parte anche i casi della sua vita esterna concorrono ad inaugurare una nuova fase. Come è noto, nel 1879 Nietzsche abbandonò il professorato all'Università di Basilea e si ritirò a vita privata. Le aggravate infermità, che lo affligevano, forse anche l'avere egli da un pezzo abbandonati gli studi filologici, forse ancora l'avere intraveduto la possibilità pratica di una vita, secondo un suo costante desiderio, modestissima ma indipendente e dedicata del tutto al libero sviluppo del suo spirito, tutto ciò dovette indurlo a

---

[81]PETER GAST – Einführung in den Gedankenkreis von «Also sprach Zarathustra», Nietzsches Werke, Vol. VI, 486 e segg.
[82]UEBERWEG – HEINZE, Gesch. der Phil., Berl. 1902, Bd. IV, 339.

lasciare la cattedra. D'allora comincia una nuova vita per Nietzsche, che può compendiarsi in tre parole: dolore, solitudine, meditazione. Il pubblico lo dimentica, molti amici disertano, egli viaggia per lo più solo, cambiando frequentissimamente sede, in paesi stranieri, e ciò accresce il suo isolamento spirituale. Così Nietzsche va ormai per la sua strada e non incontra più nessuno, ma discopre sempre e sempre più sè stesso.

Il lavoro delle «Morgenröthe» comincia nella primavera del 1880 in Venezia, dov'egli detta a Peter Gast molti aforismi sotto il titolo italiano «L'ombra di Venezia». Seguono varî lavori nei mesi di luglio ed agosto in Marienbad, poi dalla metà di ottobre all'8 novembre in Stresa, ed infine dal dicembre 1880 al gennaro 1881 in Genova. Quivi il libro viene definitivamente composto, sotto il titolo «Die Pflugschar. Gedanken über die moralischen Vorurtheile» (Il vomere. Pensieri sui pregiudizi morali). Ma il desiderio di far rilevare anche dal titolo la parte positiva del libro, in confronto a quella critica, fece cambiare il titolo precedente nello attuale «Morgenröthe – Gedanken ü. die moralischen Vorurtheile» («Aurore – Pensieri sui pregiudizi morali»). Al titolo fu inoltre aggiunto un motto del Rigveda: «vi sono molte aurore, che non sono ancora spuntate». Con alcune aggiunte scritte nel febbraro il libro venne pubblicato nell'anno 1881.

In questo libro, come Nietzsche stesso scrisse poi, nel 1886 (Vorrede, Vol. IV, 3-10), si vede un uomo che lavora sotto terra a traforare, scavare, sottrarre basi. Si vede, come egli lento, cauto, con una tranquilla inesorabilità procede avanti senza tradir troppo il bisogno, che una lunga privazione di luce e d'aria porta con sè. Egli sa che per lui verranno anche «il suo proprio domani, la sua propria redenzione, le sue "aurore"». Nietzsche si propone in quest'opera di distruggere la nostra fede nella morale: in quella morale, che non vuol esser discussa, ma soltanto ubbidita, che riesce persino ad entusiasmare, che è la vera Circe dei filosofi, che da due millenii suol esser considerata come il più solido terreno per edificare, malgrado che ogni nuovo edificio sin'ora sia andato sempre in rovina. Persino Kant profondamente convinto della assoluta immoralità della natura e della storia credette nella morale, non dunque perchè natura e storia la provino, ma anzi malgrado che esse costantemente la contraddicano. Il «credo quia absurdum» è venuto qui in aiuto della morale. Ora però le vien negato risolutamente e per sempre ogni credito. E perchè? Anche Nietzsche si sente spinto a ciò da un sentimento di dovere, al quale egli ubbidisce. Egli, dunque, combatte la morale per moralità: tutto ciò che vien riconosciuto come avanzo putrido di cose morte, in qualunque maniera indegno di fede, si chiami Dio, virtù, verità, giustizia, amore del prossimo, non deve più restare, nessun ponte di bugie deve ricondurci a vecchi ideali, noi dobbiamo essere in tutto e per tutto nemici di ogni attuale forma di fede, morale, cristianesimo, romantica, patriottismo, estetica, in breve di tutto il «femminismo europeo».

Tutte le cose, che durano lungamente, vengono a poco a poco tanto impregnate di ragioni, che la loro origine dall'irragionevolezza diventa così inverosimile.

È un pregiudizio dei dotti, che noi conosciamo oggi meglio di prima, che cosa sia bene e male.

L'uomo attribuiva una volta ad ogni cosa, cui dava nome, un sesso e con ciò credeva di aver guadagnato una profonda conoscenza; errore, che molto tardi, e forse ancora non del tutto, è stato riconosciuto. Allo stesso modo l'uomo ha attribuito un rapporto con la morale ad ogni cosa che esiste e conferito al mondo un significato etico. Ciò avrà un giorno nè più nè meno che il valore, che oggi ha per noi la credenza nel genere mascolino o femminino del sole. Similmente uomini nobili e savi credettero un dì nella musica delle sfere. Oggi nobili e savi uomini credono nel valore morale dell'esistenza. Un giorno questi si desteranno dal loro sogno come già quelli. In relazione alla maniera di vivere dell'umanità per millenii noi viviamo oggidì in un epoca molto emancipata dal costume. La potenza del costume è straordinariamente indebolita ed il sentimento della moralità così sublimato, e portato alle stelle da potersi considerare come volatilizzato. Per ciò è tanto difficile trovare l'origine della morale e, trovatala, non ci par vera. Così non ci par vera eppure è fondamentale la seguente massima: Moralità non è altro (e quindi nulla più) che ubbidienza verso il costume, di qualunque sorta esso sia: il costume non è altro, che la maniera tradizionale di agire e di valutare. In cose dove nessuna usanza comanda non c'è moralità, e quanto meno la vita è determinata dalle usanze, tanto più piccola diviene la sfera della moralità. L'uomo libero è immorale, perchè egli vuol dipendere in tutto da sè solo e non dal costume: perciò in ogni stato originario dell'umanità, cattivo significa tanto, quanto individuale, libero, arbitrario, inusato, imprevisto, incalcolabile. Che cosa è il costume? Una più alta autorità, alla quale si ubbidisce non perchè ci comanda l'utile, ma perchè comanda. È la paura di un più alto intelletto che comanda, di una potenza inconcepibile e indeterminata, di qualche cosa di più che personale: vi è della superstizione in questa paura. Ogni azione individuale, ogni maniera di pensare individuale suscita terrore: su di essa non si può contare... Sotto il dominio del costume la originalità di ogni sorta trae con sè della cattiva coscenza.

Moralità e senso della causalità si movono inversamente. A misura che il senso della causalità naturale cresce, diminuisce l'estensione del dominio della moralità. La cognizione delle cause vere e necessarie distrugge un gran numero di cause fantastiche, nelle quali si credeva come fondamento di certi costumi. In due modi principali si errava contro la legge di causalita: l'una interpretando la successione dei fatti nel mondo come governata arbitrariamente da una volontà superiore, l'altro attribuendo all'uomo stesso libertà morale. Così in forza del primo errore anzichè riconoscere la connessione necessaria tra causa ed effetto, si parla dell'effetto, come di una libera aggiunta provocata a piacere da un Dio qual premio o castigo, e si è persino giunti a definire tutta l'esistenza come una punizione. Similmente si altera la nozione della realtà attribuendo scopi alla natura, mentre essa presenta due soli aspetti: o quello del caso, o quello della necessità. È quindi una illusione attribuire al mondo un ordine etico, mentre non esiste, per esempio, alcuna necessità, la quale esiga, che ogni male venga punito ed ogni bene premiato.

L'altro errore, di ritenere moralmente libero e responsabile l'uomo, non è meno grave. Esso suppone anzitutto la conoscenza di che cosa sia il soggetto in sè. Il cosidetto «io» è una parola, che ostacola l'analisi più profonda dei nostri processi interiori: noi siamo abituati a non osservare più con esattezza, dove ci mancano le parole. Intanto noi non siamo quelli che sembriamo negli stati, pei quali abbiamo coscenza, parole e quindi lode o biasimo. Noi non conosciamo noi stessi nelle manifestazioni, che ci sono soltanto visibili. Tanto meno possiamo conoscere l'essenza di un'azione. Il ponte dallo stato di coscenza al fatto non si è sinora in nessun caso percorso. Le azioni

non sono mai ciò ch'esse ci sembrano. Abbiamo tanto stentato ad apprendere che le cose esterne non sono come ci appariscono, ebbene lo stesso è del nostro mondo interno». Noi viviamo come in una prigione, dalla quale nessuna via ci conduce nel m o n d o r e a l e. Isolati nella nostra rete, come ragni, non possiamo conoscere della realtà, che ciò che si lascia prendere in questa rete. Per quanto si possa approfondire la conoscenza di sè, nulla può restare più imperfetto della nozione totale degl'istinti, che costituiscono il nostro essere. Appena si riesce a dar nome ai più grossolani: il loro numero, la loro forza, il loro fluttuare, la loro azione e reazione reciproca e sopratutto le leggi del loro «nutrimento» restano interamente nel mistero. La loro nutrizione è epera del caso: le nostre esperienze quotidiane danno alimento ora a questa ora a quella nostra tendenza: pure nulla vi è in ciò di ordinato e di razionale; così accadrà sempre, che mentre alcune tendenze soffrono la fame e ristagnano, le altre si stancano e degenerano per troppa sazietà. Noi possiamo pensare molto più, che agire: perciò il regno del pensiero in confronto con quello dell'azione ci appare come un regno della libertà, mentre esso è solo quello della superficie. La cosidetta lotta dei motivi è qualche cosa di assolutamente invisibile e incoscente: lotta e vittoria ci restano nascoste, noi conosciamo ciò che facciamo, ma non qual motivo abbia r e a l m e n t e vinto nella nostra azione. Abitualmente noi scambiamo la lotta dei motivi con la comparazione delle possibili conseguenze di diverse azioni, uno degli errori più gravidi di conseguenze e fatali per lo sviluppo della morale.
Noi ci siamo abituati a credere in due regni diversi: quello dei fini e della volontà, e quello del caso. Questa credenza è una vecchissima romantica, una favola: noi pigmei savî con tutta la nostra volontà ed i nostri scopi, veniamo di quando in quando molestati dagli stupidissimi giganti del caso, tuttavia non vorremmo vivere senza la terribile poesia di questo vicinato. Quando la vita nella rete dei nostri scopi comincia a divenir troppo noiosa o paurosa, vengono quei mostri e ci danno una sublime diversione, stracciandoci tutta la rete. I Greci chiamavano questo regno dello imprevedibile: «Moira». Per eliminare la «Moira» si rimise tutto nelle mani di un Dio, ma oggi la fiducia nel «caro Dio» è scossa e si torna alla Moira ed alla romantica dei pigmei e dei giganti. Eppure resta la possibilità di dire:

forse esiste un solo regno del caso e della stupidità! Forse non esistono nè la volontà, nè gli scopi e noi ci siamo ingannati: le mani ferree della necessità agitano i dadi del caso e fanno questa giuoco per un tempo infinito: allora debbono anche avvenire gittate, che hanno l'aspetto della finalità e della ragionevolezza. F o r s e le nostre azioni volontarie, i nostri scopi non sono altro che siffatte gittate e noi non comprendiamo, che noi stessi con mani ferree agitiamo quei dadi e che persino le nostre azioni più chiaramente volute non sono che il gioco della necessità. Forse! ma per risolvere questo «forse» si dovrebbe essere stati ospiti di Persefone e aver giocato a dadi e scommesso con lei.

Tutta la nostra morale sociale si può trovare in forme grossolane fin nei più bassi gradi del regno animale: dominio di sè stessi, senso per la verità, prudenza, conoscenza di sè, i principî elementari della giustizia, la saviezza, la moderazione, la prodezza, in breve tutte le virtù cosidette socratiche sono comuni agli animali. In quelli sono conseguenza degl'istinti, che insegnano a cercare il cibo ed a guardarsi dai nemici; nell'uomo anche il più elevato si tratta pur sempre nei fatti morali della maniera di vivere (nutrirsi) e concepire ciò che gli è nemico: dunque non può esser proibito di considerare il fenomeno morale come proprio di tutta l'animalità. L'orgoglio dell'uomo, che si oppone alla dottrina della origine dagli animali e interpone un abisso fra sè e la natura, poggia sul pregiudizio di ciò che si chiama s p i r i t o, un pregiudizio relativamente giovane. Nella preistoria dell'umanità invece si presupponeva uno spirito dapertutto ed in esso si vedeva ciò che unisce l'uomo alla natura, non ciò che lo separa da essa. Ovunque ha dominato la teoria del p u r o   s p i r i t o, essa ha colle sue stravaganze distrutto l'energia dei nervi: ha insegnato a disprezzare il corpo, a trascurarlo, a torturarlo. Un'eccessiva, nevrosità cronica e generale era alla fine la sorte di una virtuosa spiritualità; il piacere veniva appreso soltanto nella forma dell'estasi e di altri prodromi della pazzia, e su questa misura si condannava ogni cosa terrena. Il nuovo sentimento fondamentale consiste oramai nella certezza della definitiva morte dell'uomo con la morte fisica. Per salvarsi da questa certezza prima si cercava di provare la discendenza dell'uomo da Dio. Ora questa via è proibita: al suo ingresso c'è la scimmia. Allora si è tentata la via opposta, se mai dall'uomo si possa salire a Dio: ma alla fine di quest'altra via c'è la tomba dell'umanità. Per l'uomo non c'è ormai alcun passaggio in un ordine superiore trascendentale: come non ne ha la formica ed altro insetto alla fine della sua vita terrena, per ascendere alla affinità con Dio ed all'eternità. Il divenire trascina dietro di sè l'essere stato; e perchè dovrebbe darsi una eccezione da questo eterno dramma per una stelluccia dell'universo e per una sola speciuccia in essa? Via con queste sentimentalità!

Eppure ci sono i sentimenti. Confida nei sentimenti! così predica la vecchia morale. Ma i sentimenti non son nulla di primordiale e semplice; dietro i sentimenti stanno giudizi, valutazioni, i quali ci vengono ereditati sotto forma affettiva (inclinazione, avversione). L'ispirazione, che proviene dai sentimenti, è la nipote di un giudizio e spesso di un giudizio falso! ed in ogni caso di un giudizio non tuo! Confidare nei propri sentimenti significa confidare nel proprio nonno, nella propria nonna e nei loro progenitori, e prestar loro più ubbidienza, che non agli dei che sono in noi: la nostra ragione e la nostra esperienza. Per altro noi assistiamo ad una trasformazione dei nostri istinti e delle nostre tendenze sotto l'influenza dei giudizi morali. La stessa disposizione d'animo diventa v i l t à, sentimento penoso, od u m i l t à, sentimento piacevole, se dominano concetti cristiani. I Greci hanno sentito l'i n v i d i a diversamente da noi. Essi disdegnavano la s p e r a n z a come cieca ed ingannevole: i moderni ne hanno fatta una virtù. Gli ebrei hanno proclamata sacra la c o l l e r a: il loro Dio, ed i loro profeti sono tremendamente collerici....

Da tutte le parti si ode definito il fine della moralità presso a poco così: essa ha per iscopo la conservazione ed il progresso dell'umanità. Conservazione in che? progresso verso dove? Si potrebbe proporsi la durata più lunga possibile dell'umanità, oppure la maggior possibile «disanimalizzazione» dell'umanità: ecco due scopi, che richiederebbero ben diversi mezzi, e quindi ben diverse morali. Volere la maggior possibile ragionevolezza non significherebbe necessariamente garentire la più lunga durata dell'esistenza. Ove si pensasse alla felicità, come fine ultimo, allora avremmo anche altre domande: si tratterebbe del più alto grado di felicità, che singoli uomini possono raggiungere, o della felicità media finale raggiungibile da tutti? e perchè la morale sarebbe appunto la via, che ci condurrebbe a ciò? Intanto all'individuo, in quanto voglia la sua felicità, non si possono prescrivere regole; ciascuno ha la propria maniera di volere e sentire la felicità. I precetti morali sono invece diretti contro gli individui! Tanto meno quei precetti possono prefiggersi la felicità ed il benessere dell'umanità, perchè di tali fini non è possibile dare in nessun modo concetti precisi. È dunque una favola, che il fine anche inconscio dell'evoluzione di ogni essere coscente sia la sua più alta felicità: piuttosto si può raggiungere in tutti i gradi dell'evoluzione una felicità speciale e incomparabile, nè più alta, nè più bassa, ma soltanto particolare ad ogni grado. L'evoluzione non vuol felicità, ma evoluzione e null'altro. Solo se l'umanità avesse un fine generalmente riconosciuto, si potrebbe proporre di agire così e così.

Una volta si cercava di dimostrare, che Dio non esiste; oggi si mostra come la credenza che esiste un Dio, è potuta sorgere e per qual via essa ha potuto mantenere il suo peso e la sua importanza. Con ciò la riprova che non esista alcun Dio diventa superflua. Quando una volta si erano confutate tutte le prove addotte dell'esistenza di Dio, rimaneva pur sempre il dubbio: se mai si potessero trovare prove migliori: allora gli ateisti non comprendevano, che si deve fare tabula rasa.

Il problema dell'origine delle religioni è questo: come è possibile, che un uomo senta la propria opinione sulle cose come una rivelazione? Ogni volta è esistito un tale, in cui si è verificato questo processo.

Tutto il mondo crede ancor sempre nell'attività scrittrice dello spirito santo o sta sotto l'influenza di tale opinione. Pochi sanno, che in quella è la storia di una delle anime più ambiziose e prepotenti, e di una testa tanto superstiziosa quanto astuta: la storia dell'apostolo Paolo. Senza di questa strana storia non esisterebbe oggi la cristianità, appena sapremmo di una piccola setta giudaica, il cui capo morì sulla croce. Se si fosse compresa a giusto tempo questa storia non si sarebbero letti gli scritti di Paolo come la rivelazione dello spirito santo. Paolo soffriva di una idea fissa: l'adempimento della legge giudaica; ma egli era impetuoso, sensuale, malinconico, nell'odio malvagio. Egli stesso, che la difendeva, non poteva adempiere a quella legge e viveva straziato da questo pensiero. Ed ecco che ad un tratto gli brilla in mente l'idea redentrice sotto forma d'una visione, com'era solo possibile ad un epilettico. In una via

solitaria gli apparve Cristo ed egli udì le parole: perchè mi perseguiti? Di essenziale era accaduto questo: la testa di Paolo era divenuta subitamente chiara: la via d'uscita da quello stato di disperazione era trovata. Cristo aveva abolita la legge. A che più perseguitarlo e torturare sè stesso? Dio non avrebbe potuto decretare la morte di Cristo, se fosse stato possibile l'adempimento della sua legge senza quella morte. Dunque la legge è finita, e la carne in cui essa abitava è morta o in continuo morire. Ancora per poco tempo in questa putrefazione; tale è il destino del cristiano, prima che egli diventi uno con Cristo, risorga con Cristo, partecipi con Cristo alla divina maestà, eguagli Cristo qual figlio di Dio. Con ciò l'ebbrezza di Paolo è al colmo e nel pensiero di questa identificazione con Cristo si manifesta tutta la pressante importunità della sua anima: ogni pudore, ogni subordinazione, ogni limite è tolto ed egli sfoga la sua volontà di dominare sino a confondere sè stesso con Dio. Questa è la storia del primo cristiano, dell'inventore del cristianesimo. Prima non c'erano stati che alcuni settarî ebrei.
Il cristianesimo ha falsato e calunniato la natura inventando il peccato e ripudiando la vita. Esso attribuì al vivere un pericolo nuovo e sconfinato e per contrapposto offrì nuove sicurezze, nuovi godimenti e sollievi, e nuove valutazioni di tutte le cose. Il savio antico aveva messo in guardia dagli affetti e accordato il privilegio alla ragione. Il cristianesimo ha voluto ridare agli uomini gli affetti, condannando la ragione ed eccitando le passioni a manifestarsi nella loro estrema forza sotto forma di amore di Dio, paura di Dio, fede fanatica in Dio, cieca speranza in Dio, etc. Nel tempo stesso ha fatto lo sforzo più poderoso per chiudere il cerchio ed ha proibito il d u b b i o come peccato! Nella morale non conosce che il miracolo: la subitanea modificazione di tutti gli apprezzamenti, il subitaneo abbandono di tutte le abitudini, la subitanea inclinazione irresistibile verso nuovi oggetti e nuove persone; e tutto ciò riconosce come influenza di Dio.
È poi notevole, che esso esercita la sua azione più crudele sui soggetti più sensibili, cioè su quelli che ne hanno meno bisogno, ed ha l'istinto del cacciatore nel perseguitare, proprio quelli che possono esser messi alla disperazione dai suoi comandamenti. Nè è da dimenticare che per tutto il medioevo la facoltà di avere delle visioni (cioè una malattia dello spirito), valse come segno distintivo

dell'uomo superiore, sicchè dominarono i mezzo pazzi, i fantastici, i fanatici: ciò ci dovrebbe render cauti e non creduli riguardo ad una tale religione.

La chiesa cristiana è poi una enciclopedia di culti ed idee della più diversa origine ed a ciò deve la sua capacità di espansione: dovunque essa va, può trovare qualche cosa di affine, alla quale adattarsi, salvo ad insinuarle a poco a poco il proprio senso. Non ciò che vi ha di cristiano, ma l'elemento pagano universale dei suoi riti è il motivo della diffusione di questa istituzione mondiale. Storicamente essa vinse per la vendetta di tante razze sottomesse contro Roma. Quell'odio muto verso una potenza, che per varî secoli non ebbe che continue vittorie sui popoli, si scaricò nel cristianesimo, come quello che univa in un solo concetto e sentimento il «mondo», cioè il romano impero, ed il peccato. Con ciò l'Europa si fece sopraffare da qualche cosa di estraneo, di orientale e di femmineo. Si osservi per esempio la massima:«Dio punisce di più quegli che ha più caro», essa è di origine orientale; si sa infatti che le donne in Oriente considerano le battiture e la clausura come segni di amore del loro uomo e si lagnano se questi segni mancano.

È confortevole che gli uomini veramente attivi vivono oggidì intimamente senza cristianesimo. Esistono in Europa già da 10 a 20 milioni di uomini che non credono in alcun Dio. Tosto che costoro si riconosceranno, costituiranno una vera potenza, senza distinzione di razza, classe, grado sociale.

Quei grandi prodigi dell'antica moralità, per es. Epikteto, non sapevano nulla della moderna glorificazione della morale altruistica, del pensare agli altri, del vivere per gli altri; piuttosto essi si sono dedicati con tutte le forze al proprio e g o ed opposti al sentire con e per gli altri, specie trattandosi delle sofferenze e della fralezza morale di questi. Gli ultimi echi del cristianesimo nella morale: on n'est bon que par la pitié, il faut donc qu'il y ait quelque pitié dans tous nos sentiments etc., sono mantenuti dalla moda dei tempi. Pare che faccia bene a tutti udire, che la società sia sulla via di adattare il singolo ai bisogni generali e che la felicità del singolo consista nel sentirsi parte utile e strumento di un tutto; solo non si è ancora riuscito a determinare, se questo tutto debba essere lo stato, quello attuale o quello avvenire, o la nazione o la fratellanza dei popoli o una piccola nuova comunità economica etc. Comunque tutti sono d'accordo nel reclamare che l'e g o rinneghi sè stesso e si adatti ad un tutto, dal quale debba ricevere un cerchio di diritti e doveri ben chiuso. Non si vuole nulla di meno che la totale trasformazione, anzi l'infiacchimento e l'eliminazione dell'individuo; non si diventa stanchi di enumerare e rimproverare quanto c'è di cattivo, d'inimichevole, di dissipatore, di dispendioso, di lussuoso nella forma sin qui vissuta di esistenza individuale; si spera di amministrare più a buon mercato, meno pericolosamente, in modo più proporzionato ed unitario, quando non si avrà più che un solo grande corpo sociale e le sue membra.....

Si potrebbe così descrivere la utopia della morale altruistica e dell'amore universale degli uomini: ciascuno verrebbe circonfuso, sopraffatto e sospirato non dall'amore di un solo, com'oggi può accadere, ma dall'amore di mille, anzi di ciascun altro, in virtù di quell'incoercibile istinto, che allora si schernirebbe e maledirebbe, proprio come la vecchia umanità aveva fatto coll'egoismo; ed i poeti di quel tempo non sognerebbero, di altro, che del felice passato senza amore, del divino egoismo, il quale una volta rese possibile sulla terra la solitudine, il vivere indisturbato, il non essere amato, l'essere odiato e disprezzato.....

Noi dobbiamo restituire agli uomini il coraggio delle loro azioni egoistiche, e ristabilire il valore di queste. Noi dobbiamo sottrarre all'egoismo la c a t t i v a c o s c e n z a. E poichè le azioni egoistiche sono state sempre e saranno le più frequenti, noi toglieremo con ciò all'intero quadro dell'attività umana la sua c a t t i v a a p p a r e n z a. E sarà un bel risultato! Quando l'uomo non si riterrà più cattivo, cesserà anche di esserlo.

Dietro le massime della odierna morale di moda, che riduce il valore delle azioni alla simpatia per gli altri, si può vedere operare un istinto sociale di paura, che si traveste in quella maniera intellettuale: questo istinto vuole, come la cosa più alta, più importante, più immediata, che sia tolto alla vita tutto quel pericolo, ch'essa aveva prima. Perciò si appellano buone solo quelle azioni, che si propongono la comune sicurezza nella società. Con questo enorme programma di togliere alla vita tutti gli spigoli e tutte le asprezze non siamo sulla via di ridurre l'umanità allo stato di sabbia? una sabbia infinita: tutti i granelli ben piccoli, lisci, rotondi, uguali, noiosi?

Intanto resta insoluta la quistione, se si riesce meglio utile ad un altro coll'accorrere ogni momento in suo aiuto, (ciò che può accadere molto superficialmente, se non si esercita una azione tirannica su di lui), oppure facendo di sè stesso qualche cosa, che ogni altro possa contemplare con godimento, come a dire un bel giardino, tranquillo e chiuso, protetto con alte mura dai frastuoni e dalla polvere degli stradali, ma provvisto d'una porticina ospitale. Quante azioni genuinamente i n d i v i d u a l i vengono omesse, perchè si sa o si sospetta ch'esse saranno mal comprese? Così vengono meno appunto quelle azioni, che hanno un vero valore in bene o in male. Quanto più un popolo apprezza gl'i n d i v i d u i e accorda loro diritto e preponderanza, tanto più vengono alla luce azioni di quel valore. Così si diffonde su intere epoche ed interi popoli una luce di schiettezza e genuinità, sia in bene, sia in male, sì che essi, come per es. i Greci, dopo la loro fine, continuano a risplendere per millennî, simili ad alcune stelle spente.

Malgrado la morale, ch'è di moda nella nostra società di commercianti, pare tuttavia che sotto i nomi più falsi e nella più grande oscurità, coloro che non si tengono legati ai costumi ed alle leggi esistenti, facciano i primi tentativi di organizzarsi, mentre essi sin qui vissero corrotti e corrompitori sotto l'appellativo di delinquenti, liberi pensatori, immorali, malvagi. Questi tentativi si dovrebbero riguardare come giusti ed equi. I dissidenti, che così spesso sono inventivi e fecondi, non debbono venir sacrificati. Non dev'essere più ritenuto vergognoso emanciparsi dalla morale nei fatti e nelle idee; nuovi numerosi esperimenti di vita e di comunione debbono esser fatti, un enorme carico di cattiva coscenza dev'essere eliminato dal mondo. Tutti gli onesti ed i cercatori della verità debbono riconoscere e promuovere questi altissimi fini.

Il più utile successo della conoscenza è stato la fine della credenza nell'immortalità dell'anima. Ora noi abbiamo riacquistato il coraggio di errare, di esperimentare, di accettare qualche cosa come provvisoria: tutto non è più così importante! E appunto per ciò individui e generazioni possono proporsi ormai compiti di una grandiosità, che in altri tempi sarebbe parsa follia od un giuoco col cielo e con l'inferno. Ora ci è lecito di esperimentare con noi stessi. Di più: l'umanità potrà esperimentare con sè stessa!

Il corso della scienza non sarà più turbato dal fatto accidentale, che l'uomo vive all'incirca settant'anni. Una volta si voleva durante questo spazio di tempo pervenire al termine della conoscenza e i metodi di questa si valutavano secondo un tal desiderio. I piccoli problemi ed esperimenti particolari venivano disprezzati, si cercava la via più breve, si credeva che, come tutto nel mondo sembra esistere per l'uomo, anche la conoscibilità di tutto possa esaurirsi durante una vita d'uomo. Risolvere tutto d'un colpo, con una parola... questo era il desiderio segreto. V'è un rebus da risolvere: così si profilava il compito della vita agli occhi del filosofo: anzitutto si doveva trovare il rebus, e condensare il problema del mondo nella formula più semplice. La smisurata ambizione di riuscire a decifrare l'enigma del mondo accendeva i sogni del pensatore. Nulla gli parea degno di sforzo, che non fosse mezzo per esaurire quel compito... Al contrario sulla porta del pensatore dell'avvenire sta scritto: Che importa a me?

Tale era, brevemente tracciato, quel nuovo orizzonte ideale apparso alla mente di Nietzsche colle «Aurore». Pur egli aveva colte e fissate le nuove idee in forma ancor più precisa nei lavori preliminari di quella sua opera. Così i «Vorarbeiten und Nachträge zur Morgenröthe», pubblicati fra i suoi scritti postumi (Vol. XI), sono importantissimi, perchè integrano il libro come venne meditato dall'autore.

Nietzsche, educato alla scuola dei Greci, aveva appreso da essi anche quella libertà di sentimento propria dei meridionali, che li protegge dal confidare incondizionatamente, che fa serbare loro nell'ultimo recinto del cuore un piccolo scetticismo contro tutto e tutti anche contro le proprie idee. Così noi troviamo fra gli appunti da servire per la prefazione questo ammonimento degno di nota: «Tutti i miei scritti precedenti parlano il linguaggio del f a n a t i s m o : perciò il presente libro si deve leggere n o n s e n z a p r e c a u z i o n e ».

Spigolando fra gli altri appunti giova riportarne qui alcuni di maggior rilievo.

— Quanto più noi comprendiamo come siano sorte le nostre valutazioni, tanto più si rimpicciolisce la loro importanza e nasce il bisogno di valutazioni nuove. Nessun'azione è in sè morale o immorale, senza riguardo a ciò che presso un dato popolo è costume.

— Il Cristianesimo qual grande movimento plebeo dell'Impero

Romano è la sollevazione dei cattivi, incolti, oppressi, disprezzati, insensati, poveri, schiavi, donne vecchie, uomini vili... Esso apparisce come un panico epidemico, perchè era stata profetizzata in breve la fine del mondo.

– Se il Cristianesimo imperasse in tutta la sua forza, senza che alcuna resistenza gli contrastasse, produrrebbe in breve la fine del genere umano: esso toglie agli uomini la salute, il godimento, la fiducia in sè, i propositi per l'avvenire nel mondo (e quindi anche l'attività). Questa conseguenza è ammessa da alcuni padri della chiesa, solo essi non vedono in ciò nè un rimprovero, nè una obiezione.

– La morale ha nociuto all'uomo. In qual senso? In quanto essa ha disprezzato il corpo nell'ascetismo del dovere, dell'eroismo, della fedeltà.., segnatamente in quel canone mescolato di religione, che il pensare a godere spiaccia alla divinità, ed il soffrire le riesca gradito. S'insegnò a soffrire, si sconsigliò di godere in tutte le morali (eccetto in quella di Epicuro). Ciò significa, che la morale sin qui è stata un modo di sconvolgere il fondamento fisiologico della vita umana nella sua evoluzione. È dipeso dalla debolezza della morale, se essa non ha distrutto quel fondamento... Noi dobbiamo disimparare la coscenza, il rimorso etc... come l'abbiamo imparato. In generale è stata la grande energia di conservazione, che ha preso il sopravvento sulla morale: vale a dire ciò che essa chiama il male, l'affermarsi dell'individuo senza alcun riguardo agl'insegnamenti etici, il voler sentirsi bene, la ricerca del piacere, il subordinare i bisogni più lontani ai più prossimi, mentre la morale, non solo distingue questi in superiori ed inferiori, ma insegna a disprezzare ed a condannare gl'inferiori, cioè gl'indispensabili.

– Certo il mondo sarebbe infinitamente più progredito, se l'intelletto umano avesse potuto disporre e governare al posto del caso, e si sarebbero anche risparmiati miliardi di anni.

– Provar simpatia per alcuno significa non temerlo ed attenderne motivi di godimento: e ciò vuol essere non egoistico.

– La tendenza più dannosa è quella di pensare sempre ad altri, (essere attivi per altri è altrettanto nocivo com'esserlo contro essi: si tratta sempre di una violazione della loro sfera individuale). Quale brutalità è la educazione abituale, la usurpazione dei genitori sulla vita spontanea dei figliuoli.

– Non pensare ad altri, far tutto rigorosissimamente per amor di sè stesso è anche un alta moralità! L'uomo ha tanto da fare per sè, ch'egli è sempre negligente, quando fa qualche cosa per gli altri. Per questo che si fa tanto per gli altri, il mondo è così imperfetto.

– Il Cristianesimo e la democrazia hanno sin qui condotto l'umanità più avanti ch'era possibile sulla via di diventar come la sabbia. Una grande risoluzione fa bisogno: forse l'umanità deve tirare un gran frego sul suo passato, forse deve rivolgere il nuovo canone a tutti i singoli: sii diverso da tutti gli altri e godi se ciascuno è diverso da ogni altro. Troppo a lungo è stato detto: l'uno come tutti, l'uno per tutti.

– Io ho accolto in me lo spirito dell'Europa ed ora voglio dare il contraccolpo.

– Io non parlo ai deboli. Il mio ideale non è per ognuno.

– Bisogna sciogliere tutti i lacci umani, sociali, morali, fin che noi potremo danzare e saltare come i fanciulli.

Per altri riguardi sono pure interessantissimi questi «Vorarbeiten», in quanto cioè fra essi si trovano, come ho detto, i primi cenni di teorie, che doveano acquistare grande importanza nella storia del pensiero di Nietzsche.

La celebre formula fisiologica di Nietzsche: «der Wille zur Macht» (la volontà della potenza), si trova già nell'aforisma 88, ma non ancora nel senso specifico, ch'essa ebbe poi. Per esprimere quel concetto specifico, non ancora ben precisato, Nietzsche si serve per ora delle formule «Durst nach Macht» (sete di potenza), «Gefühl der Macht» (sentimento della potenza), «Wille nach Macht» (volontà di potere).

Psicologicamente considerato, l'intelletto (Af. 258), è lo strumento dei nostri istinti e nulla più, esso non è mai libero, ma nella lotta dei diversi istinti si acuisce e con ciò rende più fine l'attività di ogni singolo istinto. Nella nostra più alta giustizia ed onestà c'è v o l o n t à   d i   p o t e n z a (Wille nach Macht), volontà dell'infallibilità della nostra persona.

Dal punto di vista biologico, Nietzsche sintetizza presso a poco così il suo pensiero: la potenza si estrinseca nella diversità, la debolezza nell'uguaglianza. La s e t e   d e l l a   p o t e n z a è caratteristica per la fase ascendente dell'evoluzione, la voglia di adattamento passivo è caratteristica per la discendente. Nella potenza c'è il sentimento di far volentieri male, una profonda eccitazione del nostro organismo, che vuol prendere continuamente vendette. Non esiste alcun istinto di conservazione, ma la ricerca del piacere e la fuga del dolore spiegano tutto ciò, che si suol attribuire a quello istinto. Tanto meno esiste un istinto di conservazione della specie. Questa è mitologia, anche in Spencer e Littré. La generazione è una conseguenza fortuita del piacere. Si è raggiunto nell'evoluzione il fine, ma senza volerlo (Af. 172, 173, 175, 176, 275).

In quanto al valore della conoscenza torna a rivivere, sebbene su nuove fondamenta, quell'agnosticismo, che abbiamo notato nella prima fase, esaminando il «Wahrheit und Lüge» ed altri scritti affini. La conoscenza comincia con l'erronea limitazione alle nostre unità di misura. Relazioni assolute sono un non senso. L'errore, cioè il parere, è la base della conoscenza. La verità esiste solo nelle cose, che l'uomo inventa, per esempio il numero. Egli colloca prima qualche cosa nel mondo e poi la ritrova, come se gli tornasse nuova: così fatta è la v e r i t à   u m a n a.

Il mondo come ci appare è una specie di scrittura, nelle cui lettere si esprimono cose del tutto diverse dai segni, anzi ignote. Essa è per noi intelligibile perchè è fatta da noi e per noi, però non vi leggiamo che la nostra posizione rispetto alle cose: queste in sè stesse ci restano nascoste. Alla fine delle nostre analisi non troviamo il mondo, ma i nostri organi dei sensi. Certo la esistenza di questi prova la realtà del mondo esterno: lo specchio prova le cose, che vi si riflettono, ma le cose come ci appaiono non sono che una somma di eccitazioni entro di noi.

Quale è, dunque, il valore della verità? V e r i t à   è   c o n o s c e n z a di   c i ò   c h ' è   u t i l e   a l l a   v i t a   d e l l ' u o m o.

Infine notiamo, che Nietzsche pensava sin d'ora, che all'orizzonte dell'odierna cultura si affacci un grande compito, cioè la r e v i s i o n e   d i   t u t t e   l e   v a l u t a z i o n i (Af. 343). Quest'idea divenne in seguito dominante in Nietzsche e non l'abbandonò sino agli ultimi giorni della sua vita spirituale.

Immediatamente dopo la stampa delle «Aurore» trovandosi Nietzsche nei mesi di luglio ed agosto 1881 in Sils-Maria nell'Engadina superiore, cominciò a scrivere vari pensieri, dai quali crebbe poi quel libro, che intitolò: «La gaya scienza».

Un giorno, nei primi di agosto, mentre egli si recava a piedi a

Silvaplana attraverso i boschi, durante una sosta in un punto non lungi da Surlei, gli balenò un'idea: che cioè tutto il processo cosmico potrebbe ancora una volta ed infinite volte ripetersi identicamente.

È difficile farsi un concetto adeguato del valore colossale rapidissimamente assunto da quest'idea nella mente di Nietzsche, ed anche del sentimento di religioso stupore, con cui egli la riguardò sempre.

Con l'annotazione: «principio d'agosto 1881 in Sils-Maria, 6000 piedi sul livello del mare e molto più in alto sulle umane cose», si trova già uno schema di libro non aforistico in 5 parti, che dovea dimostrare la dottrina del «ritorno dell'identico». Un altro piano di opera porta la data del 26 agosto 1881 e contiene il primo accenno al profeta persiano Zarathustra. In tutto quel mese Nietzsche scrisse assiduamente intorno alla nuova dottrina, cercando di formularla con precisione e di trovarne le prime dimostrazioni. Ma il lavoro rimase incompleto. Anche si proponeva Nietzsche di fare per varî anni studî di scienze naturali, allo scopo di fondarla rigorosamente nella fisica e nella biologia. Questi studî, pare, non furono fatti. Nondimeno la teoria dell'«eterno ritorno dell'identico» guadagnò sempre più terreno nella speculazione di Nietzsche e venne proclamata nelle due opere più importanti di lui: «Also sprach Zarathustra» e «Der Wille zur Macht». Però può dirsi che lo sforzo teorico dimostrativo non andò al di là degli appunti dell'agosto 1881», che giova quindi conoscere sommariamente.

La parte dedicata alla dottrina dell'eterno ritorno è preceduta da una serie di meditazioni di teoria della conoscenza, di biologia, di psicologia, di etica.

Riproducendo in parte antiche sue teorie, Nietzsche comincia col porre in rilievo, che non la verità, ma la utilità delle opinioni si è venuta dimostrando nel corso dell'empiria. Gli errori sono necessarî nella rappresentazione, nel concetto, nel sillogismo; senza di essi però e senza la grossolana intellettualità, che sola rende possibile la subsumzione di cose diverse e mutevoli in concetti univoci e fissi, nè l'uomo, nè gli animali avrebbero potuto mantenersi. Si pensi alla ricerca del cibo od alla difesa dal nemico ed al grave pericolo che sovrasterebbe ad un essere vivente, se si rifiutasse o tardasse a considerare come uguali cose diverse. Il credere aiuta grandemente nell'accettare tali errori e può dirsi, che senza la facoltà di credere nè gli uomini, nè gli animali potrebbero vivere. L'intera nostra intuizione del mondo si è formata, in quanto è stata grado a grado provata dal successo; con essa noi possiamo vivere. Tuttavia a ciò si può contrapporre, che probabilmente esistono innumerevoli forme di vita, è quindi anche del rappresentarsi e del credere.

– Nel singolo organismo la centralizzazione nella coscenza non è affatto compiuta, e l'illusione della ragione di essere appunto questo c e n t r o dell'organismo è certo il più grande ostacolo nel processo di perfezionamento.

– È un falso punto di vista quello di dire: per conservare la specie vengono sacrificati innumerevoli esemplari. Questo «p e r» non esiste. E neppure esiste la specie, ma soltanto vivono diversi singoli esseri. Dunque non c'è sacrificio, dissipazione. La natura non vuol mantenere la specie. In realtà molti esseri simili, con analoghe condizioni di esistenza, si mantengono più facilmente che non esseri anormali.

– Tutti i nostri istinti e le nostre passioni hanno un'origine collettiva non individuale, essi ricordano la tribù, la greggia. La subordinazione, l'ubbidienza, il dovere, sono sentimenti funzionali dell'individuo come parte, quando ancora non si è emancipato dalla collettività. L'individuo per sè solo, l'egoismo, sono prodotti posteriori ed ancora rari dell'evoluzione. L'egoismo è anzi ancora infinitamente debole e l'età dei veri individui non è peranco venuta.

– Il mio compito è: la «disumanizzazione» della natura e poi la naturalizzazione dell'uomo, dopo cioè di aver guadagnato il concetto puro della natura. Sinora l'uomo volgare ed il filosofo hanno mescolato e ritrovato sè stessi nella natura.

– Nuova praxis: non trattare ognuno come uomo in generale, ma come un particolare uomo fatto così e così. La morale con i suoi precetti generali uniformi fa torto a ciascun individuo. Per onestà si deve negare che esista l'uomo tipo, una pratica morale uguale per tutti, un fine comune a tutti. I presupposti dell'ideale di Spencer, il quale prevede per l'avvenire la più grande possibile similarità di tutti gli uomini, in modo che ognuno non veda nell'altro che sè stesso, non sono affatto scientificamente necessari, ma rappresentano un desiderio nato per generalizzazione di un ideale attuale. A ciò si contrappone la sempre persistente dissomiglianza e la più larga possibile sovranità avvenire dei singoli: quindi si può dire, che nel futuro o non si avranno piaceri altruistici, oppure dovranno assumere la forma del godimento della vista di altri, quale oggi noi proviamo di fronte alla natura. In ogni momento della vita di un essere, gli stanno aperte innanzi innumerevoli vie della sua evoluzione, l'istinto dominante però ne proclama b u o n a soltanto una, quella ch'è conforme al suo ideale. E ciò è avvenuto anche nella filosofia di Spencer.

– L'individuo deve invece considerarsi ormai come esperimento. Quali profonde trasformazioni debbono venire dall'insegnamento, che nessun dio ha cura di noi, che non esiste alcuna legge morale eterna, che noi siamo animali, che la nostra vita è fugace, che siamo irresponsabili! Il sapiente e l'animale si congiungeranno nella stessa persona e produrranno un n u o v o t i p o .

– Noi ci avviciniamo all'epoca delle più libere e spirituali personalità. Una prodigiosa quantità di energià dello spirito sta per sprigionarsi, sinora contenuta dai costumi, dalla moralità, etc... E sarà anche l'epoca degli esperimenti. Le affermazioni di Darwin debbono provarsi sperimentalmente! così anche l'origine di organismi superiori dagl'inferiori. Si dovranno istituire esperimenti della durata di millennî, allevando per esempio scimmie per trasformarle in uomini. Intere parti della terra potrebbero esser dedicate all'esperienze coscenti. (Vol. XII, 3-114).

Ed eccoci al nuovo centro di gravità: alla dottrina del ritorno dell'identico (Vol. 115-130).

Nietzsche è preso varie volte dal dubbio, che si tratti qui d'un illusione, della suggestione d'un demone tentatore, pure comincia le sue meditazioni con questa nota: posto che io sia stato vittima dell'inganno di uno spirito, che mi voglia male, mai si era data per me una tentazione più maligna: esso mi ha parlato, come mi parve, la v e r i t à .

La quantità di forza, che esiste nell'universo, non è infinita, ma sempre una data e costante. Perciò il numero delle posizioni, trasformazioni, combinazioni, degli sviluppi di questa forza è grande quanto si vuole e praticamente incommensurabile, tuttavia anche determinato e non infinito. Ma il tempo nel quale la forza agisce è infinito, ciò vuol dire, che la forza è ab aeterno ed eternamente ancora costante ed attiva; non solo, ma essendo sino a questo momento trascorso un tempo infinito, tutti i possibili sviluppi della forza sono già esistiti. Per conseguenza l'evoluzione attuale dev'essere una ripetizione e così anche quella che l'ha preceduto e le seguirà, e l'anteriore alla precedente e la successiva alla seguente e così via in avanti ed indietro. Tutto è già infinite volte esistito e tutto tornerà ad esistere infinite volte.

Se fosse possibile uno stato di equilibrio della forza questo avrebbe dovuto già aver luogo, ed una volta raggiunto durerebbe ancora. Dunque è impossibile.

Se il mondo avesse uno scopo, questo sarebbe già stato raggiunto e non avremmo più alcun divenire. La possibilità di un'evoluzione eternamente nuova supporrebbe una forza infinita, o in continuo aumento dal nulla, in ogni caso di quantità indeterminata, arbitraria, con qualità indefinite, e ciò è impossibile. Dunque ogni divenire non può muoversi che circolarmente, nella ripetizione di un numero determinato di stati perfettamente uguali.

All'origine non esiste il caos, altrimenti esso o durerebbe ancora o tornerebbe in ogni anello del divenire. L'evoluzione circolare non è però un che di creato, ma la legge primordiale connaturata con la forza eterna definita.

Una volta si pensava, che per una attività infinita nel tempo si richieda una forza infinita, cioè inesauribile. Ora si sa che la forza resta costante e che non occorre, che sia o divenga infinitamente grande. Essa è eternamente attiva, ma non può creare un numero infinito di casi, dunque questi si debbono ripetere nel tempo infinito infinite volte. Sono già avvenute infinite trasformazioni della forza, ma non trasformazioni infinitamente diverse: ciò richiederebbe una forza indeterminata. Una forza definita ha invece un numero limitato di modi possibili.

Questo istante del mondo è stato già una volta anzi infinite volte e ritornerà altrettante volte: tutte le forze così distribuite come ora! E così è avvenuto ed avverrà dell'istante che precedette e di quello che seguirà, e dell'altro anteriore e dell'altro successivo e così via.

O uomo! tutta la tua vita scorrerà e ritornerà a scorrere infinite volte come un oriuolo di sabbia: un grande minuto di tempo frammezzo, finchè tutte le condizioni, dalle quali tu sei divenuto nel corso circolare del mondo, tornino di nuovo ed allora ritroverai ogni dolore ed ogni gioia, ogni amico e nemico, ogni speranza e ogni errore ed ogni filo d'erba ed ogni raggio di sole, in breve l'intera compagine di tutte le cose.

Questo cerchio, di cui tu sei un granello, si rivolgerà sempre di nuovo. Ed ogni volta sarà per l'umanità l'ora del m e r i g g i o. Meriggio ed eternità coincidono. Nietzsche si servirà più volte del simbolo del meriggio, ma per significare concetti diversi. Notiamo che qui m e r i g g i o significa vita senza tramonto, perchè eterna.

Nè si creda, che si abbia un lungo periodo di riposo sino al momento di rinascere. Non c'illudiamo! Tra l'ultimo momento della coscenza ed il primo apparire della nuova vita non c'è alcuna durata: l'intervallo passa rapidissimo come un baleno; sopprimiamo l'intelletto e sarà possibile la successione senza durata.

Nietzsche cercò di reagire contro la straordinaria potenza suggestiva di queste sue nuove idee e scrisse una serie di obiezioni di ogni sorta contro l'ipotesi del processo anulare del mondo (Vol. XII, 122-124). Ma fu l'affare di un minuto. La controreazione seguì subito e questa volta vennero messi in prima linea i motivi morali, che sorreggerebbero l'ipotesi.

Se non si trattasse che di una verosimiglianza o possibilità, non le si dovrebbe per questo negar credito. Non soltanto l'aspettazione di cose certe può scuoterci e trasformarci, ma pure il pensiero di cose probabili! Quanto non ha agito sugli uomini, per es., l'ipotesi dell'eterna dannazione? Così quando il pensiero dei pensieri si sarà incorporato nell'organismo umano, trasformerà gli uomini. Il nuovo centro di gravità della vita sarà questo: vivere in modo che si possa anelare a rivivere la stessa vita un'infinità di volte. Così l'interesse umano più alto cesserà di rivolgersi verso ignote beatitudini, grazie celesti etc., ma si concentrerà tutto in questa vita. L'amore della vita si dovrà propagare ed aumentare infinitamente. «Non alia sed haec vita sempiterna». Questa tua vita è la tua vita eterna: ecco il conforto ed il terrore della nuova dottrina.

Noi dobbiamo imprimere alla vita il sigillo dell'eternità. Questo pensiero contiene più che ogni altra religione. Forse soltanto coloro che lo crederanno vero e riusciranno a dare alla loro vita la impronta dell'eternità si manterranno, gli altri finiranno col perire del tutto. Tra i superstiti allora si creerà una esistenza tale da oltrepassare qualunque utopia. Quel pensiero deve essere la nuova religione! Pure bisognerà guardarsi dal proclamarlo subito così. Esso dovrà insinuarsi lentamente, di esso dovranno imbeversi intere generazioni, le quali lo coltiveranno e lo renderanno fecondo, sicchè diventi come un grandioso albero, che protegga con la sua ombra tutta l'umanità. Che cosa sono in confronto quei due millenii, nei quali il cristianesimo si è conservato? Per il potentissimo pensiero occorrono molti millenii: lungo, lungo tempo ancora esso deve rimanere piccolo e impotente!

Dall'ottobre al dicembre 1881 Nietzsche riprese in Genova i lavori incominciati in Sils-Maria per il nuovo libro intitolato: «La gaya scienza» «Die fröhliche Wissenschaft». Buona parte degli appunti delle prime quattro parti dello scritto sull'«eterno ritorno dell'identico» vennero incorporati nel materiale della nuova opera, non però quelli che si riferivano direttamente alla nuova dottrina, ad eccezione di un brevissimo brano riportato nell'aforisma 341. Il vero lavoro di compilazione del libro fu eseguito però nel gennaro 1882, nel «più bello di tutti i gennari». Come preludio vennero fatti precedere alle 4 parti del libro alcuni «detti» in versi composti parte in Genova, parte nell'aprile 1882 in Messina. Con un'aggiunta di circa 40 aforismi, scritti tra giugno e luglio dello stesso anno in Tautenburg presso Dornburg, il libro venne pubblicato in settembre 1882. Nella seconda edizione curata dall'autore nel 1886 furono aggiunti al libro una prefazione, una quinta parte intitolata: «Noi senza paura» ed un'appendice in poesia: «Lieder des Prinzen Vogelfrei» (Canti del principe proscritto). Noi ci occuperemo per ora del libro come venne pubblicato nel 1882.

Sin qui Nietzsche ci è apparso come un filosofo tragico. La serenità, cui egli aspirava nella sua prima fase di vita spirituale, aveva un fondo pessimistico: era come un manto di bellezza sul dolore necessario. Nella seconda fase egli intraprende una severa cura anti-romantica: al posto dell'arte e della metafisica succede la scienza positiva: la conoscenza è uno strumento formidabile di distruzione e di guerra, ed insieme una corona austera di signoria e di dominio. Anche qui l'aspetto tragico della vita: il deserto, il diniego di vivere, la tirannia del dolore e dell'orgoglio, la meditata limitazione ai cibi amari, acerbi, ripugnanti della conoscenza. Ma ecco che alla incalzante luce delle «Aurore» il mondo cambia figura e colore. La verità trascende ogni facoltà degli esseri organici. La vita non è possibile senza l'errore e l'errore riceve dalla vita la parvenza della verità. Tutto è falso e tutto è vero: è falso perchè la conoscenza della verità è impossibile, è vero perchè la vita col semplice suo durare accetta e consolida l'errore inevitabile.

Da quest'altezza Nietzsche poteva ormai ridere: ridere di tutti i sistemi filosofici, che sotto il pretesto della verità hanno cercato soltanto un particolar modo di vita, di salute, di potenza; ridere di tutte le religioni, di tutte le morali, che non rappresentano altro se non particolari adattamenti veduti da particolari e transitorie condizioni di vita; ridere di tutte le opinioni, di tutte le teorie, di tutta la conoscenza, di tutte le v e r i t à umane. E in questo riso non c'è più nulla di tragico, di sarcastico, si direbbe quasi che il filosofo positivista sia ora riconciliato con la vita e con l'errore. Pure egli mostrerà quanto sano e profittevole sia stato l'errore dei Greci, e quanto disastroso quello del Cristianesimo e di ogni morale assoluta. Ma non importa. Nietzsche formulerà esattamente in seguito il problema della d e c a d e n z a, per ora sotto il titolo: «Die fröhliche Wissenschaft», ch'egli stesso traduce nell'italiano medioevale «La gaya scienza» ed in provenzale «Le gai saber», vuol festeggiare le saturnali del suo spirito, che per una via insperata ha trovato la salute e la libertà. Da ciò quell'intonazione ditirambica del libro, che raggiungerà poi il suo pieno sviluppo nei canti di «Zarathustra».

Il lettore attento vedrà inoltre come questa nuova fase della vita spirituale di Nietzsche si ravvicini notevolmente, per la parte teorica, alla prima, in quanto insegnava la impossibilità di apprendere la verità, l'utilità dell'errore, la necessità del male, il valore vitale degl'istinti cattivi, la subordinazione dell'intelletto agli istinti, della ragione alla volontà.

Per dare un'idea del libro, accennerò qui agli aforismi più importanti.

– Tutti coloro che attendono ad insegnare gli scopi della vita, vogliono renderla interessante e far sì che ognuno dica: la mia vita ha un valore. Questa è l'eterna comedia umana, che ha fatto dell'uomo un animale fantastico. Egli ha un bisogno di più: credere alla ragionevolezza della sua esistenza. Ciò può dare infinita materia di riso, pure di tanto in tanto quel bisogno di credere pateticamente all'importanza della propria esistenza tornerà a farsi imperioso; questo flusso e riflusso del comico e del tragico appartiene forse alle condizioni necessarie per vivere (Af. 1).

– Gli spiriti più gagliardi e malvagi hanno sinora fatto massimamente progredire l'umanità: essi hanno destato le passioni assopite, eccitato il senso della comparazione, del contrasto, del piacere al nuovo, all'ardito, al mai provato. Gli uomini buoni di ogni tempo son quelli, che coltivano sino in fondo le vecchie idee. Ma il terreno finisce coll'essere sfruttato ed allora si rende necessario l'aratro del male. Gl'istinti cattivi servono in così alto grado e sono così indispensabili al mantenimento della vita, come i buoni; solo la loro funzione è diversa (Af. 4).

– La coscenza è l'ultimo e più tardivo prodotto dell'organico e quindi anche il più imperfetto e impenitente. Si crede che essa sia il nucleo dell'uomo, ciò che vi ha in lui di costante, di eterno, di primordiale. La si considera anche come una grandezza ben definita, come l'unità dell'organismo. Questa ridicola esagerazione del valore della coscenza ne ha ostacolato lo sviluppo (Af. 11).

– Come mai l'ultimo fine della scienza potrebbe essere la diminuzione massima del dolore ed il massimo accrescimento del piacere? Piacere e dolore sono forse legati così intimamente, che non possono aumentare o diminuire se non entrambi nella stessa misura. Gli stoici erano consequenti quando ripudiavano il piacere per evitare il dolore (Af. 12).

– Facendo bene e male agli altri l'uomo esercita su questi la propria p o t e n z a: nulla di più. Più efficace è il far male, perchè il dolore induce sempre a chiedere qual sia la sua causa, mentre il piacere suol sostare a compiacersi di sè stesso. Le nature fiere amano i nemici prodi. La compassione invece è il mezzo con cui nature modeste fanno facili conquiste, quali quelle delle anime addolorate (Af. 13).

– Amore e bramosia di possesso non sono forse che due espressioni per lo stesso istinto considerato da due diversi punti di vista (Af. 14).

– Dove la piccola potenza visiva dell'occhio non scopre più il cattivo istinto raffinato, ivi comincia il regno del bene. Quanto più miope è l'occhio tanto più vasto è quel regno. Perciò il popolino ed i fanciulli sono sempre moralmente sereni, al contrario il grande pensatore è travagliato da mille dubbî affini alla cattiva coscenza (Af. 53).

– Il più grande lavoro degli uomini è stato sin qui, di accordarsi su moltissime cose e di imporsi come obbligatoria una legge di concordanza: indifferenti poi se queste cose siano vere o false. Tale è stata sin qui la disciplina della mente, che ha conservato l'umanità. Pure l'istinto contrario è rimasto altrettanto forte. Continuamente vacilla e ondeggia l'imagine delle cose, e gli spiriti più eletti, primi i ricercatori della verità, si ribellano contro quella obbligatorietà della concordanza generale (Af. 76).

– Una volta le opere d'arte erano come monumenti situati sulla via maestra dell'umanità per ricordarne i periodi più nobili e felici. Ora si cerca con le opere d'arte di distrarre i poveri esauriti ed ammalati dalla grande via di dolore dell'umanità, offrendo loro per un breve momento una piccola ebbrezza e demenza (Af. 89).

– Quella specie di culto del non vero che si pratica nell'arte ci aiuta a sostenere gli errori e le illusioni inevitabili della vita. Come fenomeno estetico la vita è sopportabile e l'arte ci dà i mezzi e la buona coscenza per questa possibilità. Noi abbiamo bisogno di mantenere una certa libertà al di sopra delle cose, e quindi di allontanarci di tempo in tempo ad una certa distanza «artistica» per ridere o piangere su noi. Noi potremmo ricadere nella morale se non sapessimo stare al di sopra di essa e non solo stare con la immobilità di chi ha paura di scivolare e di cadere, ma librarci liberamente e giocare. Come potremmo fare a meno dell'arte? della materia? (Af. 107).

– Guardiamoci dal lodare o biasimare l'universo, di attribuire ad esso mancanza di pietà, irragionevolezza o proprietà contrarie; esso non è perfetto, nè bello, nè nobile, nè vuol divenirlo, nè si prefigge d'imitare gli uomini. Esso non è colpito da alcun nostro giudizio estetico o morale. Non ha istinti, nè scopi, nè leggi. Esistono soltanto n e c e s s i t à. Nessuno comanda, nessuno ubbidisce. Guardiamoci anche dal credere, che il mondo crei eternamente del nuovo. Tutte queste idee sono l'ombre lasciate da Dio sulla natura. E noi dobbiamo vincere anche le sue ombre (Af. 108-9).

– L'intelletto per un tempo enorme non ha prodotto altro che errori. Di questi alcuni si dimostrarono utili per la conservazione della specie e vennero incorporati nell'organismo: così la credenza che esistano cose durevoli, cose uguali, che esistano cose, sostanze, corpi, che una cosa sia come ci appare, che la nostra volontà sia libera, che sia buono in sè e per sè ciò che è buono per noi etc. Molto tardi son venuti alla luce siffatti errori, ora bisogna vedere in quanto la nuova verità può venire acquisita dall'organismo. Questa è la quistione, questo l'esperimento (Af. 110).

– La logica è nata dalla illogicità. Innumerevoli esseri, che concludevano diversamente da noi, sono periti, eppure potevano essere più veritieri. Chi non sapeva trovare l'uguaglianza nella diversità, nella ricerca del cibo o nella difesa dal nemico, chi subsumeva troppo lentamente o cautamente aveva minore probabilità di vivere in confronto a chi vedeva in ogni somiglianza l'identità. Meglio affermare che sospendere il giudizio, meglio errare che fantasticare, meglio affermare che negare (Af. 111).

– Noi crediamo di spiegare dove non facciamo che descrivere. La duplicità di causa e d'effetto nella natura non esiste, noi abbiamo di fronte a noi solo un continuum (Af. 112-13).

– Dove impera una morale, ivi troviamo valutazioni e classificazioni delle tendenze ed azioni umane. Valutazioni e classificazioni vengon fatte nell'interesse d'una comunità o greggia. Moralità è istinto gregario nel singolo (Af. 116).

– La formula di medicina morale, di cui è autore Ariston di Chios: la virtù è la salute dell'anima, dovrebbe esser modificata, per divenire applicabile, così: la tua virtù è la salute della tua anima (Af.120).

– Lo scetticismo morale del cristianesimo distrusse in ogni uomo la credenza nelle sue virtù: e così fece scomparire per sempre dal mondo quei grandi virtuosi, di cui l'antichità non era povera (Af. 122).

– Il p e c c a t o, come viene sentito secondo i precetti del cristianesimo è un'invenzione degli Ebrei. «Solo se tu ti p e n t i, Dio ti sarà clemente». I Greci avrebbero riso di ciò e detto con disdegno: così sentano gli schiavi (Af. 135).

– L'arte e la potenza meravigliosa di crear dei, il politeismo, proveniva dall'istinto di proporsi degl'ideali, coi quali l'uomo potesse confrontarsi. Nella moltitudine degli dei e degl'ideali diversi, ma pure non in guerra tra loro, si giustificava e onorava il dritto delle individualità. La libertà che ogni dio conservava di fronte agli altri, finiva col rispecchiarsi nella vita degli uomini, nella indipendenza che ognuno poteva darsi di fronte alle leggi ed ai costumi. Il monoteismo invece è la rigida conseguenza della dottrina, che esista un solo uomo normale e quindi anche un solo dio normale. Esso è stato il più grande pericolo che abbia minacciato l'umanità; con un ideale unico e definitivo l'uomo avrebbe potuto esser condotto a quel termine fisso dell'evoluzione, al quale è pervenuta la maggior parte delle specie animali. Nel politeismo c'è invece la possibilità di uno sviluppo indefinito senza un orizzonte eterno ed immobile (Af. 143).

– Ciò che noi facciamo non vien mai compreso, ma soltanto lodato o biasimato (Af. 264).

– I pesi di tutte le cose debbono venir determinati di nuovo (Af. 269).

– Io voglio imparare a considerare come bello ciò ch'è necessario. Amor fati! (Af. 276).

– Io saluto tutti i segni precursori di un'età virile e guerriera, che restituirà in onore la prodezza. Verranno uomini, che cercheranno istintivamente sempre nuovi ostacoli da superare, decisi a vivere nei pericoli. Costruite la vostra città sul Vesuvio! mandate le vostre navi in mari inesplorati! Vivete in guerra con il vostro simile e con voi stessi! (Af. 283).

– Ho dato al mio dolore un nome e l'ho chiamato «il mio cane»; esso è tanto fedele, tanto insistente e sfacciato, tanto divertevole, tanto savio, quanto ogni altro cane ed io posso dominarlo e sfogare su lui il mio cattivo umore, proprio come altri fanno coi loro cani, coi loro servi e con le loro donne (Af. 312).

– Io voglio avere intorno a me nuovi animali domestici, un leone ed un'aquila, per avere la misura della grandezza e della piccolezza della mia forza (Af. 318).

– Tutti i predicatori di morale ed i teologi si sforzano di convincere gli uomini, che la loro condizione sia troppo infelice e che abbisognino di una rigorosa cura radicale. Quanto si è fantasticato sulla intima infelicità dei cattivi, sui mali delle passioni umane, sulla necessità di estinguere le passioni e la volontà. E gli uomini, che hanno inteso per secoli tali prediche, si son messi a sospirare e guardandosi smarriti l'un l'altro danno ora a vedere che la vita, della quale pure son tutti innamorati, sia insopportabile... Ma via, non ci troviamo poi così male per dover accettare una ricetta di cura stoica (Af. 326).

– Viva la fisica! la conoscenza del modo in cui i giudizi morali son nati ispira il disgusto per quelle patetiche parole: dovere, coscenza, rimorso etc, come già è avvenuto per quelle altre: peccato, salute dell'anima, redenzione. Noi non vogliamo più torturarci a meditare sul valore morale delle nostre azioni, che sono in sè inconoscibili. Purifichiamo le nostre opinioni e valutazioni e creiamoci nuove proprie tavole di beni. Noi vogliamo divenire ciò che siamo, i nuovi, i singolari, gl'imparagonabili, i legislatori e creatori di noi stessi. A ciò dobbiamo imparare a conoscere quanto vi ha di necessario nel mondo; bisogna esser buoni fisici per divenire creatori, mentre sin qui tutte le valutazioni sono state fatte nell'ignoranza della fisica o in contradizione con essa. Viva la fisica! a questo ci costringe la nostra onestà! (Af. 335).

– L'aforisma 341 enuncia, come ho già detto, oscuramente e sotto forma di quesito, la teoria dello eterno ritorno: «Che diresti se un demone ti dicesse: tu rivivrai infinite volte la stessa vita e nulla ci sarà di nuovo in ciò... etc.? – Imprecheresti al demone o ti lasceresti così trasformare dal nuovo pensiero da poter dire, sì io voglio rivivere questa vita ancora una volta e innumerevoli volte?..»

– Il libro finiva con un accenno a Zarathustra», che comincia con le parole: Incipit tragoedia!

Malgrado l'entusiasmo ditirambico, con cui le nuove idee vengono esposte, malgrado la semivoglia di dare una soluzione comica ai problemi più gravi, ed il proposito di riderne, pure qua e là fa capolino il rimpianto ed il dubbio.

Dalla «gaya scienza» (pag. 237) è tolto quello squarcio di profonda mestizia che ho riportato nell'introduzione, in cui il viandante svela le torture del suo fatale andare. (pag. 33). E fra le note aggiunte alla «gaya scienza» (Vol. XII) son due paragrafi importantissimi (92 e 93) in cui egli tradisce il tremendo dubbio, che lo travagliava. «Avanti! esclama egli, tosto che io volessi far qui alt, crederei di aver sbagliato la salita. A fermarmi non ci guadagnerei nulla, ma solo la spaventevole possibilità, che mi colga la vertigine. Avanti dunque!»

Io sono però ben lontano dal ritenere, che in queste parole Nietzsche esprima un vero giudizio, coscente e meditato, su tutto quanto era venuto pensando negli ultimi anni. Credo piuttosto ch'egli abbia obbedito nello scriverle a quel senso di subito scoramento, che suol cogliere a grandi altezze i pensatori solitarî, quando si sono molto innalzati in regioni ignote a tutti e non sentono più, nè da presso, nè da lungi, alcuna voce umana, che li rassicuri ed incoraggi.

Dal 1882 al 1885 assistiamo ad un risveglio considerevolissimo dell'attività poetica di Nietzsche. Feconda di poesie fu la sua gioventù specie dal 1858 al 1864. Poi la musa tacque per alcun tempo. Fra il 1869 ed il 1877 Nietzsche tornò a grandi intervalli all'arte dei versi. L'epoca della più ricca produzione poetica comincia però con il preludio in versi al libro della «Gaya scienza» e finisce con gli ultimi frammenti dei canti di Zarathustra. La musa tace indi di nuovo, per tornare ad elevare la voce l'ultima volta nel 1888. Ma in quest'ultimo periodo Nietzsche non fa che elaborare in forma di ditirambi dionisici dei frammenti abbozzati tra il 1883 ed il 1885.

In Italia Nietzsche è pochissimo noto come poeta. Soltanto alcuni avranno ammirato i dritti voli della sua lirica, e la fattura classica, eppure originale del suo verso espressivo e melodioso. Nietzsche possedeva la rara facoltà di meditare anche ad altissime temperature dello spirito. Così le sue figurazioni estetiche sono ad un tempo piene di vita e ricche del più profondo significato. Di più: quando egli fu in possesso della «Gaya scienza» visse ormai in un mondo d'idee così esattamente in equazione con le più intime tendenze con i sentimenti più essenziali del suo animo, che poteva affidarsi intero alla spontaneità creatrice del suo estro: in ogni imagine, in ogni atto, in ogni movenza della fantasia egli era ormai sicuro non solo di veder rispecchiati i suoi concetti più astratti, ma di trovare persino un eccitamento ad ulteriori sviluppi teorici. La fantasia più libera e la logica formale più rigorosa, l'intuizione ed il concetto, il sentimento e la ragione, l'arte e la filosofia si rendevano in lui solidali.

In queste condizioni sorse l'opera più personale di Nietzsche: «Also sprach Zarathustra».

È impossibile dar la genesi precisa di una creazione così congeniale col suo autore. La sorella di lui narra persino di un sogno, ch'egli ebbe ancor fanciullo con la visione di Zarathustra. Quel che si sa positivamente si è che Nietzsche scrisse le prime tre parti del libro, dopo periodi di preparazione più o meno brevi, in dieci giorni ciascuna, sotto la dettatura dell'estro più imponente: la prima al principio di febbraro 1883 in Rapallo presso Genova, la seconda dalla fine di giugno al principio di luglio 1883 in Sils-Maria, la terza verso la fine di gennaro 1884 in Nizza. La quarta parte subì alcune interruzioni: cominciata in settembre 1884 in Zurigo, fu continuata nel novembre successivo in Mentone, ma solo propriamente composta dalla fine di gennaro sin verso la metà di febbraro 1885 in Nizza, ed anch'essa in un periodo di grande esaltazione dell'attività poetica.

Coloro, i quali per conoscere le idee di Nietzsche si limitano a prendere in mano il «Così parlò Zarathustra», si trovano dopo poche pagine di lettura scombussolati e, se proseguono, restano principalmente colpiti dalle massime più paradossali. Pochi di essi sanno, che questo libro non è un'opera dottrinale, ma una creazione eminentemente artistica. La dimostrazione teorica delle dottrine di Nietzsche bisogna cercarla nelle altre opere anteriori e posteriori, le quali in un certo senso possono servire di commentario al libro di Zarathustra. Ma questo libro contiene l'espressione poetica ed in parte simbolica non soltanto delle teorie dell'autore, ma di tutta la sua vita interiore della sua esperienza, dei suoi affetti, dei suoi ideali, dei suoi dolori, delle sue speranze, dei suoi ardimenti, dei suoi errori, delle sue passioni, delle sue gioie.

Per quella mirabile facoltà, che Nietzsche possedeva, di pensare in imagini, di riflettere i più astratti rapporti concettuali in figurazioni estetiche piene di vita, di animare con l'alito del suo inesauribile sentimento i procedimenti logici più aridi e complicati, egli compose un'opera singolarissima, che, come tutte le opere veramente geniali, non può venir classificata. Apologhi e simboli vi hanno la semplicità schietta di una narrazione e descrizione biblica; la veemenza oratoria, la ineffabile soavità dell'idillio, lo slancio alato della lirica, il riso sarcastico od il sorriso finissimo della satira vi si alternano e s'intrecciano in una composizione stupenda; ed il linguaggio ha ritmi ed armonie, che agiscono sull'animo con l'immediatezza della musica e mostrano la favella restituita, come in certi libri sacri antichi, in quell'unità primordiale anteriore al separarsi della poesia dalla prosa. Tali sono i caratteri più salienti di quest'opera, ch'è monumento di vera genialità.

Ho letto più volte dei giudizi, secondo i quali il libro di Zarathustra rispecchierebbe uno stato di alienazione mentale. Dei letterati, che han trascorso la vita tra sonetti e ballate imparano per l'occasione formule e termini della psichiatria e li ripetono con grande asseveranza. Io penso, che in simili giudizi si tradisca anzitutto un apprezzamento anticipato sulla persona di Nietzsche, poi specialmente l'orrore del nuovo e dell'inclassificabile ed un pochino, infine, il desiderio segreto di dispensarsi della confutazione. Sotto l'analisi psichiatrica quanti capolavori d'arte poetica, quanti prodotti dell'ispirazione più calda, dell'estro più riboccante, dell'entusiasmo più fervido, si risolverebbero in un ammasso d'allucinazioni, d'insensatezze, di frenesie, di ossessioni? A chi riconosce però gli alti fini autonomi dell'arte, non è lecito levare alle stelle la seconda parte del Faust di Goethe e relegare nei bui confini della pazzia il Zarathustra di Nietzsche.

Nietzsche si serve di Zarathustra per enunciare le proprie dottrine. Perchè ha scelto a ciò un profeta persiano? Perchè i Persiani, egli dice, per i primi hanno meditato sulla storia, dividendola in una successione di periodi, ad ognuno dei quali presiede un profeta. Ogni profeta ha il suo h a z a r, il suo regno di mille anni. Perchè poi fra quei profeti preferì il regale autore del Zendavesta? Perchè Zarathustra è appunto il primo, che abbia commesso il fatale errore di vedere la causa motrice di tutte le cose nella lotta del bene e del male, di tradurre il fatto morale umano in un ordine metafisico, di creare la morale trascendentale. Pure egli ha un tratto, per cui sta al di sopra di ogni altro moralista. Egli ha proclamato suprema fra tutte le virtù la veridicità. Dire la verità e tirar bene d'arco: questa è virtù persiana. Primo autore di quella illusione fatale, Zarathustra doveva ora venire egli stesso a riconoscere il suo errore, e ben lo poteva obbedendo alla propria più alta virtù, la veridicità. Dunque: il trionfo della verità sulla morale, la vittoria su sè stesso del primo moralista Zarathustra, che per amore della verità si trasforma nel suo contrario, nel primo immoralista Nietzsche; ecco ciò che deve significare l'elezione di Zarathustra a profeta dei nuovi ideali.

La favola del libro è semplice. Zarathustra a 30 anni lasciò la sua patria e si ritrasse a vivere sui monti. Quivi godette del suo spirito e della sua solitudine e non se ne stancò per dieci anni. Ma alla fine il suo cuore si mutò. Egli si sentiva riboccante di verità e doveva apportarle agli uomini, che amava. Sorse dunque un mattino con l'aurora e venne nella più vicina città. Ivi giunto arringò la folla riunita nella piazza del mercato, ma non fu compreso e non raccolse che scherno e insulti. Da questo e da altri segni Zarathustra si accorse di avere errato: non alla folla egli dovea parlare, ma a singole persone elette, a compagni. E venne nella città chiamata: «La vacca variopinta», nome sotto cui deve intendersi quel miscuglio quietistico di contrasti, ch'è l'insieme d'una città moderna. Quivi gettò i primi semi delle sue dottrine. Ma necessità voleva, ch'egli si separasse per ora da coloro che l'avevano seguito, per ritornare ad essi quando fossero divenuti da semplici credenti individui autonomi. In questo momento pericoloso Zarathustra li avrebbe ritrovati e forniti di nuovo sapere. Quando infatti Zarathustra, tornato alla sua grotta, ricevette il segno che il momento era giunto, venne di nuovo fra gli uomini e ritrovò i suoi giovani nelle «Isole beate». Questo nome denota quelle sfere circoscritte di anime elette già preparate a ricevere i nuovi insegnamenti. E Zarathustra parlò di nuovo ai suoi giovani. Ma pure una seconda separazione era necessaria. Zarathustra stesso era ancora immaturo per compiere la grande opera di trasformazione, che aveva iniziata. Anche i suoi giovani dovevano separarsi l'uno dall'altro e conoscere la solitudine. Zarathustra li lascia dunque di nuovo e traversando mari e paesi, che gli danno occasioni a meditazioni altissime, si riduce di nuovo nella sua caverna solitaria. Quivi gli si svela il più profondo mistero dell'essere e le sue dottrine s'integrano nella loro più alta unità. Pure gli anni passano, senza che Zarathustra se ne accorga ed i suoi capelli si fanno bianchi. Ma ecco che la montagna, dov'egli vive, è come avvolta da un grido, che sale e chiama al soccorso. Zarathustra cede alla tentazione della compassione, ma per l'ultima volta. Egli va ed incontra. non un solo, ma un dopo l'altro, tutti i tipi più varî, mistificatori e sinceri, che valgono per l'uomo moderno come s u p e r i o r i. Così egli ha modo di confrontarsi con ciascuno. Pure li accoglie per un po' di tempo nella sua caverna. Ma quando al mattino successivo Zarathustra venne circondato improvvisamente da uno stuolo di colombi e visitato da un leone superbo, e pur con lui mansueto, quando gli uomini superiori, suoi ospiti, alla vista del terribile animale emisero in coro quello stesso grido di soccorso, che Zarathustra aveva udito il giorno innanzi, e svelarono così il loro fondo comune: la paura, Zarathustra comprese l'errore della sua ultima compassione, comprese i segni di maturità, che gli venivano dalla presenza del leone e dei colombi e vide giunto il suo giorno, e sentì vicini i suoi discepoli. Allora lasciò per la terza volta la sua caverna raggiante e forte come il sole mattutino, ch'esce da oscuri monti.

Quali sono gl'insegnamenti di Zarathustra? In buona parte noi già li

conosciamo. L'uomo deve ridiventare un brano della natura. A ciò
bisogna ch'egli ricomponga l'unità totale dei suoi istinti, senza più
distinguerli in buoni o cattivi. Ogni elevazione del tipo umano non
può basarsi che su un approfondimento della vita degli istinti. Il bene
e il male in sè non esiste. La morale come pretesa di uniformità
assimila le società umane alle greggi e crea istinti gregarî. In ogni
caso è una ingiustizia, una tirannia, una violenza sull'individuo.
L'uomo naturale ripristinato deve aspirare non alla massima
similarità, ma alla massima individuale originalità ed eccellenza.
Egli dev'essere nel corso del mondo il solo, il singolare,
l'inimitabile, l'irriproducibile.
A ciò bisogna inoltre, che l'uomo non rivolga più le sue aspirazioni
più alte, le sue speranze, il suo interesse, verso un al di là della terra
e della sua vita terrena. Bisogna ch'egli abbandoni quel suo fatale
errore di credere allo spirito puro, all'anima, come entità per sè, ed
alla sua immortalità. Bisogna ch'egli disimpari a fantasticare, come
ha fatto, porgendo orecchio ai predicatori di morte ed ai
favoleggiatori di cose trascendentali ed impari invece ad amare la
vita, il suo corpo, la terra. C'è più ragione nel corpo umano, che non
nella sapienza più alta. C'è più senso nelle cose più prossime e certe
della terra, che non nelle più ardue creazioni metafisiche. L'uomo e
la terra sono ancora da scoprirsi agli occhi dei sognatori dell'al di là
e della vita eterna. Essi han rimesso i loro destini nelle mani di un
fantasma, che hanno prima creato in un istante di suprema debolezza
ed impotenza: ma Dio è morto e l'uomo è ridivenuto il solo signore
dei suoi destini. Una nuova éra s'inizia nella storia della umanità: la
terra deve divenire un luogo di salute e l'uomo deve dare un senso
umano a tutte le cose.
Questi pensieri nel libro di Zarathustra ricevono la più efficace
sanzione da una nuova dottrina, che viene per la prima volta
enunciata dal profeta redivivo: la dottrina del s u p e r u o m o.
La specie umana dev'essere superata. L'uomo è un ponte tra
l'animale e un essere superiore, che Nietzsche con parola già usata
da Herder e da Goethe, ma in altro senso, chiama s u p e r u o m o.
Tutti gli esseri hanno sinora creato qualche cosa al di sopra di sè
stessi. Anche l'uomo deve superare sè stesso. Ciò che oggi è per noi
la scimmia, sarà un dì l'uomo per il superuomo. Finchè l'uomo si è
ritenuto il termine definitivo della creazione ha considerato e

valutato tutto nel suo esclusivo interesse ed ha elevato a dignità d'ideale tutte le sue miserie e piccolezze. Si è anche dato il lusso di rinnegare la vita, di disprezzare la terra e di favoleggiarsi, un'eternità tutta per sè. Perpetuare la propria esistenza, l'esistenza di un essere così piccolo ed imperfetto, vivere eternamente! ecco l'ideale tangenziale di ciascun individuo umano. E poichè il corpo è caduco si è immaginata un'anima immortale ed una esistenza ultraterrena. E qui torture e mortificazioni e una vita che è un'agonia continuata ed una tisi dello spirito. Appena sono gli uomini nati, che cominciano a morire per amore dell'immortalità.

Ma Zarathustra, l'intercessore per la vita, insegna: rimanete fedeli alla terra, o fratelli. Non volate lungi da lei per rompere le ali contro eterne pareti. Riconducete la vostra virtù sulla terra per il corpo e per la vita ed essa dia alla terra un senso umano. In mille modi sfuggì e si perdette sinora il vostro spirito e la vostra virtù, e l'errore è diventato in voi sangue e carne. Ma voi cancellate questo errore. Per voi non venga il regno del cielo, ma della terra. Mille sentieri esistono non ancora battuti, mille sanità e nascoste isole della vita. Inesauriti e sconosciuti sono ancor sempre l'uomo e la terra dell'uomo. Voi solitari d'oggi, voi dissidenti, voi dovete formare un dì un popolo, da voi deve crescere un popolo eletto e da questo il superuomo. Preparate il vostro tramonto, essa dev'essere la vostra più grande speranza. In verità un luogo di guarigione deve divenire la terra e già un nuovo profumo l'avvolge apportatore di una nuova salute.

Contro coloro, che vorrebbero livellare tutti gli uomini ad una stessa media altezza e renderli massimamente simili tra loro, che sognano un avvenire di pace, d'uguaglianza, di benessere per tutti, che vorrebbero ridurre l'umanità ad un solo gregge senza alcun pastore, che si preoccupano della massima possibile durata della vita individuale e della specie, che vorrebbero fare dell'uomo un animale pacifico, prudente, sodisfatto di sè, che in ogni modo foggiano ideali eterni in corrispondenza ai loro bisogni e desideri attuali, Zarathustra ha satire e invettive fierissime: essi tendono a creare l'ultimo uomo, cioè ad arrestare l'evoluzione superiore della specie, a ridurre il tipo umano costante, definitivo, immutabile e quindi non più superabile. La creazione verrebbe così violentemente immobilizzata.

Tutte le tavole di valori, che oggi imperano, sono istituite nell'intento di dare ai miseri interessi umani un assetto definitivo. Esse sono state dettate contro ogni uomo superiore, ogni libera personalità, ogni tentativo d'innalzamento del tipo umano. Quelle tavole hanno di mira la vita della greggia, della folla anonima, della massa uniforme dei volgari. Al mercato non crede nessuno ad uomini superiori. La plebe ammicca e dice: noi siamo tutti uguali! tutti gli uomini sono uguali davanti a Dio!

Perchè l'umanità possa voler superare sè stessa bisogna dunque imporle nuove tavole di valori. I tentativi di dissimilazione, il coraggio del nuovo, l'amore dei pericoli, l'abbandono di tutte le misere prudenze, della piccola e timida economia della vita umana, la durezza verso tutto ciò che è deforme, debole, degenere, la predilezione per i forti, gli arditi, gli esperimentatori, i dissipatori della vita, debbono aver riconoscimento e sanzione. Gli uomini si chiedevano sinora: come possiamo vivere più a lungo, meglio, più piacevolmente? come si conserva meglio la specie umana? Zarathustra, l'unico ed il primo, domanda: come può superarsi la specie umana? Il superuomo e non l'uomo gli sta a cuore, non il prossimo, non il più povero, non il più sofferente, non il migliore degli uomini. Ciò che Zarathustra ama nell'uomo si è che questi è transizione e tramonto: un ponte e non scopo a sè stesso. Oggi domina la gente piccola e tutti predicano rassegnazione e umiltà, ubbidienza, prudenza, zelo, rispetto ed il lungo etcaetera delle piccole virtù: quanto vi ha di femineo, di servile, di plebeo, vuol diventare arbitro dei destini umani. L'uomo superiore, il preparatore del superuomo disprezzerà tutte le piccole virtù e le piccole saviezze: egli non amerà i prossimi, ma i lontani. Muoiano i deboli, i mal riusciti, i paurosi, gl'inutili, i superflui, nè sia risparmiato il prossimo: l'umanità dev'essere superata. Ora che Dio è morto, l'uomo deve imparare ad andare sulle sue sole gambe e non solo a camminare, ma anche a danzare ridendo. Ridere sulla terra è stato sinora il più grande peccato. Ma Zarathustra ha reso sacro il ridere: il ditirambo dionisico deve tornare a risuonare sulla terra, simbolica d'una nuova gioventù, pienezza ed effusione della vita. L'uomo tramonterà allora danzando. Il grande m e r i g g i o risplenderà (e qui abbiamo un secondo significato del simbolo del meriggio), quando l'uomo sarà a mezza via tra l'animale e il superuomo e muoverà verso la sera, come verso la sua più alta speranza, perchè quella è la via d'un nuovo e grande mattino.

La teoria della conoscenza subisce in questa fase una nuova modificazione, ch'è accennata in quel meraviglioso capitolo intitolato: «Mcriggio»[83] e poi sviluppata nelle opere posteriori. Il simbolo del meriggio assume un terzo significato. Il sole sta immobile allo zenit, i corpi danno la minima ombra: il mondo non è divenuto perfetto? Ciò vuol dire, che il mondo come lo vediamo è completo e non abbisogna di venire integrato da alcun concetto metafisico, sia della cosa in sè, sia di un mondo v e r o in opposizione a quello dei fenomeni. L'imagine dei corpi, che danno la minima ombra, significa che dietro i fenomeni non sta più nulla, che non esiste all'infuori di essi alcun'altra realtà. Questo passo arditissimo verso la realtà fenomenica, cui vien attribuito il massimo possibile valore, dovea accostare ancor di più e definitivamente l'uomo alla sua vita terrena e naturale e fargli volgere le spalle a tutte quelle fantasticherie metafisiche, che secondo Nietzsche sono l'ultimo asilo dell'istinto religioso.

Infine la teoria dell'eterno ritorno trova nel libro di Zarathustra la sua piena e dogmatica enunciazione. Il primo accenno misterioso è fatto in quel bellissimo dialogo che Zarathustra, dopo lasciati per la seconda volta i suoi seguaci, ha con un pigmeo[84]. Tornato indi alla sua ultima solitudine, quel pensiero gli si svela dalla più ascosa profondità del suo essere. Zarathustra accoglie la rivelazione prima con nausea, poi con un entusiasmo sempre crescente. L'uomo ha un dominio assoluto sulla sua vita e può render questa tale da salutar con gioia il pensiero, ch'egli rivivrà la stessa vita non una, ma infinite volte. Da questo momento l'importanza della teoria dell'eterno ritorno s'ingrandì sempre più agli occhi di Nietzsche, sì da venir da lui considerata come un nuovo punto di partenza nella storia dell'umanità.

Come di ogni altra opera di Nietzsche, anche del «Zarathustra» possediamo le note preparatorie ed aggiunte, pubblicate fra gli scritti postumi (Vol. XII), le quali contengono sviluppi e varianti assai utili a conoscersi per la retta interpretazione, dell'opera: tanto più che a

---

[83]ZARATHUSTRA, parte IV, pag. 400-4.
[84]ZARATHUSTRA, parte III, pag. 231-234.

148

Nietzsche stesso, visto che il libro non era stato compreso, non fu estraneo il pensiero di fare una specie di commentario, chè anzi nel 1886 manifestò il proposito di scrivere «Lettere ad un amico filosofico, in occasione dell'Also sprach Zarathustra». Così si trovano fra quelle note varî commenti ed anche dei brani di una prefazione introduttiva, ov'è espresso fra l'altro il bisogno di un glossario preliminare «dei concetti più importanti di questo libro senza modello, esempio, termine di paragone in ogni letteratura».

Stimo utile accennare ad alcuni fra i pensieri di maggior rilievo, che si leggono fra quelle note (Volume XII, 191-329, 423-25).

– La elevazione del tipo umano può avvenire superando gl'ideali unilaterali del santo (che ama), del filosofo (che conosce), dell'artista (che crea) e riunendo le tre possibilità in una sola persona: questo è stato il mio fine pratico sin qui.

– Dalla storia dei sentimenti morali risulta, che nessuna tavola di valori, nessun fine ultimo è rimasto in piedi: tutto è confutato. Noi abbiamo una enorme forza di sentimenti morali in noi, ma pure senza uno scopo per tutti: essi sono in contradizione fra loro e derivano da diverse tavole di valori. Tutti i fini sono annullati. Con ciò si collega la profonda infecondità del secolo XIX. Visibilmente tutto è d e c a d e n z a. Si deve guidare il decadimento in modo, che sia possibile ai più forti una nuova forma di esistenza.

– La formazione di uomini migliori è molto più dolorosa delle comuni forme di vita: essa impone lo abbandono delle cose più care, la vita sotto il disprezzo della morale dominante, il tormento degli esperimenti e degli errori, la privazione di tutti i godimenti, che offrivano gli antichi ideali. Volontà di soffrire, vittorie continuate su sè stesso sono la preparazione del tipo del d o m i n a t o r e.

– Io considero ogni maniera di pensare metafisica e religiosa come conseguenza della scontentezza che l'uomo prova di sè stesso e di un anelare verso un più alto ideale superumano! solo che l'uomo si è rifugiato sin qui in un al di là, anzichè edificare per l'avvenire: ecco l'equivoco delle più nobili nature che soffrono alla vista delle brutture umane. Però come noi non abbiamo più bisogno di una morale, così non abbisogniamo più della religione. L'amore verso Dio s'è trasformato in amore verso un ideale e così è divenuto fecondo e creatore. Come gli uomini piccoli miravano a Dio, dovremmo noi mirare al superuomo.

– Il più alto punto di vista anche del gesuitismo socialistico è: dominazione sull'umanità allo scopo di renderla felice. A ciò io contrappongo: dominazione sull'umanità allo scopo di superarla.

– Molti superuomini debbono esistere, e poichè ogni cosa buona si sviluppa fra le simili, bisogna anzitutto creare una r a z z a d o m i n a t r i c e . Bisogna produrre esseri, che si elevino su tutta la specie umana ed a questo fine si deve sacrificare sè stessi ed il prossimo. Superare gli uomini si deve sull'esempio dei Greci, non rendendoli fantasmi incorporei. La forza del corpo dev'essere dalla stessa parte della più grande forza di pensiero. Nell'aspirare od oltrepassare l'umanità occorre la giusta misura: anzitutto dev'esser trovato il tipo umano più alto e più potente.

– Gl'ideali sociali eudemonistici riconducono l'uomo indietro: forse servono a produrre una specie di lavoratori assai utile, gli schiavi ideali dell'avvenire, una casta inferiore, che non deve mancare. Gli operai debbono vivere un giorno come gli attuali borghesi, ma al di sopra di essi esisterà una casta superiore, che si distinguerà per mancanza di bisogni: sarà quindi più povera più semplice, ma in possesso della potenza.

– Bisogna oltrepassare il concetto di volontà: ogni sentimento della libertà non deve attingere più al contrasto con la costrizione: si deve diventare natura.

– La dissoluzione della morale conduce, per conseguenza pratica, all'atomismo individuale, indi alla scomposizione dell'individuo in una molteplicità. Perciò è oggidì più che mai necessario un nuovo ideale, un nuovo amore.

– Ho ricercato le origini: allora ho disimparato a venerare: io divenni intanto estraneo a tutto e solitario.

– Qual'è la più volgare di tutte le conclusioni? la conclusione delle conclusioni, la più vecchia e la più nuova: «questo fa dolore, p e r c i ò è cattivo» Da quando ho compreso questo p e r c i ò e quest'origine del male, rido su tutto il vostro bene e male e la mia risata risuona al di là del bene e del male.

– Il pensiero che tutto ritorna opera nel modo più lento. Il suo effetto più immediato è di agire come surrogato della credenza nell'immortalità dell'anima.

Il libro di Zarathustra è rimasto incompleto. Malgrado Nietzsche avesse intitolato la quarta parte del libro: «quarta ed ultima parte», pure poco dopo la stampa di essa (in 50 esemplari, di cui Nietzsche potè distribuire soltanto 7) manifestò nel maggio 1885 in Venezia il proposito di aggiungere una quinta ed anche una sesta parte. Specie della quinta parte si hanno diversi progetti di varie epoche. Fra gli scritti postumi ne sono stati pubblicati cinque. Alcuni sono abbozzi di drammi ed uno di essi, il secondo, ricorda il dramma «Empedocle» ideato nel 1870 e 1871. Ciascun progetto mostra, in vario modo, Zarathustra tornato la terza volta fra gli uomini per recar loro «la buona novella»: la teoria dell'eterno ritorno. I deboli, i vili, i volgari non possono sopportare il tremendo pensiero: chi ne ride, chi impazzisce, chi si suicida e Zarathustra una volta muore di compassione, una volta di gioia a seconda che quel pensiero è dai suoi discepoli respinto od accolto. Quel principio è come un martello, che serve a distruggere quanto vi ha di miserabile e di degenere. Esso costringe a creare gli esseri capaci di sopportarlo.

Secondo il quarto progetto, che risale alla fine del 1883, Nietzsche ci avrebbe mostrato il tipo di una nuova comunità, che si afferma guerrescamente ed ove tutto è istituito secondo il principio della gara. Il dominare viene insegnato ed esercitato: così pure si fanno successivi esperimenti di vita, cambiando tosto che si sia divenuti padroni di un certo modo di essere. Una nuova aristocrazia deve formarsi con un nuovo sistema di educazione. Il quinto progetto, tracciato fra il 1885 ed il 1886, dava più importanza al nuovo ordinamento dei g r a d i sociali. È notevole la critica della democrazia in quanto ha educato gli schiavi alla maniera dei signori: qual meraviglia che essi siano divenuti padroni pur non avendo le virtù per esserlo? Malgrado ciò Zarathustra è contento che l'antica lotta degli stati sociali sia passata e che oggi sia finalmente venuto il tempo per la g r a d u a z i o n e d e g l' i n d i v i d u i. Il suo odio verso il sistema livellatore della democrazia è soltanto la parte più esteriore. Ma a dir vero in fondo egli è contento, che la cosa sia tanto innanzi: ora egli potrà risolvere il suo problema. È pure qui importante l'idea di ordinare la società, con l'aiuto della religione, in una maniera simile a quella comandata dal bramanismo: vari gradi sociali con diversi sistemi di credenze secondo la funzione di ciascun grado. Il potentissimo pensiero dell'eterno ritorno, la r e l i g i o n e d e l l e r e l i g i o n i andrebbe riservato ad una razza dominatrice eminente su tutte le altre.

Nessuno di questi progetti venne sviluppato oltre il semplice abbozzo.

Per quello che dirò fra poco è degno di molta attenzione il fatto, che, compiuta la seconda parte del libro di Zarathustra, Nietzsche ebbe l'idea di pubblicare un volume di sentenze, che dovea contenere soltanto detti brevi ed aforismi a mò di proverbi, ricavandoli da tutte le sue opere a cominciare dall'«Umano, troppo umano». Due volte si mise al lavoro. La prima volta raccolse circa 600 aforismi sotto il titolo «In alto mare, discorsi silenziosi al di là del bene e del male». La seconda volta ne raccolse circa 200 sotto il titolo «Böse Weisheit»[85]. Pare che la continuazione del libro di Zarathustra abbia distolto Nietzsche dal portare a compimento questo utile lavoro.

---

[85]Gli aforismi pubblicati sotto questo titolo nel Vol. XII (355-422) appartengono al periodo di tempo tra la pubblicazione della «Gaya scienza» e la fine del «Zarathustra».

QUARTA PARTE

Nella letteratura su Nietzsche non si suol distinguere, come io fo, tra il «Così parlò Zarathustra» e le opere successive. Per i più Nietzsche sarebbe anzi rappresentato dal solo libro di Zarathustra, il vangelo degli uomini superiori dell'avvenire. Qualcuno, come Peter Gast, fa cominciare col «Zarathustra» una nuova fese, la definitiva, nella filosofia di Nietzsche. In generale tutti gli studî su Nietzsche attingono precipuamente la conoscenza delle sue idee al «Zarathustra» e così anche fanno i recentissimi lavori di Fouillée[86], Petrone[87], De Roberty[88]. Or, per quanto possa in singoli casi giustificarsi il ricorrere all'opera più personale del nostro filosofo per conoscere certi aspetti caratteristici delle sue enunciazioni, pure non si può prendere a base di uno studio, tanto meno di una critica su Nietzsche il libro di Zarathustra. Questa mia affermazione è troppo nuova ed ardita, perchè io possa fare a meno di giustificarla ampiamente. Ed ecco le ragioni, per le quali io propongo agli studiosi di Nietzsche questa mia nuova partizione delle sue opere. Il libro di Zarathustra appartiene ad una fase di pensiero, che Nietzsche ha oltrepassata. Abbiamo visto, come l'epoca di formazione di quest'opera coincida con quella della massima attività poetica di Nietzsche. L'opera stessa fu scritta ad altissima temperatura dello spirito, in uno stato di esaltazione di tutta la potenza artistica, di cui Nietzsche era capace. Già questo fatto ci deve mettere in guardia nello stabilire il posto da assegnare a quest'opera. Per trattare poeticamente una così vasta materia di filosofia e scienza, occorre non solo maturità teorica, ma che il limite della pura teoria sia superato e che al di là di esso il genio animatore dell'artista si volga liberamente ove il suo estro spiri. La trattazione poetica di argomenti filosofici e scientifici può dunque essere il coronamento di un processo speculativo, non l'inizio. Che Nietzsche abbia inteso in realtà, secondo le sue stesse dottrine

---

[86]Les idées sociales de F. N., Revue des deux Mondes» 16 maggio 1902.
[87]NIETZSCHE e TOLSTOI, 1902.
[88]FRÉDÉRIC NIETZSCHE, Paris, 1903.

estetiche, fissare e perpetuare in un'opera d'arte quanto di definitivo egli era venuto meditando dall'«Umano, troppo umano» alla «Gaya scienza», non si può mettere in dubbio. Era connaturato in lui il pensiero di esprimere una volta in una suprema sintesi artistica i concetti teorici della sua filosofia. Quando egli ebbe abbastanza meditato sulla morale, sulla religione, sulla società umana, sulla storia, quando fu in possesso della rivelazione dell'eterno ritorno, quando infine in un altro tratto personalissimo del suo genio gli balenò l'idea del superuomo, parvegli che ormai il momento fosse giunto ed il dramma incominciò. Incipit tragoedia scrisse egli sull'ultima pagina della «Gaya scienza». Nè è da trascurarsi il proposito, manifestato da lui dopo la fine della seconda parte del «Zarathustra», di riunire in un libro di sentenze i suoi aforismi più importanti, raccogliendoli da quanto era venuto pubblicando dopo il 1876. Anche questo concorre a dimostrare, che nell'epoca della creazione del «Zarathustra» l'attività teorica di Nietzsche si era arrestata. Certo egli non era un pensatore tale da ripetersi senza nulla aggiungere; che anzi, come ho notato altrove, per la solidarietà creatasi in lui tra il sentimento, la fantasia e la ragione, egli poteva nello stesso tempo e sino ad un certo punto poetare e filosofare insieme. Il libro di Zarathustra contiene infatti a differenza delle opere anteriori, tutta la teoria del superuomo e varî accenni, come quelli sulla «volontà della potenza» (nel capitolo «Von der Selbst-Überwindung» 2ª parte, pag. 165) e sul fenomenismo (nel capitolo «Mittags» 4ª parte, pag. 400), i quali trovano il loro svolgimento nelle opere successive. Ma ciò è comune a tutti gli stadî di transizione e non basta per porre il libro di Zarathustra in una stessa linea con le opere che seguono, mentre la sua destinazione naturale era quella di tradurre un dato complesso di pensieri filosofici e scientifici in un'opera d'arte.

Compiuta la 4ª parte del «Così parlò Zarathustra» si manifestano già i segni di una ripresa della attività teorica, che, data l'indole del genio di Nietzsche, dovea condurlo ad oltrepassare lo stadio teorico, cui corrispondono i discorsi del profeta persiano. Per quanti sforzi faccia Nietzsche non riesce ora a comporre la quinta parte del libro di Zarathustra, non riesce più a restituirsi in quello stato di estro veemente, nel quale egli avea scritto le prime quattro parti. Egli non si muove più liberamente in un campo circoscritto, ma si è posto a

sistematizzare, coordinare, sviluppare la parte più positiva secondo lui più sicura, più dimostrabile della sua filosofia, ed in questo lavoro le sue teorie vengono prendendo un nuovo assetto, un nuovo svolgimento, di più ricevono una diversa integrazione da nuove dottrine e da nuovi punti di vista. Il pensiero dominante di Nietzsche diviene la «rivalutazione di tutti i valori» in base al principio della «volontà della potenza». Poco dopo la stampa della 4ª parte del «Zarathustra» egli manifesta infatti il proposito di attendere ad una grande opera, che dovea contenere l'esposizione sistematica della sua filosofia da questo nuovo punto di vista, pure si decide a scrivere prima qualche cosa d'introduttivo e così si occupa nell'estate del 1885 in Sils-Maria e nell'inverno successivo in Nizza (sino alla fine di marzo 1886) del libro «Al di là del bene e del male» («Jenseits von Gut und Böse»), che, pubblicato nell'agosto 1886, recò come secondo titolo: «P r e l u d i o   d i   u n a   f i l o s o f i a   d e l l ' a v v e n i r e »! Ma ciò che più distingue il libro di Zarathustra dalle opere posteriori è la teoria del superuomo. La confusione ben rilevata dall'Heinze[89] e dal Vaihinger[90], che regna nella comprensione di questa teoria, dipende dal non essersi abbastanza distinto tra l'opera poetica di Zarathustra e gli scritti posteriori. La teoria del superuomo, cioè di una specie diversa e più alta della umana, che queste dovrebbe creare superando sè stessa, come la scimmia avrebbe fatto creando l'uomo, è s t a t a d a N i e t z s c h e a b b a n d o n a t a!
La parola superuomo non ricorre nelle opere successive al «Zarathustra» che rarissimamente, una diecina di volte in tutto, ed ha perduto quel senso specifico, che ha nel libro di Zarathustra. Napoleone è un misto di non uomo e superuomo. Esempi di superuomini sono Alessandro Magno, Giulio Cesare, Cesare Borgia. Superuomo significa tanto quanto u o m o s u p e r i o r e , nè denota più una specie oltre-umana, ma è il simbolo di un tipo umano più forte, più possente, dominatore. E vi ha qualche cosa di più: fra le note preparatorie dell'opera «La volontà della potenza» Nietzsche scrive una critica dell'evoluzione (Vol. XV, 339-347), ove nega, che

---

[89]Loc. cit., pag. 340.

[90]La Philosophie de Nietzsche. Bibliot. du Congrès intern. de Philos. 1900. Paris, Vol. IV, 473-528.

le specie animali presentino un progresso dalle cosidette inferiori alle cosidette superiori, e fa notare che in nessun caso si è provato che gli organismi superiori si siano sviluppati dagl'inferiori! Siamo dunque molto lontani dalla categorica profezia di Zarathustra. Intanto il pubblico grosso e non esso solamente continua a commentare la teoria del superuomo-specie ed a confutare Nietzsche in base al libro di Zarathustra. Quante pagine di critica si sarebbero risparmiate attribuendo a questo libro il suo giusto valore, più artistico che dottrinale, ed alla profezia del superuomo l'importanza di un volo arditissimo e geniale della fantasia creatrice! Ma, si dirà, e l'altissimo valore attribuito da Nietzsche stesso al libro di Zarathustra anche negli anni posteriori, sì da fargli affermare, che lo si dovrebbe tradurre in sei lingue e distribuire in centinaia di migliaia di copie? Risponderò: L'opera nella sua parte negativa contiene tutto un sistema d'idee mantenuto da Nietzsche, anche nella sua fase ulteriore e poi egli era giustamente altero della sua opera d'arte.

Gli scritti di Nietzsche appartenenti all'ultima fase stanno quasi tutti in connessione più o meno diretta con la grande opera filosofica, intorno alla quale egli lavorò e meditò sino agli ultimi giorni della sua vita spirituale. Converrà quindi accennare prima brevemente alle condizioni, in cui tutti questi scritti sorsero: indi ne passeremo a rassegna il contenuto.

Il libro «Al di là del bene e del male» pubblicato, come ho detto, nell'agosto 1886, recava in copertina l'annunzio di una prossima grande opera in 4 volumi intitolata: «Der Wille zur Macht, Versuch einer Umwerthung aller Werthe» (La volontà della potenza, tentativo di una rivalutazione (alla lettera forse: capovolgimento...) di tutti i valori). Il 2 settembre dello stesso anno Nietzsche scriveva da Sils-Maria alla sorella: «Per i prossimi 4 anni è annunziata l'elaborazione della mia opera principale in 4 volumi, il cui solo titolo fa paura (e qui ripete il titolo). A ciò ho bisogno di tutto, salute, solitudine, buon umore». Nell'autunno successivo egli deve provvedere alla ristampa completa di tutte le sue opere anteriori, e le fornisce di lunghe prefazioni assai istruttive sull'immensa via da lui percorsa a partire dalla «Nascita della tragedia». Alla «Gaya scienza» egli aggiunge anche un 5° libro, intitolato «Noi senza paura», ed un appendice in poesia. Solo verso la fine dell'inverno seguente, nel marzo 1887, egli riprende i lavori per la sua opera principale e ne traccia il piano, che, salvo modificazioni, non essenziali, di parole è rimasto lungo tempo a base dei suoi studî. Esso era presso a poco il seguente: 1° libro, il nihilismo europeo; 2° libro, critica dei più alti valori; 3° libro principio d'una nuova valutazione; 4° libro, disciplina ed allevamento. Nella primavera ed estate del 1887 i lavori vengono di nuovo interrotti per dar posto ad un altro libro, scritto a chiarimento dell'«Al di là del bene e del male», che fu intitolato: «Zur Genealogie der Moral» (Per la genealogia della morale), e pubblicato nell'autunno successivo. In questo libro a pag. 196 Nietzsche annunziava di nuovo la preparazione della sua opera «Der Wille zur Macht», dove avrebbe trattato la «storia del nihilismo europeo». Dopo questa pubblicazione e sino alla primavera del 1888 Nietzsche torna ad occuparsi indefessamente dell'opera principale e giunge a numerarne fin 372 sezioni, ripartite fra i 4 libri anzicennati. Ma alla fine decise di abbandonare quel suo piano troppo vasto del marzo 1887. Dal capitolo di quest'opera intitolato «Critica della modernità» ricavò il materiale di quel noto libro: «Der Fall Wagner» (Il caso Wagner), che abbozzò nel maggio 1888 in Torino, compì in Sils-Maria verso la fine di giugno e pubblicò, con l'aggiunta di due appendici e di un epilogo, nella metà di settembre dello stesso anno. Pure dal materiale della stessa opera ricavò in pochissimi giorni, tra la fine di agosto ed il principio di settembre 1888, in Sils-Maria, l'altro libro intitolato «Die Götzendämmerung» (Il crepuscolo degl'idoli), che Nietzsche, considerava come un «Auszug seiner Philosophie» (estratto della sua filosofia). Questo venne pubblicato nel gennaro 1889, quando Nietzsche era già demente. Mentre con questi due libri Nietzsche si proponeva di preparare il pubblico alla sua opera più importante, in cambio dello schema abbandonato ne andava segnando varî altri, preoccupandosi di rendere sopratutto chiara la esposizione delle sue dottrine; ed è notevole, che in alcuni di essi voleva dare la precedenza ai problemi gnoseologici. Però dopo compiuto il «Crepuscolo degl'idoli» dismise definitivamente l'idea di scrivere un'opera in quattro volumi e tentò di condensare l'enorme materiale in un solo volume con lo stesso titolo ed in quattro parti. Il nuovo piano abbozzato in settembre 1888 era presso a poco questo: 1ª parte, L'anticristo, tentativo di una critica del cristianesimo; 2ª parte, Lo spirito libero, critica della filosofia come di un movimento nihilista; 3ª parte, L'immoralista, critica della più fatale specie d'ignoranza, della morale; 4ª parte, Dioniso, filosofia dell'eterno ritorno. La prima parte fu compiuta in poche settimane e fu trovata dopo la malattia di Nietzsche già copiata da lui stesso, forse nell'ottobre 1888, per la stampa, ma venne pubblicata molto dopo, nel 1895. Le altre parti non furono svolte. Della terza soltanto si hanno varî paragrafi. Verso la metà e sino alla fine del mese di dicembre 1888 in Torino Nietzsche si occupò ad aggiungere al «Caso Wagner» un compendio della storia dei suoi rapporti con Wagner e di tutti i suoi giudizi sull'arte di lui, raccogliendoli da tutti gli scritti anteriori, e l'intitolò: «Nietzsche contra Wagner». Pare sia stato questo l'ultimo lavoro, cui egli abbia atteso.

Nei primi del gennaro 1889 Nietzsche fu colto dalla paralisi progressiva, che mise un termine definitivo alla sua prodigiosa attività intellettuale. Così la grande opera, il grande tentativo della rivalutazione di tutti i valori rimase troncato. Restava a conoscersi quanto Nietzsche aveva meditato e scritto su questo argomento, sia pure secondo il progetto anteriore dell'opera. Ed a questo legittimo desiderio ha corrisposto il «Nietzsches Archiv», col pubblicare in un volume (il XV) tutto il materiale preparato da Nietzsche per quell'opera coordinandolo secondo il progetto tracciato dall'autore nel marzo 1887. A questo importantissimo volume dedicherò gli ultimi paragrafi di questa mia esposizione.

Il punto di vista, che Nietzsche indica con la formula «al di là del bene e del male», è simile a quello, dal quale egli, nella sua prima fase avea trattato della «verità e della menzogna in senso amoralistico». Allora aveva trovato, che la conoscenza umana, vista al di là d'ogni giudizio morale, non è che un continuo errore necessario e che solo coll'intervento dei giudizi morali questa illusione diventa in alcuni casi illusione di dire la verità, in altri illusione di mentire. Ora Nietzsche ha esteso il punto di vista amoralistico dal dominio della conoscenza a tutti gli atti della vita umana e trovato, che, la nostra vita, come la natura, resta al di là d'ogni giudizio morale, al di là del bene e del male, e che le nostre azioni, in sè inconoscibili, in sè nè buone nè cattive, ricevono solo dai nostri pregiudizi sociali la loro particolare colorazione morale. La riflessione coscente (persino il pensiero più astratto del filosofo) devesi pur sempre considerare come un'attività istintiva: essa è

condizionata e segretamente guidata dagl'istinti fondamentali della vita; fin dietro i più disinteressati procedimenti della logica si nascondono «valutazioni», più chiaramente bisogni fisiologici per il mantenimento della vita in una particolar sua forma. La falsità di un giudizio non è ancora alcuna obiezione contro il giudizio stesso. La quistione è: in quanto questo giudizio è utile alla vita, la mantiene, la promuove, mantiene la specie, la migliora. Forse i giudizi più falsi sono i più indispensabili: per esempio non accordando valore alle finzioni logiche, senza misurare di continuo la realtà con qualche cosa di costante e d'incondizionato che non esiste, senza la continua falsificazione del mondo con l'applicazione del numero, l'uomo non potrebbe vivere. Rinunziare ai giudizî falsi equivarrebbe a rinunziare alla vita. Lo stesso dicasi delle azioni giudicate immorali: forse le azioni più colpite dalla morale sono le più necessarie per vivere, e l'instancabile risorgere del cosidetto male accenna alla sua ineluttabilità e necessità. Confessare la non verità e l'immoralità come condizioni di vita significa intanto opporsi a tutti i comuni sentimenti estimativi ed una filosofia, che ardisce di far questo, si pone per ciò solo al di là del bene e del male.
Sistemi filosofici, giudizi morali, credenze religiose, criterî di certezza e di verità, in breve tutti i processi della psiche, anche i più astratti ed idealizzati, servono alla vita, in questa o quella sua particolar forma. L'intelletto non è mai libero, aveva detto prima Nietzsche. Come avea già tentato nel «Sokrates u. der Instinkt», ora egli estende questo punto di vista a tutti i fenomeni della vita e riconosce, che ciascuna esistenza particolare, la più abietta, la più falsa, la più incoerente, giustifica sè stessa in quanto è possibile, persiste, si afferma. In ogni filosofia c'è sempre un punto, dove si affaccia la «convinzione» del filosofo, quella «convinzione» non provata, non dimostrabile, ma pur tale, che senza di essa quel filosofo non potrebbe vivere. Or bene lo stesso accade di ogni uomo, che si foggia un sistema tutto proprio, manifesto o latente, di convinzioni, di opinioni, di credenze, le quali gli rendono possibile la vita. Riconoscere la necessità di questo processo significa giudicare al di là del bene e del male. Tutti i valori morali diventano valori f i s i o l o g i c i.
L'istinto fondamentale della vita non è quello della conservazione come dicono i biologi. Ciò che vive vuole, più che ogni altro,

estrinsecare la sua forza. La vita è volontà di potere, di affermarsi, di dominare. La conservazione non è che un effetto indiretto e frequente di questo istinto. La espressione caratteristica per questo tipo di volontà è «Wille zur Macht», volontà della potenza. Bisogna però guardarsi dall'attribuire questa volontà ad un i o : essa non è che lo aspetto più generale dei fenomeni della vita e l'io è una finzione grammaticale prodotta dall'abito di dare un soggetto ad ogni azione. A rigore non si dovrebbe dire «io voglio», «io penso» etc, ma si dovrebbe adoperare la forma impersonale «si vuole», «si pensa», etc. Ciò che in noi pensa e vuole, è una somma di istinti, i quali, rimangono al di là del campo visivo della nostra coscenza. I concetti di «cosa in sè», di sostanza, di atomo, sono residui di questa falsa maniera di pensare: la forza deve emanare da qualche cosa, dev'essere l'attributo di qualche cosa, di qualche entità che agisce. Quando però avremo disimparato ad attribuire unità, coerenza, sostanza, anzi realtà all'io psicologico, tutti i nostri giudizi morali colpiranno un fantasma: così avremo fatto l'ultimo passo verso l'irresponsabilità morale, verso l'al di là del bene e del male.

La volontà della potenza prende un diverso atteggiamento, ispira un diverso ordine di giudizi, crea tavole di valore diverse a seconda che la vita sia esuberante o tenue, potente o debole, in accrescimento od in decadenza.

Osservando le tante morali più grossolane o più elette, che hanno dominato o dominano ancora fra gli uomini, certi tratti regolari, che in esse sempre si ritrovano e si ricongiungono, rivelano l'esistenza di due tipi profondamente diversi di morale: l a   m o r a l e   d e i p a d r o n i   e   l a   m o r a l e   d e g l i   s c h i a v i . In tutte le culture superiori e miste si vedono poi tentativi di conciliazione fra le due morali, e spesso si osserva la loro mescolanza piena di equivoci o il loro rigido coesistere persino nello stesso uomo, nella stessa coscenza.

I valori morali sono determinati o da una classe dominante, la quale ha coscenza della sua superiorità sui dominati e se ne compiace, o sono sorti fra i dominati, gli schiavi ed i dipendenti di ogni grado. Nel primo caso l'opposizione tra buono e cattivo significa tanto quanto nobile, elevato, superiore ed ignobile basso, spregevole. Si disprezza il vile, il pauroso, il debole, quegli che pensa alla sua stretta utilità, il diffidente dallo sguardo dimesso, chi si umilia, l'uomo-cane, che si lascia maltrattare, l'adulatore che mendica, e sopratutto il menzognero. È opinione fondamentale degli aristocratici, che il volgo sia bugiardo. «Noi veritieri», così si chiamavano i nobili nella Grecia antica. Le caratteristiche morali vengono prima attribuite direttamente agli uomini, poi indirettamente alle loro azioni. Gli uomini nobili si sentono creatori di valori: essi onorano anzitutto sè stessi la propria potenza, il dominio di sè, col quale si congiunge una certa durezza di cuore, che non è una macchia, ma un privilegio. Malgrado ciò essi sono disinteressati verso ciò che è semplice utilità. Essi soli sono in grado di sentire un vero rispetto, di onorare degnamente e profondamente. Essi sono capaci di durevole gratitudine e di lunghe vendette: una certa necessità è in loro di avere nemici, avversari, emuli, in fondo per potere essere anche buoni e fedeli amici. Questi per brevi tratti sono i caratteri della morale dei signori, la quale non è quella delle «idee moderne» e quindi è oggi così difficile a riconoscersi ed a comprendersi.

Altrimenti accade con l'altro tipo di morale la morale degli schiavi. Quando i sopraffatti, gli oppressi, i sofferenti, i non liberi, gl'incerti di sè, gli stanchi moralizzano, allora si diffonde lo scetticismo verso le virtù del potente e domina il pessimismo sull'uomo e sulla vita umana; allora l'opposizione dei valori cambia nome, al buono non si contrappone più il cattivo, ma il malvagio (Nietzsche adopera per l'opposizione dei valori aristocratici le parole g u t e s c h l e c h t, per quella dei plebei g u t e b ö s e). Buone sono tutte quelle azioni e, per riflesso quelle persone, che alleviano l'esistenza ai sofferenti: la compassione, la mano pronta al soccorso, il cuore caldo, la pazienza, lo zelo, l'umiltà, la prudenza, sono i più alti valori di questa morale: la morale degli schiavi è essenzialmente morale dell'utilità e della paura. Malvagia è la potenza, malvagio è tutto ciò che fa paura, buono è in fondo in fondo l'uomo innocuo; e per ultima conseguenza l'ideale mette capo al... b u o n u o m o. Inoltre l'aspirazione dei non liberi, degli schiavi tende alla libertà intesa come emancipazione, insubordinazione, indisciplinatezza, mentre è carattere costante di una maniera di pensare e di sentire aristocratica la facoltà di subordinarsi con rispetto e devozione ad una più alta disciplina.

Oggi domina in Europa il «maggior numero», la massa del popolo, la greggia. I principî correnti sono fatti dalla moltitudine e per la moltitudine. Nessuno sa più comandare» e chi comanda deve usare l'ipocrisia di dichiararsi «il primo servo del popolo», lo «strumento del comune benessere» etc. La tendenza generale è di fare a meno di qualsiasi comando, ma dove non si può sfuggire alla necessità di sottomettervisi, allora si fanno tentativi su tentativi per sostituire i veri comandanti con una addizione di savî uomini della greggia: questa è l'origine di tutte le costituzioni rappresentative. Qual beneficio, qual liberazione da un peso, che cominciava a divenire insopportabile, è stato per gli Europei l'apparire di un dominatore assoluto ed incondizionato, di Napoleone. La storia degli effetti della dominazione napoleonica è presso a poco quella degli eventi migliori del secolo XIX nelle sue persone e nei suoi momenti più importanti.

Finchè l'utilità, che regola i nostri giudizi morali, sarà soltanto quella della greggia, del maggior numero, e sarà dichiarato immorale tutto ciò che sembra pericoloso per la durata della comunità, avranno riconoscimento i valori stabiliti sotto l'impero dell'istinto della paura. L'uso dei riguardi, della compassione, dell'equità, mitezza, reciprocità di aiuti è solo apparentemente l'effetto dell'amore del prossimo: ciò che invece impera nei rapporti umani è la p a u r a d e l p r o s s i m o . Certi, istinti forti e pericolosi, lo spirito intraprenditore, la temerità, l'ardore della vendetta, la destrezza, la rapacità, l'ambizione del comando, che prima erano non solo stimati onorevoli, ma anche coltivati per essere rivolti al momento del bisogno contro i nemici esterni, oggi, che non hanno più vie di sfogo, vengono combattuti e calunniati come immorali. Oggidì agli onori della morale pervengono appunto le tendenze opposte: l'istinto della greggia trae passo passo tutte le sue conseguenze. La prospettiva morale odierna consiste nel vedere quanto di pericoloso alla comunità, di pericoloso all'uguaglianza ci sia in una opinione, in un sentimento, in una situazione personale, in una volontà, in una attitudine: la paura è anche qui la madre della morale.

L'alta spiritualità indipendente, la volontà di stare a sè, la grande ragione, sono sentite come pericolo: tutto ciò che eleva il singolo sulla greggia e fa paura al prossimo si considera come male; i sentimenti discreti, modesti, associativi, assimilatori, la mediocrità dei desideri ricevono nomi ed onori morali. Chi esamina la coscenza dell'europeo moderno troverà in mille pieghe e nascondigli sempre lo stesso imperativo della paura: noi vogliamo che mai e mai più ci sia nulla da temere! Mai e mai più! e la volontà e la via, che devono condurre ad un tale stato, si chiamano oggi da per tutto in Europa: p r o g r e s s o .

Il movimento democratico non è soltanto una forma di decadenza dell'organizzazione politica, ma di decadenza e di rimpicciolimento dell'uomo: esso tende ad una degenerazione totale dell'uomo, ad un abbassamento sino a ciò, che alle talpe ed alle teste vuote dei socialisti pare l'ideale umano dell'avvenire, il perfetto animale da greggia, o della «libera società», com'essi dicono. Questa animalizzazione dell'uomo, sino a farne un pigmeo dai diritti e dalle pretese uguali, è possibile non c'è dubbio. Ma chi ha pensato questa possibilità sino alla sua ultima conseguenza conosce una nausea senza pari e forse anche un nuovo compito.

Ogni elevazione del tipo umano è stato sin qui l'opera di una società aristocratica e così sarà sempre di nuovo: di una società che crede ad una lunga scala di gradi e di differenze di valore da uomo ad uomo e che abbisogna in ogni senso della schiavitù! Senza il p a t o s d e l l a d i s t a n z a , che può crescere dall'incarnata differenza dei ceti, dal continuo guardare in giù della casta dominante sui sudditi, dal costante esercizio nel comandare e nell'ubbidire, nel tener lungi e in basso, non potrebbe nascere quell'altro misterioso patos, quell'anelare verso un sempre nuovo aumento della distanza spirituale, l'elaborazione di posizioni sempre più alte, più rare, più lontane, più tese verso maggiori dominî, in breve la elevazione del tipo «uomo», la continuata superazione dell'uomo. Certo non bisogna farsi illusione sull'origine d'una società aristocratica, la verità è dura. Ogni cultura più alta è cominciata sulla terra con la barbarie. Uomini barbari nel senso più terribile della parola, uomini di rapina, ancora in possesso della forza di volontà e dell'avidità di dominio più incoercibili, si gettarono su razze più deboli, più costumate, più pacifiche o su culture vecchie e molli, nelle quali l'ultima forza della vita si manifestava in uno splendido giuoco d'artificio di spiritualità e corruzione. La classe più nobile è stata sempre in principio la casta dei barbari. Pure la preponderanza di siffatti uomini non riposava sulla loro forza fisica, ma sulla spirituale: essi erano uomini completi, interi, naturali.

Il principio del «neminem laedere», come fondamento della società, è volontà di negazione della vita e principio di dissoluzione e decadenza. La vita è essenzialmente appropriazione, offesa, sopraffacimento di ciò che è estraneo, più debole, oppressione, durezza, imposizione della propria forma, incorporamento e per lo meno e nel caso più mite depredazione. Lo sfruttamento non appartiene ad una società guasta o imperfetta e primitiva, ma all'e s s e n z a di tutto ciò che vive, come funzione biologica fondamentale: esso è una conseguenza della volontà della potenza, che è appunto la volontà della vita. Se ciò come teoria è nuovo, come realtà è il fatto fondamentale di tutta la storia.

– Tali, per cenni brevissimi, sono le idee principali dell'«Al di là del bene e del male», il quale inaugura la serie degli scritti più densi di pensiero e di maggior valore filosofico, che Nietzsche abbia scritto.

Il quinto libro aggiunto alla «gaya scienza» è intitolato, come ho detto, «Noi senza paura» e reca come motto le celebri parole di Turenne: «Carcasse, tu trembles? Tu tremblerais bien davantage, si tu savais où je te méne».

Perchè senza paura? Perchè D i o è m o r t o. È questo il grande avvenimento, che, noto ancora a pochi, sta per trasformare l'aspetto della vita umana. Finalmente l'orizzonte ci appare di nuovo libero....., il mare, il n o s t r o mare ci sta innanzi aperto, forse non c'è stato mai un mare così aperto.

L'unità di misura della forza o meglio della debolezza di un uomo è la quantità di credenza, di cui egli abbisogna; cioè a dire la quantità di appoggi, di sostegni fermi, ch'egli non vuole scossi. Oggi in Europa i più hanno bisogno, per vivere, del Cristianesimo, perciò esso trova ancora fede: si può confutare mille volte vittoriosamente la stessa credenza, se questa è necessaria per vivere, mai sarà abbandonata.

Il credere è specialmente necessario là dove la v o l o n t à è in difetto. Quanto meno uno sa comandare sè stesso, tanto più urgentemente anela verso uno che gli comandi in modo preciso: sia esso dio, pincipe, grado sociale, medico, confessore, dogma, coscenza di partito etc. Da ciò si può ricavare, che le due religioni mondiali, il buddismo ed il Cristianesimo, debbono la loro origine ed il loro trionfo ad una enorme malattia della volontà. E così è infatti avvenuto. Il fanatismo è la sola forma di forza di volontà, della quale anche i deboli e gl'incerti sono suscettibili: una specie di ipnotizzazione dell'intero sistema sensoriale ed intellettuale in favore dell'ipertrofia di un solo punto di vista e di sentimento, che diviene predominante. Il Cristianesimo chiama questo stato quello della fede. Al contrario è pensabile un tipo di volontà forte e libera, che rinunzi ad ogni credenza, ad ogni speranza, ad ogni certezza, usa a tenersi in bilico su tenui fila e possibilità ed anche a danzare sospesa sugli abissi. Così fatto sarebbe lo spirito libero per eccellenza.

Che cos'è la r o m a n t i c a ? Nietzsche aveva all'inizio della sua speculazione considerato il pessimismo filosofico del secolo XIX come un sintomo di più alta forza del pensiero, di più audace bravura, di una più ricca pienezza della vita, che non sia stata quella del secolo XVIII; la conoscenza tragica gli era apparsa come il vero lusso della moderna cultura, la più preziosa, signorile, pericolosa forma di dissipazione, ma in ogni modo, data la esuberante ricchezza, come un lusso lecito e dal suo punto di vista desiderabile. Parimenti la musica tedesca era stata da lui additata come l'espressione di una potenza dionisica dell'anima germanica; una forza primordiale accumulata e compressa tendeva finalmente in lei a liberarsi, senza badare, se tutto ciò, che suol dirsi cultura, venisse per opera sua scosso. Ma Nietzsche si accorse poi di essersi ingannato: tanto la filosofia pessimista quanto la musica tedesca del secolo XIX non erano che r o m a n t i c a . Il concetto aspiratore della romantica è questo: ogni arte, ogni filosofia, deve considerarsi come rimedio ed aiuto per la vita: essa presuppone sempre sofferenze e sofferenti. Ma vi sono due sorta di sofferenti: vi sono di quelli che soffrono per soverchia pienezza della vita e vogliono un'arte dionisica ed una conoscenza tragica; e di quelli, che soffrono per impoverimento della vita i quali cercano riposo, quiete, mare calmo, liberazione da sè stessi per mezzo dell'arte e della conoscenza, oppure l'ebbrezza, la convulsione, lo stordimento, la follia. Al doppio bisogno di quest'ultimi risponde ogni arte e filosofia romantica, a questi stessi bisogni s'ispirarono la filosofia di Schopenhauer e l'arte di Wagner. Chi è ricco di energia e di vitalità, l'uomo ed il dio dionisico può godere tranquillamente della vista di ciò che è spaventevole, misterioso, tragico, può permettersi il lusso di distruggere, dissolvere, negare: il male, l'insensato, il brutto, gli sembra per così dire lecito, in conseguenza di quell'eccesso di forze produttrici, che sono in lui, e tali da poter trasformare ogni sterile deserto in un lussureggiante giardino. Al contrario il sofferente per povertà di energia e di vitalità abbisogna massimamente della mitezza, pacificità, bontà, sia nel pensiero, che nelle opere, possibilmente di un dio, che sia tutto per i sofferenti, un redentore; egli abbisogna anche della logica, che renda concettualmente intelligibile l'esistenza (poichè la logica calma, ispira fiducia), in breve d'una certa prigionia in un orizzonte ottimistico. In tal modo Nietzsche imparò a poco a poco a comprendere Epicuro, l'antitesi del pessimista dionisico, e così pure il cristiano, che per lui è una specie di epicureo, e, come quello, essenzialmente romantico.

Per determinare i valori estetici Nietzsche si serve della formula: è stata creatrice la fame o l'esuberanza?

Un'altra formula più sintetica è questa: è stata causa del produrre il desiderio di fissare, di eternare, l'e s s e r e ? oppure il desiderio di distruggere, di mutare, l'ardore del nuovo, del d i v e n i r e ? Queste due specie di aspirazioni più attentamente esaminate si dimostrano alla loro volta ciascuna di doppia origine. Il desiderio di distruggere, di mutare, può essere l'espressione di una esuberante forza creatrice, che Nietzsche chiama d i o n i s i c a , ma può anche derivare dall'odio di chi è mal riuscito, gramo, debole, che si adira di ogni cosa che esiste, per esempio l'anarchico moderno. La volontà di eternare l'essere ha pure una doppia origine: può derivare dalla gratitudine e dall'amore: un'arte di questa genesi sarà sempre un'arte di apoteosi, che diffonde una luce glorificante su tutte le cose, e Nietzsche la chiama a p o l l i n i c a , ma può anche derivare dalla volontà tirannica di un lottatore invalido ed infelice, torturato dalla sua impotenza, che si vendica della realtà imprimendo alle cose il suo suggello, il suggello della s u a t o r t u r a . Tale è il pessimismo romantico, nella sua forma più espressiva: come schopenhaueriana metafisica della volontà e come musica wagneriana. Che però possa esistere un ben altro pessimismo è appunto la visione più personale ed originale di Nietzsche. Egli lo ha per il primo scoperto nell'antichità classica e lo vede riapparire all'orizzonte del futuro: tale è il p e s s i m i s m o d i o n i s i c o . – Anche questi sono dei brevi cenni del contenuto più importante del libro.

La «Genealogia della morale» riprende e completa la ricerca sulla genesi dei sentimenti morali, che Nietzsche comincia coll'«Umano, troppo umano», approfondisce colle «Aurore» ed integra nell'«Al di là del bene e del male» dal punto di vista della doppia morale, dei signori e degli schiavi. In quest'altro libro destinato a completare e chiarire l'«Al di là del bene e del male», Nietzsche svolge nella prima parte la storia dei due tipi di morale contrassegnati dalla opposizione dei valori «buono e cattivo», «buono e malvagio»; nella seconda parte fa la storia dei sentimenti di dovere, colpa, responsabilità e della coscenza morale; nella terza fa un'applicazione esemplativa dei suoi criteri di analisi agl'ideali ascetici. Nietzsche confuta la genealogia della morale, descritta specialmente dai psicologi inglesi, secondo la quale l'origine della lode o del biasimo morale sarebbe l'utilità o il danno che certe azioni avevano per gli altri, indi si sarebbe dimenticata questa origine e le azioni inegoistiche e le egoistiche avrebbero ricevuto per abitudine l'appellativo di buone o cattive in sè. Nietzsche trova, che appunto all'origine il giudizio «buono» non è stabilito da quelli, ai quali si largisce una qualchc utilità, ma da quelli stessi, che si arrogano il diritto di stabilire i valori sociali, i nobili, i potenti, gli altolocati, i quali si giudicano da sè stessi «buoni» e si situano in prima linea in opposizione a tutto ciò che è basso, volgare, plebeo. Per questo p a t o s   d e l l a   d i s t a n z a, essi hanno dato a sè il diritto di valutare persone e azioni e di dare a ciascun valore un nome: che importava loro dell'utilità? Il punto di vista dell'utilità è in questo stadio della morale massimamente estraneo ed improprio. Cattivo è ciò che sta in basso. Il calcolo della prudenza e dell'utilità non si concilia col sentimento di una classe stabilmente dominante e col patos della nobiltà e della distanza ch'essa sente. La parola «buono» non è necessariamente connessa con «inegoistico» come vorrebbe la superstizione di quei genealoghi della morale. Piuttosto col tramonto dei valori aristocratici si è fatto palese alla coscenza umana di più in più l'intero contrasto dell'egoismo e del non egoismo: l'istinto della greggia raggiunge in esso la sua completa espressione, come può vedersi nell'Europa odierna, ove domina il pregiudizio che «morale», «inegoistico», «disinteressato» significhino la stessa cosa. Nietzsche dice di avere trovato la vera via della genesi dei giudizi morali, ricercando il significato etimologico della parola «buono» nelle diverse lingue. Nelle parole e radici, che esprimono il concetto «buono» tralucono ancora variamente le particolari gradazioni di colore, con le quali i nobili si sentivano appunto uomini di rango superiore. Essi si chiamano nel caso più frequente «i potenti», «i signori», «quelli che comandano» oppure «i ricchi», «i possidenti» (questo significa per esempio, la parola a r y a in iranico ed in slavo). Ma si sogliono anche distinguere secondo un segno caratteristico tipico, e questo è il caso che ci riguarda. Essi si chiamano in un caso «veritieri»: così per esempio la nobiltà greca, secondo il poeta Teognide di Megara[91]. La parola ἐσθλός significa, secondo la radice, uno che è, che ha realtà, che è vero, e poi, per applicazione subiettiva, il veridico. In questa fase di trasformazione del concetto, la parola divenne l'appellativo caratteristico della nobiltà e sinonimo di nobile, in opposizione a «menzognero», che denotava. il volgo, come lo dipinge Teognide. Infine la parola ἐσθλός passò a significare, dopo il tramonto dell'aristocrazia, la nobiltà dell'animo. Nella parola κακός come in δειλός (il plebeo in opposizione ad ἀγαθός) è come sottolineata la viltà.

Nel latino malus (cui Nietzsche pone accanto μέλας) potrebbe esser designato l'uomo volgare dal colore scuro, e dai capelli neri (hic niger est), l'abitatore preariano del suolo italico, il quale si distingueva nel modo più chiaro pel colore dalla razza bionda dominante, quella dei conquistatori ariani. Un caso esattamente analogo parve a Nietzsche il gallico f i n (per esempio nel nome Fin-Gal), termine distintivo della nobiltà, che poi significò il buono, nobile, puro, ed originariamente significava «testa bionda» in contrasto al nero chiomato abitatore primitivo. I Celti erano infatti una razza bionda, mentre i preariani abitatori dell'Europa erano scuri. Nietzsche ritiene di poter interpretare il latino bonus come g u e r r i e r o, riconducendone l'origine all'antico «duonus» (si confronti bellum – duellum – duen-lum). Così bonus significherebbe originariamente uomo da lotta, capace di guerreggiare. Il tedesco g u t (buono) avrebbe forse rapporto con la radice della parola g ö t t l i c h (divino) e col nome G o t i (che prima indicava la nobiltà e poi passò a denotare la razza) e significherebbe uomo di discendenza divina.

Da questa e da altre ricerche congeneri Nietzsche riceveva la

---

[91]Vedi la mia introduzione, pag. 28 (pag. 34 in questa edizione elettronica).

conferma della esistenza di quella dualità di valutazioni morali da lui accennata nell'«Al di là del bene e del male». Non è solo teoricamente dimostrabile, ma anche storicamente vero, che i giudizi etici aristocratici si fondano sulla superiorità di uno speciale tipo umano, il quale si è sovrapposto durevolmente alla folla uniforme ed anonima dei volgari, dei sottomessi, degli schiavi; mentre i giudizi democratici negano qualsiasi superiorità e non reclamano che la massima similarità degl'individui, e la dedizione del singolo agli altri. Nel primo caso l'individuo serba un diritto all'egoismo, alla potenza, alla preminenza sugli altri, nel secondo caso nulla è più temuto dell'istinto di dominio e tutto vien considerato dal punto di vista dell'utilità degli altri, del maggior numero, della greggia. La morale dei padroni valuta direttamente individui, indirettamente le loro azioni; la morale degli schiavi valuta direttamente azioni e per riflesso gl'individui, che le fanno. La prima è la morale dei forti, dei potenti e s'ispira alle virtù singolari, che mostrano la vita nel suo accrescimento e progresso, l'altra è la morale della compassione dei miseri e tradisce la paura delle lotte e dei pericoli, propria d'ogni vita declinante, l'odio inestinguibile verso ogni forma di superiorità, il risentimento per la lunga schiavitù.

Il popolo ebreo è quel popolo sacerdotale, che ha per il primo compiuto una radicale rivoluzione dei valori aristocratici. Nessun altro popolo ha fatto tanto contro i nobili, i forti, i signori, i potenti: con una spaventevole conseguenza, esso ha compiuta la vendetta più spirituale, alla maniera propria dei sacerdoti, contro i suoi nemici ed oppressori, capovolgendo tutti i valori aristocratici. Esso per il primo ha proclamato che i miseri, i poveri, gl'impotenti, gli umili sono i soli buoni, che i sofferenti, i privi di tutto, gli ammalati, i brutti sono anche i soli devoti, i soli cari a Dio, che per essi soltanto esiste la beatitudine, che al contrario i nobili e potenti, sono i malvagi, i crudeli, gl'ingordi, gl'insaziabili, senza Dio e quindi saranno anche eternamente infelici, maledetti, dannati.

Con gli ebrei comincia la r i v o l t a d e g l i s c h i a v i nella morale. Il «risentimento» diventa con essi creatore, assale le forme più alte della vita, si vendica della realtà contrapponendole un altro mondo, quello della vita eterna e del giudizio universale. Non occorre dire che l'eredità di quest'odio fu assunta dal Cristianesimo nel fondo delle sue dottrine e largita a tutti gli schiavi, a tutti i miserabili, a tutti gli oppressi del romano impero, cioè del mondo, nel senso cristiano primitivo. Da questo trasporto in ideale universale delle aspirazioni dei più bassi strati umani deriva la morale altruistica e democratica della moderna Europa.

Quando i soggetti, i calpestati, gli oppressi formulano il loro concetto del bene, buono è ognuno che non fa violenza, che non offende alcuno, che non aggredisce, non si vendica, che rimette la vendetta nelle mani di Dio, che si tiene nascosto, che evita il male, che reclama per principio poco dalla vita ed è paziente, umile, giusto. A furia di menzogne la debolezza vien decorata come un m e r i t o, l'impotenza a vendicarsi diviene b o n t à, la bassezza paurosa u m i l t à, la sottomissione verso quelli che si odiano u b b i d i e n z a, la inoffensività del debole che deve aspettare p a z i e n z a, il non potersi vendicare p e r d o n o. Si parla anche di a m o r e v e r s o i n e m i c i, ma si suda parlandone. Con un ulteriore trasporto dal terreno dei bisogni nel regno dell'ideale lo stato di miseria vien considerato come una predilezione del Signore (si battono i cani che più si amano), la miseria è forse anche una preparazione, una prova, un esercizio, forse anche qualche cosa, che dev'esser compensata con interessi enormi, non in oro, ma in felicità, e questa si chiama b e a t i t u d i n e. Con tale prospettiva i miseri finiscono col sentirsi migliori di qualsiasi felice e potente, nè si chiamano soltanto i buoni, ma anche i giusti; e ripongono ogni conforto dei mali della vita nelle speranze del giudizio universale.

Le due valutazioni opposte, «buono e cattivo», «buono e malvagio» hanno combattuto una spaventevole lotta durata millennî, e per quanto è certo che la seconda è da gran tempo in preponderanza, pure non mancano casi in cui la lotta perdura non decisa. Forse si può dire, che nessun segno distintivo delle nature superiori è così caratteristico, come l'essere appunto sede di quella lotta. La formula del combattimento è quella, che compendia forse il più grande avvenimento della storia umana: «Roma contro la Giudea, la Giudea contro Roma».

Quel grandissimo contrasto di valori sta per cessare per sempre? o può considerarsi solo come sospeso? Può sperarsi che l'antico incendio torni a divampare? Ecco l'oggetto di meditazioni senza fine. Intanto rimane certo che a l d i l à d e l b e n e e d e l m a l e in senso plebeo non significa al di là del bene e del male in senso aristocratico. La seconda parte del libro tratta della genesi dei sentimenti di dovere, responsabilità, colpa, della coscenza morale del concetto di pena etc. prima in senso soltanto etico e sociale, poi in senso religioso.

Nietzsche constata come quei sentimenti e giudizi non siano affatto originari nell'uomo, ma si siano venuti imprimendo in lui a furia di tirannia, di crudeltà, terrore, dolori. Una sanguinosa educazione ha fatto dell'uomo un animale capace di promettere, che comprenda la responsabilità, e su cui si possa contare stabilmente. Con ciò si connette la storia feroce del diritto penale. Un passo avanti si è fatto in questa via insegnando all'uomo i sentimenti di colpa e di rimorso: in una parola la c a t t i v a   c o s c e n z a. È questa una vera e propria malattia, nella quale l'uomo è incorso in forza di quella radicale trasformazione, che lo spinse e rinchiuse nella via della società e della pace. Tutti quegl'istinti di guerra che, non si poterono ormai più discaricare verso l'esterno, si rivolsero verso l'interno; l'uomo non più animale libero, costretto alla mansuetudine, divenuto un animale domestico, non potendo più liberamente sfogare il suo odio, la sua crudeltà, il piacere di perseguitare, di mutare, distruggere, sotto il peso della esterna costrizione, rivolse tutti quegli istinti contro sè stesso: così nacque in lui la «cattiva coscenza».

Notevole è il trasporto di tutti questi sentimenti nel campo religioso: il sentimento della colpa si trasforma in peccato avanti a Dio e la pena diviene la pena e t e r n a. Col Dio massimale, quale è appunto quello del Cristianesimo è venuto sulla terra il maximum di sentimento di colpa e di rimorso. I Greci si servirono lungamente dei loro dei per giustificare la loro vita e sfuggire quanto più era possibile al rimorso, il Cristianesimo ha apportato agli uomini il sentimento massimale della colpa e della responsabilità. Una specie di follia della volontà, di ossessione, d'idea fissa si è impossessato degl'uomini: la volontà di sentirsi colpevole e spregevole sino agli estremi dell'impeccabilità, la volontà di pensarsi punito, senza che mai la pena possa divenire adeguata alla colpa, la volontà di infettare ed avvelenare il fondo di tutte le cose con il problema del peccato e della dannazione per tagliarsi una volta per sempre la via d'uscita dal labirinto delle «idee fisse», infine la volontà di foggiarsi un ideale divino tale da doversi, al cospetto di esso, convincere della propria assoluta indegnità. Oh questa stolta, malinconica bestia

umana! Quali fantasie contro natura, quali parossismi della follia, quale b e s t i a l i t à d e l l e i d e e si manifestano in lei, tostocchè le s'impedisce di essere b e s t i a n e i f a t t i.
Nell'ultima parte Nietzsche tratta della genesi e dell'importanza degl'ideali ascetici. Essi originano dall'istinto di difesa di una vita degenerante, la quale cerca con tutti i mezzi di mantenersi e lotta per l'esistenza; essi denotano anche un parziale arresto e una parziale stanchezza fisiologica, contro cui gl'istinti più profondi della vita, rimasti intatti, lottano per la conservazione con nuovi mezzi, con nuove invenzioni. Gl'ideali ascetici sono un artificio pel mantenimento della vita. Che siffatti ideali abbiano potuto tanto dominare, sugli uomini, come la storia insegna, e specialmente dove la civilizzazione e l'addomesticamento dell'uomo sono stati condotti molto innanzi, dimostra uno stato d'infermità dell'uomo, per lo meno dell'uomo reso mansueto e in pari tempo stanco di vivere. Nietzsche esamina gl'ideali ascetici nelle loro varie manifestazioni, nell'arte, nella filosofia, nella morale, nella religione, pervenendo agli stessi risultati, cioè vedendovi sempre una particolare modificazione e manifestazione della v o l o n t à d e l l a p o t e n z a, l'istinto fondamentale della vita, sebbene in una fase d'impoverimento ed infermità. Pure riconosce, che gl'ideali ascetici abbiano in massima parte contribuito a rendere l'uomo interessante ed a differenziarlo così profondamente dagli animali, ma per essi e con essi l'uomo è anche divenuto un animale malaticcio, strano, singolarissimo, provveduto d'una volontà tenace di rimpicciolirsi, detestarsi, distruggersi... Questo processo di rimpicciolimento ed esaurimento della specie umana sotto la r e l i g i o n e «d e l a s o u f f r a n c e» è ciò che Nietzsche chiama: n i h i l i s m o e u r o p e o.
In «Der Fall Wagner» (Il caso W.) Nietzsche descrive e critica la m o d e r n i t à nel suo esempio tipico, in Wagner. Wagner è l'artista della d e c a d e n z a. Come Schopenhauer è il filosofo della d e c a d e n z a. Non solo il gusto in Wagner è guasto, ma vien sentito come legge, progresso, perfezione. Tutti gli eroi e le eroine dei drammi di Wagner formano una galleria di ammalati, nella sua arte sono condensati i mezzi più efficaci per stimolare dei nervi stanchi, per i sani questi mezzi agiscono come lo s c i r o c c o, le «melodie infinite» sono i polipi nella musica. Wagner è maestro nei modi

d'ipnotizzare: egli abbatte i più forti, come si abbattono i tori. Il musicista diventa in lui commediante, la sua arte si sviluppa sempre più come capacità di m e n t i r e.

Decadenza nella vita come nell'arte significa animare con uguale vivacità, con uguale vibrazione ed esuberanza le più piccole imagini. Il resto è povero, manca lo stile, l'insieme non vive più, ma è composto, calcolato, artificiale.

Nelle piccole unità della sua musica Wagner è inventivo, egli è un grande miniaturista della musica, ma lì si esaurisce la sua forza. La sua maniera di sviluppare i motivi, il suo tentativo di intricare l'una con l'altra cose, che non possono organicamente venir fuori l'una dall'altra, è meschino, impacciato, laico, ed egli chiama «stile drammatico» la sua incapacità di uno stile organico. Ciò è del resto conforme alla sua abitudine di collocare un principio dove gli manca una facoltà.

Molti indizi fanno positivamente dubitare ch'egli abbia avuto una vera attitudine per la musica: il suo istinto fondamentale è rappresentativo, per la mimica, per la scenica. Guidato da questo istinto egli divenne prima poeta, poi musicista. Ogni legge, ogni stile nella musica vennero da lui sacrificati. La sua musica è elementare. Egli non calcola mai sugli effetti della musica da musicista, ma da drammaturgo: egli vuole lo effetto e null'altro che l'effetto. Wagner ha ripetuto per tutta la vita, che la sua musica non significhi soltanto musica, ma molto, molto di più. Così non parla alcun musicista, ma appunto ciò rivela il commediante in possesso della tecnica musicale.

Nell'epilogo Nietzsche dà il suo concetto del moderno. Ogni epoca ha nella quantità di forza che possiede la misura delle virtù che le sono permesse o proibite. O essa possiede le virtù della vita in progresso ed allora si oppone alle virtù della vita declinante. O essa stessa è decadente ed abbisogna delle virtù di decadenza ed allora odia tutto ciò che scaturisce dalla pienezza, dalla ricchezza dell'energia. L'estetica è indissolubilmente legata a questi presupposti biologici: v'è un'estetica della decadenza ed un'estetica classica: il bello in sè è una fantasticheria, come tutto l'idealismo.

Qui si rispecchia quell'enorme contrasto di valori, che in morale è formato dalla morale dei padroni (romana, pagana, classica, della rinascenza), la quale glorifica la realtà, e dalla morale cristiana, che

istintivamente rinnega, impoverisce, scolorisce, abbrutisce ogni
realtà.

Or una falsità come quella di Bayreuth non è oggi un'eccezione: la
buona coscenza nel mentire è piuttosto m o d e r n a   p e r
e c c e l l e n z a e definisce presso a poco la modernità. L'uomo
moderno rappresenta fisiologicamente una contradizione di valori,
egli siede tra due sedie, in un sol respiro dice sì e no: noi tutti
abbiamo in corpo senza saperlo, senza volerlo, valori, parole,
formule, morali di opposta origine: noi siamo fisiologicamente
considerati falsi. Una diagnostica dell'anima moderna deve
cominciare con un taglio risoluto in quest'istinto di contradizione,
con la isolazione dei valori opposti, con la vivisezione del caso
moderno più istruttivo, il caso Wagner.

L'argomento di quel libro, che Nietzsche intitolò: «Crepuscolo
degl'idoli», è riassunto da lui nella formula: «v i   s o n o   n e l
m o n d o   p i ù   i d o l i   c h e   r e a l t à: questo scritto è una grande
dichiarazione di guerra contro idoli eterni».

Nietzsche comincia dallo esaminare il fenomeno della
d e c a d e n z a, come si manifesta nell'Ellade antica con la comparsa
di Socrate. L'equazione socratica: ragione = virtù = felicità, ha
contro di sè tutti gl'istinti ellenici anteriori. Socrate era un
decadente: tipicamente brutto, un mostro, come lo definì uno
straniero venuto in Atene, egli nascondeva in sè tutti i vizi e gli
appetiti più perversi: in lui gl'istinti erano in anarchia, segno
caratteristico della degenerazione. Pure il suo caso non era
eccezionale. La stessa degenerazione si manifestava nei suoi
contemporanei. La vecchia Atene tramontava: dapertutto si era a
cinque passi di distanza dall'eccesso, il monstrum in animo era il
pericolo generale. Gl'istinti volevano diventar tiranni, si doveva
dunque trovare un contro-tiranno più forte. E questo fu la
r a g i o n e. La ragionevolezza venne allora consigliata come
salvatrice: nè Socrate, nè i suoi seguaci erano liberi di non essere
ragionevoli, ciò era rigorosamente necessario, era un rimedio
estremo. Il fanatismo con cui tutta la speculazione greca posteriore si
dedica alla ragionevolezza, tradisce uno stato di bisogno; si era in
pericolo, non si aveva la scelta: o perire o divenire ragionevoli sino
all'assurdo. La moralizzazione dei filosofi greci, da Platone in poi, è
condizionata patologicamente, e così pure la loro alta stima della

174

dialettica. Socrate affascinava perchè appariva come un medico, un redentore. Occorre dire quale errore contenesse il credere alla bontà ed utilità della ragionevolezza a prezzo di tutto? Ciò che la decadenza sceglie come mezzi di salvazione, sono sempre di nuovo espressione della decadenza: Socrate è un e q u i v o c o , come lo è tutta la morale m i g l i o r a t r i c e e la morale cristiana. La ragionevolezza ad ogni costo, il voler rendere la vita chiara, fredda, prudente, coscente, senza instinti, in contrasto con gl'istinti, era nient'altro che una malattia, un'altra malattia e niente affatto un ritorno alla v i r t ù , alla s a l u t e , alla f e l i c i t à . Esser costretti a combattere gl'istinti: ecco la formula della decadenza; fin tanto che la vita è nella fase ascendente, la sua formula è: felicità = istinto.

Tutto ciò che i filosofi hanno maneggiato da millennî è stato un insieme di concetti-mummie: nulla di reale, di vivo è pervenuto nelle loro mani. Essi uccidono ed imbottiscono, quando adorano, questi signori idolatri dei concetti. Essi dicono, per esempio: ciò che è non diviene, ciò che diviene non è. Intanto tutti credono all'essere, dunque ci dev'essere un inganno, una falsa apparenza nel divenire. Chi c'inganna? Il senso. La sola eccezione fra tutti è Eraclito, il quale avrà eternamente ragione nell'affermare: i sensi non mentiscono, il nostro giudizio erra, l'essere è una vuota finzione, il mondo apparente è il solo: il mondo vero è soltanto una nostra creazione posticcia. Infatti noi possediamo oggidì s c i e n z a , solo in quanto ci siamo decisi a ricorrere alla testimonianza dei sensi: il resto è vano sforzo, sia metafisica, teologia, psicologia o teoria della conoscenza.

Un'altra idiosincrasica dei filosofi è di scambiare la fine col principio. Essi pongono il concetto più alto, cioè il più generale, il più vuoto, l'ultimo fumo della realtà vaporizzata, al principio e come punto di partenza. Indi dicono: ciò che è più alto non può derivare dal più basso, dunque dev'essere n o n d i v e n u t o , causa sui, e così formano il loro stupendo concetto di Dio, dell'ens realissimum.

Nietzsche pone precisamente al contrario il problema dell'errore, dell'apparenza e della realtà. Una volta si riteneva la mutabilità, il cambiamento, il divenire come prova dell'apparenza, della non realtà, dell'inganno. Egli all'opposto vede nei concetti di unità, identità, durata, sostanza, cosa, essere, etc., la via fatale dell'errore. L'errore ha per suo costante sostegno il linguaggio, che è appunto all'origine una forma rudimentale di psicologia. Analizzando il linguaggio noi entriamo in un laboratorio di feticci. Per parlare di agente ed azione, della volontà come causa etc., si deve credere all'io come essere, sostanza. Indi la credenza nell'io-sostanza si proietta su tutte le cose e così nasce il concetto di «cosa». Ma noi sappiamo oggi, che i concetti: io, volontà, facoltà, etc., non sono che parole. Nulla ha invece avuto sin qui maggiore forza convincente che l'errore dell'e s s e r e, come lo formularono gli Eleati.

La nuova intuizione di Nietzsche si può rendere in quattro tesi: 1° le ragioni per le quali si qualifica «questo» mondo come apparente, dimostrano piuttosto la sua realtà: un'altra specie di realtà è assolutamente indimostrabile. 2° I caratteri, che si attribuiscono al v e r o e s s e r e delle cose, sono i caratteri del non essere, del n u l l a. Si è costruito il mondo vero sulla contradizione col mondo reale. 3° Favoleggiare di un «altro» mondo oltre questo, non ha alcun senso, se escludiamo di essere dominati da un istinto di calunniare, rimpicciolire, sospettare la vita: in quest'ultimo caso dobbiamo invece ammettere, che noi ci vendichiamo della vita con la fantasmagoria di un'altra migliore. 4° Dividere il mondo in v e r o ed in a p p a r e n t e, sia alla maniera del Cristianesimo, sia alla maniera di Kant (che alla fin fine è il più astuto cristiano), è soltanto una suggestione della d e c a d e n z a, un sintomo della vita declinante. Nè si obietti che l'artista pone l'apparenza al di sopra della realtà: in lui l'apparenza significa la realtà presa una seconda volta, soltanto con scelta, rafforzamento, correzione. L'artista tragico non è pessimista: egli dice appunto sì a tutto ciò che è enigmatico e spaventevole: egli è dionisico.

Nietzsche fa indi così la storia della favola del m o n d o   v e r o: 1° stadio. Il mondo vero è raggiungibile per il sapiente, il pio, il virtuoso: egli vive in esso, egli lo rappresenta; (è questa la più antica forma dell'idea, relativamente savia, semplice, convincente. Perifrasi del principio: io, Platone, sono la verità). 2° Il vero mondo è irraggiungibile per adesso, ma promesso ai savi, ai pii, ai virtuosi (al peccatore che fa penitenza); (progresso dell'idea: essa diviene più fine, ingannevole, inafferrabile, femina, cristiana). 3° Il mondo vero irraggiungibile, indimostrabile, impromettibile, ma in quanto pensato un conforto, un'obbligazione, un imperativo; (il vecchio sole in fondo, ma visto attraverso nebbia e scetticismo; l'idea è divenuta

sublime, pallida, nordica, königsberghese). 4° Il vero mondo è irraggiungibile? In ogni caso non raggiunto: ed in quanto non raggiunto anche sconosciuto. Per conseguenza anche non confortevole, non redimente, non obbligante: a che potrebbe obbligarci qualche cosa che sconosciamo? (mattino grigio, primo sbadiglio della ragione, canto di gallo del positivismo). 5° Il mondo vero un'idea, che non ci è utile più a nulla, niente affatto obbligante – una idea inutile, superflua, per conseguenza un'idea confutata: aboliamola! (giorno chiaro, colezione, ritorno del «bon sens» e della serenità. Platone arrossisce di vergogna – chiasso indiavolato di tutti gli spiriti liberi). 6° Noi abbiamo abolito il mondo vero; quale mondo ci è rimasto? l'a p p a r e n t e forse? Ma no! con il mondo vero noi abbiamo soppresso anche l'apparente (meriggio, momento dell'ombra più corta, fine del lunghissimo errore, punto culminante dell'umanità: Incipit Zarathustra).
Tutti i vecchi moralisti sono concordi in questo principio: bisogna sopprimere le passioni. Il Cristianesimo non concepisce, che si possano spiritualizzare le passioni; nella sua lotta contro gl'intelligenti a favore dei poveri di spirito non si è domandato mai come si spiritualizza, si abbellisce, si divinizza una passione, al contrario ha pensato ad estirpare la sensualità, l'orgoglio, l'ambizione, l'avidità di acquisto, la bramosia della vendetta, etc. Ma attaccare le passioni alla radice significa attaccare nelle sue radici la vita: la pratica della Chiesa è quindi nemica della vita. Lo stesso mezzo (mutilazione ed estirpazione) viene scelto istintivamente nel combattere una passione, da coloro che sono troppo deboli di volontà, troppo degenerati per potersi imporre una misura. La radicale avversione, la guerra a morte contro la sensualità è un sintomo grave di debolezza della volontà, d'incapacità di reagire adeguatamente ad uno stimolo. La spiritualizzazione della sensibilità, che si chiama amore, è un grande trionfo sul Cristianesimo. Si è compreso che si è fecondi, giovani, solo a patto di essere ricchi di contrasti. Chi rinunzia alla guerra, rinunzia anche alla g r a n d e esistenza.
Una formula molto importante è questa: ogni n a t u r a l i s m o in morale è dominato dagl'istinti della vita; a qualunque esigenza della vita corrisponde un determinato canone morale. Invece la morale contro natura, cioè quasi ogni morale sin qui insegnata e venerata, si

rivolge appunto contro gl'istinti della vita e contiene una condanna di questi istinti, or segreta, or aperta ed insolente.

Il problema del v a l o r e della vita è per noi inaccessibile: quando noi parliamo di valori, parliamo sotto l'ispirazione, sotto l'ottica della vita: la vita stessa valuta per mezzo di noi. Da ciò segue, che anche quella morale contronatura, che concepisce Dio come concetto opposto alla vita e come condanna di questa, non è che un giudizio sul valore della vita. Di quale vita però? della declinante, dell'indebolita, della stanca: la negazione della volontà di vivere è l'istinto della decadenza.

Quattro sono gli errori principali: 1° considerare come causa ciò che è conseguenza, una delle più antiche abitudini dell'umanità ed onorata sotto i nomi di religione, morale. In ognuno la sua virtù è conseguenza di ciò ch'egli considera come sua felicità, nondimeno egli la considera come causa. Se un popolo degenera, fisiologicamente ne segue il bisogno di sempre più forti e frequenti eccitazioni, vizi, lusso, corruzione, etc. I savi considerano invece la corruzione come causa della degenerazione etc. 2° Attribuire qualche cosa ad una falsa causalità. Si è sempre creduto di sapere ciò che è una causa. In realtà noi non lo sappiamo mai. L'errore comincia dalla nostra esperienza interna, dove attribuiamo molte cose alla nostra volontà, mentre la v o l o n t à non è che una nostra parola. 3° Attribuire qualche cosa a cause imaginarie. Noi vogliamo avere sempre una ragione delle cose, il ricondurre l'ignoto al noto ci calma e ci appaga. L'intero dominio della religione e della morale sta sotto questa influenza e sotto l'errore delle cause imaginarie (per esempio un senso generale spiacevole si spiega come influenza di spiriti cattivi, stato di peccato etc., un senso generale piacevole come b u o n a coscenza, etc). 4° Credere nella libertà della volontà. Gli uomini vennero resi liberi per poter essere giudicati e puniti. Nulla caratterizza meglio di questo principio i teologi e moralisti cristiani (il Cristianesimo è una metafisica per il carnefice) e li distingue dagl'immoralisti di oggi, i quali con ogni forza si adoperano a scacciare dal mondo i concetti di colpa e di pena ed a nettare di tali concetti la psicologia, la storia, la natura, le istituzioni e sanzioni sociali. Nessuno è responsabile di ciò che è, delle sue proprietà, delle circostanze della sua vita. Non si può sfuggire alla fatalità di ciò che è stato e di ciò che sarà. Noi abbiamo formato il concetto di s c o p o , in realtà scopi non esistono, si è necessariamente, si è un pezzo di fatalità: si appartiene al tutto, si vive nel tutto, non esiste nulla che possa giudicare, misurare, confrontare, condannare il nostro essere, perchè ciò significherebbe giudicare, misurare, confrontare, condannare il tutto. Ma al di là del tutto non esiste nulla. Che nessuno può esser chiamato responsabile, che la maniera dell'essere non può essere ricondotta ad una causa prima, che il mondo non è una unità, nè come sensorio, nè come spirito, questa è la grande redenzione: con ciò è di nuovo instaurata l'innocenza del divenire. Il concetto Dio è stato sin qui la più grande obiezione contro la esistenza. Noi negando Dio, negando la responsabilità, redimiamo il mondo.

In ogni tempo si è voluto migliorare gli uomini: e ciò è stato appunto il compito della morale. Intanto si è chiamato miglioramento dell'uomo così il tentativo di addomesticarlo, come l'allevamento di uno speciale tipo umano. Dire che coll'ammansire una bestia la si rende migliore è cosa che ci fa ridere. La bestia in un serraglio viene indebolita, resa meno nociva ed infermiccia sotto l'azione dell'affetto deprimente della paura, del dolore, delle ferite, della fame. Non altrimenti avviene con gli uomini addomesticati, che il sacerdote ha migliorato. Al principio del medioevo, quando in realtà la Chiesa era un serraglio, si faceva dapertutto la caccia ai più belli esemplari della bestia bionda, si miglioravano i nobili germanici. Ma come appariva un tal migliorato germanico, sedotto in un convento? Come una caricatura dell'uomo: egli era diventato peccatore, imprigionato tra soli concetti spaventevoli: giaceva infermo, tristo, adirato con sè stesso, pieno di odio verso le spinte della vita, pieno di sospetto contro tutto ciò che era forte e felice. Fisiologicamente parlando, nella lotta il render malati è l'unico mezzo di indebolire. Ciò comprese la Chiesa: ed essa guastò gli uomini, l'infiacchì, ma pretese di averli così migliorati.

Altrimenti accade nel caso dell'allevamento di una speciale razza, di un dato tipo. L'esempio più magnifico ci è dato dalla morale indiana nel codice di Manu, che intraprende ad allevare insieme non meno di quattro diverse razze: la sacerdotale, la guerresca, la commerciale e l'agricola, e ciò in contrapposto ad una quinta razza detta dei servi, i Sudras. Com'è povero il Nuovo Testamento di fronte al libro di Manu. Pure quale spaventevole organizzazione è necessaria per sceverare e sovrapporre le quattro razze alla grande massa degli uomini non allevabili, agli uomini indistinguibili, agli Tschandala. Anche qui si combatte una guerra contro il grande numero e non con altro mezzo, che con quello di renderli innocui, deboli, infermi. Terribile è infatti la condizione degli Tschandala. Questo esempio è abbastanza istruttivo sulle tendenze umanitarie ariane. Il Cristianesimo è la controreazione avverso ogni morale dell'allevamento, della buona razza, del privilegio, esso è la religione antiariana per eccellenza e capovolge tutti i valori ariani: esso rappresenta la vittoria dei valori degli Tschandala; l'evangelo predicato ai poveri, ai miserabili significa la sollevazione di tutti i calpestati, i miseri, i mal riusciti contro ogni razza superiore.

Il sentimento e la volontà della potenza, il coraggio, l'orgoglio, ingenerano ascendendo il bello, declinando il brutto. Il brutto è un sintomo di degenerazione. Ogni segno di esaurimento, di pesantezza, di vecchiaia, di stanchezza, ogni forma di privazione di libertà, produce uguale reazione: il giudizio brutto. Che cosa odia in ciò l'uomo? La decadenza del suo tipo, egli odia in tal caso dal più profondo istinto della specie. È questo istinto che rende l'arte profonda. L'arte per l'arte significa lotta contro la tendenza moralizzatrice nell'arte, contro la sottomissione di questa alla morale. L'arte è il grande stimolo a vivere, come si può dire ch'essa sia senza scopo, senza un fine, fine a sè stessa?
– Il valore naturale dell'egoismo dipende dal valore fisiologico di chi lo mostra: secondo i casi è prezioso o indegno e spregevole. Il primo è il caso di chi rappresenta la vita in aumento, progrediente, ed è quindi un bene per tutti ch'egli provveda al suo optimum. Il secondo è il caso di chi rappresenta la decadenza, la degenerazione e quindi è un parassita. La morale altruistica denota uno stato di disgregazione degl'istinti, nel quale vivere per sè non ha più valore. È errore credere, che noi siamo divenuti più morali perchè i nostri costumi sono più miti. La diminuzione degl'istinti pericolosi e guerrieri è conseguenza di una generale diminuzione della vitalità. La compassione è, come l'impressionismo morale, una forma di decadenza, perchè presuppone una sovreccitabilità fisiologica. La durezza e ferocia dei costumi, può al contrario essere conseguenza di esuberanza di vita. I tempi debbono valutarsi secondo le loro forze

p o s i t i v e . L'età così dissipatrice e lussureggiante della rinascenza
è l'ultima grande epoca della storia umana e noi moderni con la
nostra ansiosa cura di noi stessi, col nostro amore del prossimo, colle
nostre virtù del lavoro, del ritegno, della rettitudine, noi divenuti
prudenti, economici, macchinali, apparteniamo ad un'epoca di
debolezza. L'u g u a g l i a n z a, come una certa reale
«similarizzazione», quale si riflette nella teoria dei dritti uguali,
appartiene essenzialmente alla decadenza. La separazione tra uomo e
uomo, tra classe e classe, la molteplicità dei tipi, la volontà di essere
sè stessi, di appartarsi, ciò che Nietzsche chiama «patos della
distanza», è proprio di ogni epoca della forza.
– Il liberalismo odierno è il trionfo della greggia. Solo la guerra
educa alla libertà e questa si misura dal grado della resistenza
superata. La libertà si mantiene a 5 passi dalla tirannide ed alla
soglia della schiavitù. Le istituzioni liberali sono invece il più grande
pericolo per il più alto tipo dell'uomo libero. Le comunità
aristocratiche di Roma e Venezia compresero la libertà come cosa
che si deve conquistare e difendere continuamente.
– Il democratismo è stato in ogni tempo la forma di decadenza della
forza organizzatrice d'una società. Le istituzioni sociali si fondano
sulla volontà, sull'istinto d'imperio, come mostrano Roma antica e
la Russia odierna. Anche la famiglia dovrebbe essere fondata
sull'istinto di dominio, d'influenza, di possanza: così com'è, a base
dell'idiosincrasia dell'amore, non ha senso.
– È decisivo nella sorte dei popoli e dell'umanità, che si cominci la
cultura dal punto giusto e cioè non dall'anima, ma dal corpo, dal
gesto, dalla dieta, dalla fisiologia, il resto viene da sè. I Greci restano
nella storia il primo fenomeno della cultura perchè seppero e fecero
ciò che abbisognava. Il Cristianesimo che disprezzò il corpo è stato
sin qui la più grande sventura dell'umanità.
L'«Anticristo» è fra gli ultimi scritti di Nietzsche il più sintetico, il
più compatto, il più rigoroso. Coloro, che credono di scorgere,
nell'opera di Nietzsche le traccie di una progressiva psicopatia,
devono essere imbarazzati da questo crescendo di rigore, di sviluppo
e d'integrazione, che si manifesta nel pensiero di lui. Nietzsche
comincia il tentativo di critica del Cristianesimo dalle solite
premesse. Che cos'è buono? Tutto ciò che eleva il sentimento della
potenza, la volontà della potenza, la potenza stessa nell'uomo. Che

cos'è cattivo? Tutto ciò che deriva dalla debolezza. Che cos'è felicità? Il sentimento che la potenza cresce, che un ostacolo è superato: non contentezza, ma potenza, non pace, ma guerra, non virtù, ma prodezza.

I deboli, i mal riusciti debbono perire: è questa la prima massima dell'amore degli uomini. Più dannoso di qualsiasi vizio è la compassione con i deboli ed i difettosi, il Cristianesimo. Il problema dell'umanità è: qual tipo umano si deve allevare, come di più alto valore, più degno di vivere, più certo dell'avvenire? Questo tipo di più alto valore è già esistito abbastanza spesso, ma come caso fortunato, come eccezione, non mai voluto, forse anzi temuto. Invece è stato, per paura, allevato il tipo opposto, l'animale domestico, la bestia da greggia, la bestia malata, l'uomo cristiano.

L'umanità non manifesta alcun'evoluzione verso il meglio. Il progresso è solo un'idea moderna, cioè un'idea falsa. L'europeo di oggi resta per valore molto al di sotto all'europeo della rinascenza. La continuazione dell'evoluzione non è affatto legata con necessità all'innalzamento, all'accrescimento, al progresso. In ben altro senso ha luogo un continuo riuscire di casi isolati nei più diversi luoghi della terra, sotto le più diverse culture, ed in questi casi si presenta realmente un tipo umano superiore, qualche cosa che sta di fronte alla restante massa come una specie di superuomo. Questi casi sono stati e sono forse ancora possibili ed anche, sotto condizioni, per intere generazioni, tribù, razze.

Il Cristianesimo ha condotto una guerra a morte contro questo più alto tipo umano, esso ne ha bandito tutti gl'istinti fondamentali, ha da questi stillato il concetto del male: l'uomo forte è divenuto l'uomo riprovevole in sè. Il Cristianesimo ha preso le parti di tutto ciò ch'è debole, misero, difettoso, ha fatto un ideale dell'opposizione all'istinto di conservazione della vita tenace, ha invalidato la ragione delle nature spiritualmente più forti, insegnando loro a sentire le più alte qualità dell'intelligenza come peccato, come tentazione.

Tutti i valori, nei quali oggidì l'umanità cristiana ripone le sue aspirazioni, sono valori di decadenza. Un animale, una specie sono guasti, quando scelgono e preferiscono ciò che loro nuoce. La vita è istinto di accrescimento, di durata, capitalizzazione di forze, potenza. Dove la volontà della potenza manca, ivi avviene la decadenza. I valori più alti, che l'Europa moderna onora, mancano di questa volontà, epperò sono valori n i h i l i s t i sotto i nomi più sacri.

Si suol chiamare il Cristianesimo la religione della compassione. La compassione è in contrasto cogli affetti tonici, che elevano l'energia della vitalità: essa agisce deprimendo. Inoltre la compassione generalizzata aumenta e moltiplica la perdita dell'energia in assurda sproporzione con la causa. Inoltre ostacola la legge della selezione, che dovrebbe presiedere alla evoluzione, mantenendo ciò che è destinato a perire. Si è detto che la compassione è una virtù, in ogni caso non una virtù aristocratica, che anzi presso le morali aristocratiche essa vale come debolezza. La compassione nega la vita ed è la praxis del n i h i l i s m o, conserva e moltiplica la miseria ed i miserabili, è uno strumento principale della decadenza.

I teologi sono i più grandi falsificatori di valori, i veri falsi monetari. Insegnando il disprezzo dell'intelligenza, dei sensi, degli onori, del benessere, della scienza; vedendo in tutto ciò ragioni di danno e di traviamento, sulle quali lo spirito puro, lo spirito in sè deve librarsi; predicando umiltà, castità, povertà, santità, essi hanno arrecato alla vita indicibilmente più danno che non con la propagazione di qualunque vizio. Il puro spirito è una pura menzogna. Tutti i metodi tutti i presupposti della nostra civiltà scientifica attuale, hanno avuto per millennî contro di sè il più profondo disprezzo. Gli scienziati erano considerati come nemici di Dio, spregiatori della «verità», indemoniati. Essi hanno dovuto lottare contro tutto il patos dell'umanità. Ora noi abbiamo imparato da capo e siamo divenuti in tutto più modesti. Noi non deriviamo più l'uomo dallo s p i r i t o p u r o e dalla divinità, ma lo abbiamo ricollocato fra gli animali. Egli non è più il coronamento della creazione, ogni essere accanto a lui è allo stesso grado di perfezione; l'uomo è anzi relativamente l'animale più mal riuscito, più malato, più traviato dai suoi istinti, per quanto anche il più i n t e r e s s a n t e. Una volta si vedeva nella coscenza dell'uomo, nello spirito, la prova della sua più alta derivazione, della sua origine divina, e per perfezionare l'uomo, gli si consigliava di disfarsi della spoglia mortale. Ora noi sappiamo il contrario: che la coscienza, lo spirito è appunto l'indizio di una relativa imperfezione dell'organismo. Noi neghiamo che possa farsi qualche cosa di perfetto, se si deve fare coscientemente. Il puro spirito è una pura sciocchezza. Sopprimiamo il sistema nervoso ed i sensi, la spoglia mortale, ed il conto non riescerà più.

Nè la morale nè la religione cristiana toccano in qualche punto la realtà. Esse presuppongono c a u s e del tutto imaginarie (Dio, anima, io, spirito, volontà libera o anche non libera), e f f e t t i del tutto imaginari (peccato, redenzione, grazia, pena, remissione di peccati), r a p p o r t i con esseri imaginari (Dio, demoni, anime), una scienza naturale imaginaria (antropocentrica, mancante del tutto del concetto di cause naturali), una psicologia imaginaria (continui equivoci su sè stesso, interpretazione del senso generale piacevole o spiacevole, per esempio di stati del nervo simpatico, come rimorso, cattiva coscenza, tentazione del diavolo, vicinanza di Dio), una teleologia imaginaria (il regno di Dio, il giudizio universale, la vita eterna). Questo mondo di finzioni è la falsificazione del mondo reale. Trovato il concetto «natura» in opposizione a quello di Dio, si capisce che all'origine di quel mondo di finzioni sta l'odio, il disgusto della realtà. Ma ciò spiega tutto. Chi sente il bisogno di alterare così profondamente la realtà per vivere è un decadente.

Anche l'analisi del concetto di Dio mostra come esso sia un prodotto della decadenza. Una volta il dio rispecchiava un determinato popolo, la forza di una certa razza e tutto quanto di aggressivo, di esorbitante c'era nelle sue aspirazioni di preminenza sulle altre. Il Dio cristiano consiglia di non odiare più, consiglia la pace dell'anima, la pazienza, l'indulgenza verso i nemici, egli diventa un dio per tutti, un b u o n dio un dio privato, democratico, cosmopolita. Ed in realtà gli dei non hanno altra alternativa: o rispecchiano la volontà della potenza e non possono essere che Dei n a z i o n a l i , o rispecchiano la decadenza ed allora sono necessariamente b u o n i . Tanto il buon Dio, quanto il diavolo sono creature della decadenza. Il concetto cristiano di Dio è una delle più corrotte forme di divinità, che siano mai esistite: un Dio divenuto antitesi della vita, invece di esserne la glorificazione ed eterna affermazione, è un Dio che rende sacro il n u l l a .

Che le razze nordiche non abbiano respinto questo Dio non è una prova in favore nè di quelle razze, nè del Dio. Intanto, da due millenni, esse non hanno più creato alcuna nuova divinità nazionale, ma sempre ripetuto questo monotono-teismo. D'altro canto il Cristianesimo ha adoperato concetti e valori b a r b a r i appunto per impadronirsi dei barbari: il sacrificio delle primizie, il bere sangue nella eucarestia, il disprezzo della intelligenza e della cultura, i supplizi in tutte le forme, sensibili e spirituali, la grande pompa del culto. Infine ha applicato su larga scala quella sua ricetta di addomesticamento e civilizzazione: rendere ammalati e deboli.

Qui Nietzsche rifà la storia del Cristianesimo, dalle sue origini giudaiche, del popolo d'Israele, del movimento anarchico assurdamente cosmopolitico iniziato da Gesù Cristo e da lui espiato sulla croce; rifà la psicologia della redenzione e dell'evangelo, dell'apostolo Paolo etc. e mostra qual profondo odio, qual profondo disgusto della vita e della realtà, qual decadenza abbiano ispirato tutto questo movimento nihilista cristiano. Poi osserva: «oggi il Cristianesimo è confutato in ogni teoria, in ogni massima, in ogni parola; oggi ogni vera attività, ogni vera energia operativa è anti-cristiana; oggi è riconosciuto quale specie di parassita, qual falso monetario, qual ragno velenoso sia il prete: ogni cosa veramente buona nella scienza, nell'arte, nella vita oggi si compie al di fuori della Chiesa, e nondimeno l'uomo moderno non si vergogna ancora di chiamarsi cristiano: qual mostro di falsità, qual'impasto di menzogne dev'essere l'uomo moderno».

Chi pone il centro di gravità della vita non nella vita, ma nell'al di là, lo sposta verso il n u l l a , e toglie addirittura alla vita il vero centro di gravitazione. La grande menzogna dell'immortalità individuale è quella che ha distrutto ogni ragione, ogni istinto naturale, ogn'interesse alla vera vita; inoltre è la formula dell'uguaglianza, della livellazione di tutti gli uomini. A questa compassionevole adulazione della vanità personale il Cristianesimo deve la sua vittoria; proprio tutti i miseri, i difettosi, i poveri di spirito, i rifiuti dell'umanità ne sono rimasti convinti. Chi però ha il coraggio della salute, come deve disprezzare una religione, che insegnò a mal comprendere il corpo! che non vuol nettarsi della superstizione della anima! che dell'insufficiente nutrizione del corpo ha fatto un merito! che nella salute ha visto un nemico, il diavolo, la tentazione! che ha insegnato che si può avere un'anima p e r f e t t a in un corpo cadaverico!

Tutto il mondo lo crede, si suol dire. Ma che cosa non crede tutto il mondo? Crede in Confucio, nel codice di Manu, in Maometto, nella Chiesa cristiana.

Chi dice: la verità è questa, mentisce. Pure si deve distinguere secondo lo scopo, al quale si mentisce: se cioè si vuol con ciò distruggere o conservare. Tra il cristiano e l'anarchico c'è in un senso perfetta identità: il loro scopo il loro istinto è soltanto di distruggere.

Ciò che era aere perennius, l'imperium Romanum, la più grandiosa forma di organizzazione sociale, che sia mai esistita, in confronto alla quale tutto ciò che la precedette e tutto ciò ch'è venuto poi è frammento, abbozzo, dilettantismo, è stato distrutto dal Cristianesimo, finchè non rimase più pietra su pietra. Il cristiano e l'anarchico sono entrambi decadenti: entrambi sono incapaci di agire altrimenti che dissolvendo, avvelenando, ostacolando, succhiando sangue, entrambi hanno odio mortale verso tutto ciò ch'esiste, persiste assicura dell'avvenire..

Tutto il lavoro del mondo antico è andato perduto! Qui Nietzsche non ha parole bastevoli di rimpianto e di rimprovero. E dire che quel lavoro era soltanto una preparazione, che aveva gettato le fondamenta del successivo lavoro di millenni con granitica coscenza. Ma tutto il senso del mondo antico è stato invano! A che i Greci? A che i Romani? Tutti i presupposti di una cultura dotta, tutti i metodi scientifici erano già trovati, la grande incomparabile arte di ben leggere esistiva già; i presupposti della tradizione della cultura, dell'unità della scienza, la scienza naturale in unione con la matematica e la meccanica erano sulla migliore via possibile; il senso della realtà, l'ultimo e più prezioso di tutti i sensi, aveva le sue scuole, le sue tradizioni già vecchie di secoli. Tutto ciò che noi appresso abbiamo dovuto riconquistare con indicibili supremi sforzi, lo sguardo libero davanti la realtà, la mano cauta, la pazienza e la serietà per le cose più piccole, la rettitudine nella conoscenza, esistiva già or sono più che due millenni. Ed a ciò si aggiunga il tatto ed il gusto buono e fine, non come addestramento del cervello, ma nel corpo, nei gesti nell'istinto, nella realtà. Tutto invano! La nobiltà dell'istinto, il gusto della ricerca metodica, il genio dell'organizzazione e del governo, la fede e la volontà di un futuro umano, il grande «sì!» a tutte le cose, divenuto visibile come imperium Romanum, il grande stile non più soltanto arte, ma divenuto realtà, verità, vita: tutto invano, tutto distrutto, non dai Germani come si disse, ma da maliziosi, invisibili e miserabili vampiri!

Nè il Cristianesimo ha fatto messe solo dell'antichità classica. Esso

ha mietuto anche la meravigliosa cultura mauritana della Spagna, perchè era aristocratica, perchè dovea la sua origine ad istinti virili, ed affermava la vita fin nelle preziosità più rare e raffinate. In questa lotta contro l'Islamismo la Chiesa cristiana si è servita della nobiltà germanica. Sangue tedesco è stato sparso per combattere una cultura che senza dubbio era molto affine all'indole germanica. Come può un tedesco sentire cristianamente? Eppure i tedeschi hanno distrutto anche l'ultima più grande cultura europea: la rinascenza. La rinascenza era il capovolgimento di tutti i valori cristiani, il tentativo, intrapreso con ogni mezzo, con tutti gl'istinti, di far trionfare i valori aristocratici. E non c'è stato sin qui alcun altro più deciso posizionamento del problema. «Il problema della rinascenza è anche il mio!» così afferma Nietzsche, rivelando uno degli aspetti più importanti della sua filosofia. Non c'è stata mai, egli continua, una più radicale, diritta, inflessibile forma di attacco contro le più essenziali e vitali parti del Cristianesimo. Che cosa accadde? Un monaco tedesco, Lutero, viene a Roma, e con tutti gl'istinti vendicativi di un sacerdote mal riuscito, si rivolta contro la rinascenza in Roma! Invece di comprendere con profonda gratitudine il prodigio che era accaduto, la vittoria del Cristianesimo nella sua stessa sede, la vita trionfante seduta al trono pontificio, il grande sì, detto a tutte le cose belle, alte, audaci..., Lutero restaurò la Chiesa, assalendola. E la rinascenza restò un avvenimento senza significato, un grande i n v a n o !
I Tedeschi hanno sulla coscenza questa enorme perdita. Non solo: essi hanno inventato la forma più impura, più incurabile, più inconfutabile di Cristianesimo, il protestantismo. Se non si riuscirà a vincere questa religione, la colpa sarà dei Tedeschi. E qui Nietzsche chiude il libro elevando contro il Cristianesimo e la Chiesa cristiana «la più terribile di tutte le accuse, che mai accusatore abbia pronunciato». La Chiesa cristiana non ha lasciato nulla intatto nella sua opera di devastazione. Essa ha fatto di ogni valore un non-valore, di ogni verità una menzogna, di ogni rettitudine una infamia. I cosidetti conforti cristiani sono effetto di appagamento di stati di bisogno artificialmente creati: la Chiesa ha infatti cominciato dal disseminare nel mondo il verme del peccato. La uguaglianza delle anime innanzi a Dio è una falsità ed il pretesto della sollevazione di tutti i miserabili; essa finisce con la rivoluzione, colle idee moderne,

col principio di decadenza di tutto l'ordine sociale. Il parassitismo è stato l'unica praxis della Chiesa. Con i suoi ideali clorotici di santità, distogliendo ogni amore e speranza dalla vita, facendo muovere da un al di là la volontà di negazione del mondo reale, elevando la croce come simbolo della più segreta congiura, che si sia mai fatta contro la salute, la bellezza, la perfezione, la prodezza, lo spirito, la bontà dell'anima, contro la vita stessa, il Cristianesimo è stato la più grande maledizione, la più intima corruzione, il frutto del più grande odio, la più grande ignominia dell'umanità. Bisogna dire no! a tutto ciò cui il Cristianesimo ha detto sì! e questo significa Umwerthung aller Werthe, capovolgimento di tutti i valori.

Lo scritto: «Nietzsche contro Wagner», come ho detto, rifà la storia dei rapporti dell'autore col grande maestro e contiene i giudizi su Wagner e la sua arte, raccolti dalle varie opere di Nietzsche, edite ed inedite. Salvo varie modificazioni stilistiche, dei tagli in alcune parti, delle aggiunte di poco rilievo in altre, lo scritto è un piccolo mosaico, utile per chi non ha seguito, come noi abbiamo fatto, tutte le fasi del pensiero di Nietzsche rispetto a Wagner, ma per noi di poca importanza.

E veniamo ai resti postumi dell'ultima grande opera di Nietzsche, «Der Wille zur Macht», la volontà della potenza. Essi sono distribuiti in 4 libri, secondo il piano dell'opera, che Nietzsche tracciò il 17 marzo 1887. I primi due, intitolati: «Il nihilismo europeo» e «Critica dei più alti valori», dovevano in sintesi contenere evidentemente tutta la parte negativa del pensiero di Nietzsche, gli altri due: «Principio d'una nuova valutazione» e «Disciplina ed allevamento», tutta la parte positiva. I primi due offrono relativamente poco interesse per noi, in quanto che «Il crepuscolo degl'idoli» e «L'anticristo» contengono a sufficienza elementi critici e polemici messi insieme in epoca posteriore. Tuttavia l'aspetto sempre nuovo, che il pensiero di Nietzsche prende in ogni sua manifestazione, la straordinaria ricchezza di sviluppi, che le stesse sue idee ricevono, assumendo insensibilmente un nuovo significato, rendono molto utile anche la lettura di queste due prime parti, ed io volentieri le disaminerei, se me lo permettessero i limiti imposti a questo mio breve lavoro. Ma la nostra attenzione è attratta da un argomento di gran lunga più importante. Nietzsche visse gli ultimi anni col pensiero di dare, come una nuova legislazione, nuove tavole di valori per la vita umana, ed annunciò più volte che avrebbe pubblicato il suo t e n t a t i v o   d i   r i v a l u t a z i o n e , più particolarmente, di c a p o v o l g i m e n t o   d i   t u t t i   i   v a l o r i . Or gli scritti che noi abbiamo sin qui esaminato, dall'«Al di là del bene e del male» al «L'anticristo», sono ricchi di critiche dei valori dominanti, scarsissimi di cenni concreti sul nuovo sistema di valutazione. Il compito di sviluppare un tal sistema era riserbato alle due ultime parti dell'opera «La volontà della potenza» secondo il progetto del 1887. I lavori rimasero, com'è noto, interrotti e noi non possediamo che i frammenti. Tuttavia essendo questi i soli che si riferiscano a quell'ordine d'idee positive, che dovevano coronare la grande opera di Nietzsche, gioverà rendersene conto e chiudere così la presente esposizione.

La terza parte dell'opera, intitolata: «Principio d'una nuova valutazione», comincia col trattare argomenti gnoseologici (Vol. XV, 265-312). Il conoscere sarebbe una forma di manifestazione della v o l o n t à   d e l l a   p o t e n z a .

«Si pensa, perciò esiste un essere pensante»: questo principio, che per Cartesio fu verità assoluta per Nietzsche è il primo errore fondamentale. Esso contiene già a priori un postulato logico-metafisico, risultato dalla nostra abitudine grammaticale di cercare un agente in ogni azione. «Si pensa, dunque esistono pensieri»: questa sembrerebbe una tautologia, eppure è la sola maniera lecita di concludere. La fenomenalità del mondo interno devesi ritenere di grado pari a quella del mondo esterno. Noi non conosciamo i processi della nostra coscenza meglio che gli oggetti, i quali agiscono su noi. Tutto ciò, di cui noi diveniamo coscenti, è accomodato alla nostra ottica, è semplificato, schematizzato, interpretato: il vero processo dell'interna appercezione, la connessione causale tra pensieri, sentimenti, appetiti, tra subbietto ed obbietto, tra fenomeni in generale, ci restano assolutamente nascosti. Tutto il concetto della realtà è falsato dalla nostra maniera di conoscere ed apprezzare i processi della vita interiore. Come noi falsamente concludiamo dagli atti del pensare, del volere etc. all'esistenza di un soggetto che pensa, vuole, così noi cerchiamo in ogni azione un agente, per ogni stimolo dei nostri sensi, la cosa che stimoli, per ogni modificazione la cosa modificata, dietro ogni fenomeno la sostanza, dietro ogni divenire l'essere. La superstizione che i fenomeni rappresentino «cose», «sostanze», «cose in sè» proviene dalla proiezione del nostro concetto dell'io sulla realtà esterna. Noi collochiamo da per tutto un io, un soggetto, una sostanza. L'atomo è l'ultimo residuo della sostanza e del soggetto nel mondo del divenire. Lo stesso dicasi del concetto di causalità. Anche qui l'illusione, che i nostri stati di coscenza siano legati tra loro da rapporti causali, e che la nostra volontà sia causa delle nostre azioni (mentre tutto ciò che arriva alla coscenza è l'ultimo riflesso superficiale di processi più profondi, che ci restano nascosti), quest'illusione, proiettata sul mondo esterno, dà origine alla credenza, che i fenomeni siano anch'essi uniti da rapporti causali.

L'essenza della verità ai riduce ad un apprezzamento: io credo che questo sia così. In quanto però l'uomo valuta, manifesta le sue condizioni di vita. Tutti i nostri organi della conoscenza sono sviluppati soltanto in vista delle condizioni di conservazione ed accrescimento, cui sottostiamo. La fiducia nella ragione e nelle sue categorie, nella logica e nella dialettica, prova solamente la loro utilità per la vita, confermata dall'esperienza, non la loro veridicità. È necessario che qualche cosa sia ritenuta vera, non che qualche cosa sia vera. Perciò la solita distinzione tra mondo apparente e mondo vero si riduce ad una diversità di v a l u t a z i o n e .

Non esiste spirito, nè anima, nè ragione, nè pensiero, nè coscenza, nè volontà, nè verità, nè soggetto, nè oggetto, nè sostanza, nè forma, nè predicato, nè causa, tanto meno esistono cose uguali, cose che durano identiche etc. Si dà soltanto una specie animale, la quale può vivere sotto una certa relativa regolarità delle sue rappresentazioni. L a   c o n o s c e n z a   è   u n o   s t r u m e n t o   d e l l a   p o t e n z a . Il significato del vero, come del buono e del bello, devesi ritenere rigorosamente e strettamente antropocentrico e biologico. Acciocchè una data specie si conservi e cresca in potenza, deve ammettere nel suo concetto della realtà, una certa costanza e regolarità, sulla quale possa fondarsi uno schema di vita. L'utilità della conservazione, e non un astratto bisogno teorico di non ingannarsi, è la leva della evoluzione degli organi della conoscenza; di più, la misura della volontà di conoscere cresce in rapporto diretto con la volontà della potenza, che spinge una specie a dominare su una data sfera della realtà.

Si è ritenuto sempre, con Aristotele, che il principio di contradizione, cioè l'impossibilità di affermare e negare la stessa cosa, sia la migliore garenzia della verità. Questo principio deriva dalla nostra esperienza subiettiva e tradisce una nostra incapacità; nulla ci autorizza però a dire lo stesso della realtà. Infatti: o noi sappiamo p e r a l t r a v i a che non si possono dare due predicati opposti alla stessa cosa, ed allora il principio di contradizione nulla aggiunge alla nostra conoscenza, o adoperiamo questo principio come imperativo, volendo disporre, che non si debbono dare due predicati opposti alla stessa cosa, ed allora il valore del principio è soltanto subiettivo. In altri termini è la grande quistione del valore della logica che qui si fa: Gli assiomi logici sono adequati alla realtà? o sono mezzi e misure per c r e a r e anzitutto il concetto della realtà? Per rispondere affermativamente alla prima domanda si dovrebbe già sapere com'è fatta la realtà, e questo è impossibile. Dunque la logica non ci dà un criterio della verità, ma impone le condizioni subiettive di ciò che dobbiamo ritenere vero. La logica fa il tentativo di concepire il mondo reale secondo uno schema dell'essere da noi posto. Nella formazione della ragione, della logica, delle categorie è stato decisivo il bisogno non di conoscere, ma di subsumere, schematizzare, allo scopo di rendere regolare, formulabile, calcolabile il caos delle nostre sensazioni e rappresentazioni. Le categorie della ragione sono verità solo nel senso ch'esse sono condizioni di vita. Una siffatta verità è per esempio lo spazio a tre dimensioni. Supponiamo che non esista nulla che sia identico a sè stesso (A=A) e tutti i principî della logica e della matematica si risolvono in un sistema di finzioni. Nell'assioma A=A si nasconde dunque la nostra credenza in cose ed in cose che sono e rimangono identiche a sè stesse o ad altre. L'A della logica è, come l'atomo, l'ultima sublimazione del concetto di cosa. Seguendo ciecamente la logica nei suoi criteri di verità, noi ci troviamo sulla via di trattare come realtà tutte quelle nostre ipostasi: sostanza, predicato, oggetto, soggetto, azione etc. Il nostro mondo della realtà è un mondo logico-metafisico.

L'ipotesi dell'essere ci è necessaria per pensare e sillogizzare. La logica maneggia soltanto formule per entità, che restano uguali a sè stesse. L'applicazione di tali formule al caos delle nostre sensazioni è possibile in quanto in noi esiste una potenza che semplifica, falsa, divide artificialmente, ordina. Ricerca della verità significa volontà di dominare sulla caotica molteplicità delle sensazioni, ordinando la massa dei fenomeni in categorie determinate. Il concetto dell'essere appartiene alla nostra ottica psicologica. Il mondo del continuo divenire è invece informulabile, contradittorio, imprevidibile. Conoscere e divenire si escludono. Perciò la conoscenza è possibile, se una certa specie di divenire può dare l'illusione dell'essere. Eppure noi siamo giunti tanto in là nel credere all'autorità della logica, da ritenere la semplicità come criterio di verità (simplex sigillum veri). Nulla è più puerile. Gli è che la maniera di pensare più facile, vince sulla più difficile; il punto di vista dell'essere (ponendo unità che restano costanti) è cento volte più facile di quello del divenire e dell'evoluzione; la logica cominciò come mezzo di semplificazione e di espressione, più tardi servì come dimostrazione della verità. Parmenide ha detto: non si può pensare ciò che non esiste. Nietzsche è pervenuto all'altra estremità: ciò che può venir pensato dev'essere necessariamente una finzione.

Se noi viviamo in un mondo adattato alle leggi della nostra ottica psicologica, se dapertutto applichiamo i nostri postulati logico-metafisici, ciò non significa che dietro la f e n o m e n a l i t à del nostro mondo interno ed esterno esista una realtà n o u m e n a l e, un mondo vero contrapposto al mondo delle apparenze. L'opposto di questo mondo fenomenale è il mondo senza forma, informulabile del caos delle sensazioni: q u i n d i   u n ' a l t r a   s p e c i e   d i   m o n d o   f e n o m e n a l e,   m a   p e r   n o i   i n c o n o s c i b i l e.   Così Nietzsche perviene ad un f e n o m e n i s m o   u n i v e r s a l e   d e l   d i v e n i r e   s e n z a   s o g g e t t o. Naturalmente doveva ora abbandonare anche l'ipotesi del determinismo, ch'era stata sin qui uno dei suoi articoli di fede. Ed infatti egli si fa a dimostrare, che dalla regolarità e calcolabilità di un dato fenomeno non si può affatto dedurre, ch'esso si compia necessariamente: che invece la necessità è una nostra interpretazione della esperienza, non mai un dato di fatto. Il concetto di costrizione è anch'esso un residuo dell'abitudine di dare un soggetto al divenire. La costrizione s'intende esercitata da un soggetto su un altro: anche qui la stessa arbitraria supposizione del rapporto di causa ed effetto tra due sostanze contrapposte.

Tutta la nostra conoscenza è infiltrata dai nostri giudizi e valori morali. I più notevoli elementi morali penetrati nelle comuni teorie della conoscenza sono questi: 1° la confidenza nella ragione (perchè non piuttosto la sfiducia?). 2° Il mondo vero dev'essere anche il buono (perchè?). 3° L'apparenza, la mutazione, la contradizione, la lotta stimate come immorali, donde l'aspirazione verso un mondo dove tutto questo manchi. 4° Il mondo trascendente escogitato acciocchè rimanga un posto per la libertà morale (Kant). 5° La dialettica come via della virtù in Platone e Socrate (evidentemente perchè la sofistica era la via dell'immoralità). 6° Idealizzazione dello spazio e del tempo, perciò unità nell'essenza delle cose, vale a dire nè peccato, nè male, nè imperfezione (modi di giustificazione di Dio). 7° Epicuro nega la possibilità della conoscenza per tenere alti i valori morali, (cioè edonistici). Lo stesso fa Agostino e poi Pascal in favore dei valori cristiani. 9° Il disprezzo di Cartesio per tutto ciò che è mutevole (così pure di Spinoza), la credenza nello essere come risultato della non-credenza nel divenire, sfiducia e disprezzo per ogni divenire.

Da queste riflessioni Nietzsche procede a ricercare l'origine della credenza in un «mondo vero». Egli distingue due tipi di conoscenza. L'uno ammette, che la verità è qualche cosa, che già esiste, e che non si tratta se non di scoprirla, di trovare cioè i mezzi e le vie per riuscire a conoscerla. L'altro ammette, che la verità è qualche cosa che si deve c r e a r e, che dipende da un processo, da una volontà di dominazione, che non ha fine. Creare verità è un processus in infinitum, una determinazione attiva, non un divenir coscente di qualche cosa che esista. In altri termini è una manifestazione della v o l o n t à d e l l a p o t e n z a. Il primo tipo di conoscenza è proprio dell'uomo improduttivo, il sofferente, lo stanco della vita, che rifugge da ogni trasformazione, da ogni divenire, e ricerca l'essere come un fermo appoggio. Ma pure è pensabile un tipo opposto d'uomo, che non abbia bisogno di credere all'essere, e lo disprezzi anzi come un concetto morto, noioso, indifferente. L'antagonismo dei due tipi si può riassumere in questa formula: l'uno vuole conoscere che qualche cosa è così e così, l'altro vuol fare che qualche cosa divenga così e così.

Questo mondo è apparente, perciò esiste un mondo vero; è condizionato, perciò n'esiste uno incondizionato; è contradittorio, perciò n'esiste uno privo di contradizione; è il mondo del divenire, perciò esiste quello dell'essere: tutte queste conclusioni sono teoricamente false. Ma qui non si tratta di teorie soltanto. L'uomo che cerca la v e r i t à, cioè un mondo che non si contradica, non inganni, non muti, un mondo vero, un mondo nel quale non si soffra, l'uomo che aspira alla c e r t e z z a, alla eterna beatitudine, che tratta la morale come un rimedio del dolore, fa un continuo sforzo per semplificare, attenuare, render povera la vita. Nell'aspirazione al «mondo vero» c'è la condanna del mondo attuale, c'è il proposito di non-vivere. La d e c a d e n z a ha creato il concetto di un «altro mondo».

Imprimere al divenire il carattere dell'essere è invece la più alta prova della volontà della potenza. Il pensiero che t u t t o r i t o r n a è poi la e s t r e m a a p p r o s s i m a z i o n e di un mondo del divenire a quello dell'essere.

Dopo di aver trattato della volontà della potenza nel conoscere, Nietzsche tratta della stessa volontà prima in generale nella natura (Vol. XV, 313-325) poi in particolare nella vita (ibid. 325-347). Egli comincia con una critica del concetto di causa e dell'intuizione meccanica del mondo. Il concetto di causa è, come Nietzsche avea già cercato di dimostrare, derivato dalla interpretazione psicologica della nostra attività e precisamente dallo sdoppiamento, che noi facciamo tra soggetto agente e azione. Trasportato nella realtà esterna, quel concetto trova applicazione, in forza del principio di ragion sufficiente, ogni volta che ha luogo nell'accadere una successione costante e invariabile di fenomeni. A noi manca, intanto, assolutamente qualsiasi esperienza di ciò ch'è una causa. La sua nozione è desunta dalla nostra convinzione subiettiva di essere noi causa delle nostre azioni. Ma ciò è un errore. Eliminiamo dal mondo il concetto di soggetto, ed allora l'accadere non sarà nè causato, nè causante: ogni dualismo di causa ed effetto scomparirà. – Il meccanismo è pure derivato dai concetti popolari di n e c e s s i t à e l e g g e d e l l a n a t u r a. Ma è una finzione nostra l'idea che qualche cosa nella natura o b b e d i s c a ad una legge, che tutto accada secondo una regola etc. Nulla obbedisce in natura, perchè nessuno comanda. La meccanica ci mostra soltanto conseguenze e ce le mostra, per giunta, in imagini (movimenti), vale a dire tradotte nel nostro mondo della vista e del tatto. Ma ciò facendo, essa sottintende che qualche cosa venga mossa, sia l'atomo-massa o persino l'astrazione di questo, l'atomo dinamico. Noi non siamo dunque usciti dalla nostra abitudine di distinguere soggetto, oggetto, agente, azione etc., e dimentichiamo ancora una volta, che questi concetti denotano una semplice semiotica e nulla di reale. La meccanica come teoria del movimento è già una traduzione di fenomeni nel linguaggio dei sensi dell'uomo. Per calcolare noi abbiamo bisogno di «unità»: all'uopo formiamo sullo stampo del nostro concetto dell'io psicologico i concetti di «cosa», «atomo». A questi possiamo ora applicare i concetti di numero, attività (separazione tra esser causa ed agire), movimento, e così col nostro occhio e la nostra psicologia perveniamo a costruire la nostra meccanica. Eliminiamo però tutte queste aggiunte, tutti questi trasporti ed allora restano solamente dei q u a n t a dinamici in tensione con altri q u a n t a , ma senza individualità, senza costanza, senza soggetto. Ogni modificazione è rappresentabile come risultato della volontà della potenza. Questa volontà non è un essere, nè un divenire, ma un patos, il fatto più elementare, dal quale risulta ogni divenire, ogni agire. Ove noi siamo soliti d'immaginare una causa ed un effetto, ivi ha luogo soltanto una lotta tra diverse potenze, e vien raggiunta una nuova disposizione delle forze secondo la misura di ciascuna. I fisici credono in un «mondo vero» alla loro maniera: una sistemazione di atomi, con movimenti necessari, fissa ed uguale per tutti gli esseri. Nella chimica si crede a sostanze inalterabili. Ma tutto ciò è solo apparenza e pregiudizio di scuola. Nell'idea degli atomi fisici legati da leggi di movimento trova espressione tutto il nostro «prospettivismo psicologico». E per ciò che riguarda l'immutabilità, bisogna ricordarsi che l'abbiamo derivata dalla metafisica. È ingenuo affermare che il diamante, la grafite ed il carbone siano identici. Perchè? perchè nell'esame del peso non si è verificata alcuna perdita di sostanza. Sia pure, vuol dire che quei minerali hanno qualche cosa di simile; ma il lavoro molecolare della trasformazione, che noi non vediamo, nè possiamo pesare, rende appunto una sostanza qualche cosa di diverso, con qualità specificamente differenti. Non esistono unità ultime e durevoli, atomi, monadi, ma soltanto sfere di dominazione, sempre in aumento o in variante accrescimento e diminuzione. Il concetto di valore è il punto di vista per l'aumentare o il diminuire di questi centri di dominazione. I mezzi di espressione del nostro linguaggio sono inadoperabili per esprimere il divenire, perchè è irriducibile bisogno della nostra conservazione il porre costantemente un mondo più grossolano di cose, di cose durevoli etc. Noi possiamo parlare di atomi e monadi solo r e l a t i v a m e n t e. Neppure esiste la volontà, ma punti di volontà, (Willenspunktationen), che costantemente perdono o accrescono la loro potenza. Nietzsche si pone anche a questo proposito alcune quistioni importanti (pag. 325). «La volontà della potenza» è una specie di volontà? o è identica col concetto di volontà? significa desiderare o comandare? È forse la volontà di cui parla Schopenhauer, vale a dire la «cosa in sè?» Nietzsche afferma, che «volontà» nel senso della psicologia corrente è una ingiustificata generalizzazione e che una tale volontà non esiste; il carattere della volontà è poi cancellato, quando le si è sottratto ogni contenuto ed ogni scopo, come ha fatto Schopenhauer: ciò ch'egli chiama volontà è una vuota parola. Tanto meno si tratta di «volontà di vivere» perchè la vita è un caso speciale della volontà della potenza, ed è arbitrario affermare, che tutto si sforzi di manifestarsi in questa speciale forma della volontà.

La parte del libro relativa «alla volontà della potenza come vita» è divisa in due sezioni, l'una dedicata alla «psicologia della volontà della potenza», l'altra all' «evoluzione».

Nella prima Nietzsche fa la critica del vecchissimo pregiudizio, che l'uomo cerchi necessariamente il piacere e sfugga il dolore, aspiri alla felicità etc. Non il problema del piacere e del dolore è il centro di tutti problemi. Tutta la romantica del pessimismo schopenhaueriano riassunta nella formula: «la somma del dolore supera la somma del piacere, quindi il non essere è migliore dell'essere» è qui strenuamente combattuta come segno di un profondo impoverimento della vita. L'uomo, come ogni altro essere vivente, aspira più che a ogni altro alla potenza, ad esplicare ed imporre la sua forza, a superare ostacoli. Il punto di vista del piacere o del dolore non è essenziale, anzi può essere in contradizione con quello della potenza. Anche qui dobbiamo poi guardarci di concepire un soggetto, una unità in fondo ai nostri processi psichici. In confronto alla enorme molteplicità dell'accadere nell'interno di un organismo, la particella di coscenza, con i suoi scrupoli e la sua moralità, è trascurabile. Le funzioni animali sono milioni di volte più importanti, che non tutte quelle belle pose della coscenza. Tutta la vita coscente, quando non è un lusso, lavora per il più grande possibile perfezionamento dei mezzi delle funzioni animali fondamentali (mezzi di nutrizione ed accrescimento).

Gli appunti sull'evoluzione contengono fra l'altro varie critiche sul darwinismo. All'influenza dell'ambiente è stata accordata un'eccessiva importanza: l'essenziale nel processo della vita è appunto la prodigiosa forza informatrice e creatrice, che si svolge dall'interno, e che utilizza e sfrutta le circostanze ambientali. Il concetto di utilità non spiega affatto l'origine degli organi. Utili a che? Per esempio ciò ch'è utile alla durata potrebbe essere contrario ad una vita forte e lussuosa dell'organismo. Ciò che mantiene l'individuo potrebbe arrestare nello stesso tempo l'evoluzione. D'altra parte un difetto, una degenerazione parziale potrebbe essere di altissima utilità in quanto agisca come stimolo di altri organi etc. L'addomesticamento, di cui i darwinisti fanno tanto uso per provare la possibilità della fondamentale trasformazione di un essere, di un tipo, non dimostra sinora nulla. O esso è avvenuto solo superficialmente, oppure è accompagnato da degenerazione. Il tipo è rimasto costante. Gli sforzi sono riusciti a «dénaturer la nature». La lotta per l'esistenza non si compie necessariamente a favore dei più forti: il progressivo perfezionamento degli esseri viventi in conseguenza di questa lotta è fantastico. Nella lotta per la vita il caso torna utile tanto al debole quanto al forte e l'astuzia può supplire con vantaggio la forza. La selezione naturale, si suol considerare come causa di metamorfosi lente ed infinite, fissate e rafforzate per mezzo dell'eredità. Noi in realtà vediamo come capricciosamente proceda l'eredità; tanto meno abbiamo constatato casi di selezione incosciente. Nè più rispondente al vero è la teoria della selezione sessuale. Questa scelta dei tipi più belli e più forti non avviene affatto come regola. In realtà vediamo che il soggetto più bello si appaia con tipi molto degenerati, il più grande col più piccolo etc. Il caso decide frequentissimamente delle unioni. Non esistono forme di transizione fra le specie. Ogni tipo ha i suoi limiti.

L'uomo come specie non è in progresso. Tipi più alti vengono bensì creati, ma essi non si conservano. Il livello della specie non si eleva. L'uomo come specie non rappresenta un progresso di fronte a qualunque altro animale. Tutto il mondo organico non si sviluppa dal livello più basso al più alto. In nessun caso si è provato, che organismi superiori si sviluppino dagl'inferiori. Ma tutti crescono insieme, l'uno sull'altro, l'uno confuso con l'altro, l'uno contro l'altro. Le forme più ricche e complesse, che noi chiamiamo tipi superiori periscono più facilmente, la breve durata della bellezza, del genio è s u i   g e n e r i s. Il tipo si eredita, il genio è un caso eccezionale fortunato e non si eredita, anzi è la forma più fragile. Infine: l'addomesticamento dell'uomo o non è profondo o è degenerazione. L'uomo selvaggio (moralmente parlando malvagio) è un ritorno alla natura.

Segue un capitolo (il 3°) dove Nietzsche tratta «della volontà della potenza come morale» (Vol. XV, 349-373). Esso è diviso in due parti l'una dedicata alla società ed allo stato, l'altra all'individuo. Nella prima Nietzsche osserva che le società e gli stati nei loro rapporti reciproci dimostrano la vera natura umana più sinceramente che non gl'individui nei rapporti tra loro. Le collettività hanno il coraggio di molte affermazioni, quale manca agl'individui. Perciò lo studio delle società nelle loro manifestazioni collettive è così istruttivo sull'egoismo, sul diritto della forza, sulla volontà della potenza. Lo stato è l'immoralità organizzata sia all'interno, come polizia, dritto penale, caste etc., sia all'esterno come volontà di dominare, nella guerra, nelle conquiste, nelle vendette.

In special modo Nietzsche tratta dei concetti dominanti sui delitti e le pene, cercando di dimostrare, che la società nel punire non fa altro che respingere un assalto, combattere una ribellione. Non per questo dovrebbe la pena avere un carattere infamante, nè il delitto esser battezzato come immorale in sè. In generale noi abbiamo presente, parlando di delitti, un tipo mal riuscito di delinquente, che, oppresso dal disprezzo sociale, sfiducioso di sè, cerca di rimpocciolire e calunniare la sua stessa azione; e dimentichiamo che tutti i grandi uomini sono stati delinquenti, ma in grande stile, che il delitto appartiene alla grandezza, che la ribellione è onorevole in chi acquista la coscenza di certi tratti della vita sociale, contro cui è necessario muover guerra.

Inoltre, come la società riconosce la legitimità della difesa, allo stesso modo dovrebbe riconoscere il diritto dell'individuo di aggredire: è proprio dell'essere vivente ch'egli debba crescere, espandere la sua potenza, appropriarsi forze estranee: l'egoismo aggressivo appartiene come l'egoismo difensivo, anzi forse a preferenza di questo, alle necessità della vita.

Nella critica del concetto d'individuo, Nietzsche fa la genesi del sentimento della personalità dai sentimenti collettivi, che ne sarebbero la preparazione. La enorme importanza sociale che l'individuo va assumendo in forza di quei sentimenti, sarebbe la base della sovranità dell'individuo. Infatti la classe superiore, nella quale i sentimenti della collettività culminano, mostra il maggior numero di grandi individualità. L'individualismo nel senso democratico moderno è il più modesto grado di volontà della potenza; qui sembra all'individuo sufficiente l'essersi liberato da una più alta potenza. Quando però si è raggiunta una certa libertà, allora si vuole di più: le varie forze individuali si graduano di nuovo, si differenziano, si sovrappongono, ed il processo finisce in un nuovo ordinamento di ranghi sociali. La lotta per la libertà dura sino a quando non si è raggiunta la potenza: una volta conseguita questa, si proclama come necessità la giustizia, vale a dire l'equilibrio delle potenze individuali. Ma per necessità da questo stato si tende a passare in quello della superpotenza. L'attenersi allo stato intermedio della giustizia denota difetto di forze bastevoli per una nuova organizzazione.

Il 4° ed ultimo capitolo del 3° libro è dedicato alla fisiologia dell'arte (ibid. 375-399). Nietzsche trasduce i valori estetici in valori fisiologici. Tutto ciò che noi respingiamo istintivamente, per esempio alla sola vista, in altri termini e s t e t i c a m e n t e (nel significato etimologico della parola), si è dimostrato per antichissima esperienza nocivo, pericoloso, sospettabile. L'istinto estetico, che si manifesta subitaneamente (per esempio nella nausea), contiene un giudizio. In questo senso il bello rientra nella categoria generale dei valori biologici dell'utile, del benefico: etc. una quantità di eccitamenti, i quali alla lontana si collegano con cose e stati utili, c'ispira il sentimento del bello, cioè dell'accrescimento del senso della potenza. Il bello ed il brutto sono dunque condizionati dai nostri valori di conservazione. Il bello in sè non esiste, come non esiste il vero ed il buono. Nei casi particolari si tratta delle condizioni di esistenza di un determinato tipo umano. L'uomo della greggia riporrà il valore del bello in ben altre cose, che non l'uomo superiore. Contro il principio fondamentale dell'estetica di Schopenhauer, che ripone il godimento artistico nella obiettività della contemplazione, nell'impersonalità dell'interesse, Nietzsche osserva, che un tal principio è il primo passo dell'arte della decadenza verso la negazione della vita. Altrimenti sente e valuta l'arte classica, che suppone una esuberanza di forze e compie la glorificazione della vita. Nietzsche riprende nel resto le sue meditazioni sulla romantica, sull'arte apollinica e dionisica e sull'arte tragica confermando le sue precedenti conclusioni sull'alto valore dell'affermazione della volontà della potenza anche riconoscendo i dolori ed orrori della vita.

Il quarto ed ultimo libro dell'opera, intitolato: «Zucht und Züchtung» (Disciplina ed allevamento), comincia coll'enunciazione della dottrina dell'eterno ritorno (ibid. 403-412), come quella che può da sola trasfigurare il mondo. Non solo gli individui, ma intere razze, le quali non potranno sopportare il formidabile pensiero, saranno da esso stesso indotte ad estinguersi. I forti, i potenti, tutti coloro, che son riusciti a dare alla loro vita il più alto valore saranno conservati alla gioia d'infinite riaffermazioni della stessa vita. I mezzi per sopportare il gravissimo pensiero è appunto il capovolgimento di tutti i valori: non la gioia della certezza, ma dell'incertezza, non la credenza nel meccanismo delle cause e degli effetti, ma la volontà d'essere costantemente creatori, non istinto di conservazione, ma volontà della potenza, non più la umiltà di ridurre tutto ad un fatto subiettivo, ma considerare il mondo come il proprio mondo e gioirne. La dimostrazione della teoria dell'eterno ritorno dell'identico è molto simile a quella scritta da Nietzsche nel 1881. Essa parte dal principio della conservazione dell'energia e dall'assioma che il tempo sia infinito. Se il mondo avesse uno scopo questo sarebbe raggiunto. Se fosse possibile uno stato finale di equilibrio questo si sarebbe verificato. Dunque non esiste che un eterno divenire. Ma questo divenire non può essere eternamente nuovo: perchè ciò è incompatibile col concetto di forza, la quale non può essere infinita. Dunque tutto deve nel tempo infinito ripetersi. Questa necessità non deve pensarsi nel senso di una qualche potenza o legge che domini sulla natura: ciò contrasterebbe con la critica della necessità e della legge naturale, che Nietzsche ha ormai compiuta. Il divenire non ha scopo, nè termine ed in ogni punto di tempo ha un valore costante. Esso non è apparenza, nè tende verso l'essere, ma è tutta la realtà.

Il secondo capitolo tratta della nuova graduazione sociale (ibid. 413-

434). Il principio dominante è quello già più volte enunciato da Nietzsche, che cioè noi possiamo ormai creare intenzionalmente le condizioni, sotto le quali possa prodursi un tipo umano più alto. Qui è data la nuova definizione del superuomo (pagina 420), cui ho accennato al principio di questa quarta parte: «un più alto, un più forte tipo deve crearsi con condizioni di esistenza diverse da quelle dell'uomo medio. Il mio simbolo per questo tipo è la parola s u p e r u o m o.» Son rinnovati qui i soliti attacchi contro la democrazia, il liberalismo, l'uguaglianza sociale etc. Il nuovo ordine sociale dovrà restaurare quello aristocratismo naturale, ch'è necessario per l'elevazione del tipo umano. È poi qui accentuato il pensiero che il livello umano inferiore deve mantenersi e forse anco abbassarsi di più, per servire di base alla dissipatrice razza dominante. Anzi Nietzsche si riconcilia da un certo punto di vista assai relativo col Cristianesimo. Egli dichiara di aver guerreggiato gl'ideali cristiani con l'intenzione non di distruggerli, ma di porre un fine alla loro tirannia e per far posto ad ideali nuovi e più robusti. Che il Cristianesimo perduri è fra le cose più desiderabili, acciocchè gl'ideali più forti abbiano un energico avversario da combattere e da dominare.

Il terzo capitolo intitolato: «Al di là del bene e del male» (ibid. 435-454), contiene molti pensieri sulla necessità di emanciparsi dalla morale, di restringere sempre più il dominio di questa, di accostarsi ad una forma p a g a n a, cioè naturale di sentire e di valutare. Queste riflessioni contengono poco che non sia una variante di pensieri altre volte enunciati. Notevole vi è la opposizione del secolo XIX col secolo XVIII (446-8), quest'ultimo caratterizzato da Rousseau, dall'apologia dei sentimenti generosi e dal ritorno alla natura, ad una natura umanizzata; quello divenuto più positivo, più grossolano, più rude, più ironico verso i sentimenti generosi, più diffidente verso la falsa natura, ed in fondo più naturale, Nietzsche ritiene, che il secolo XIX si sia avvicinato di più al secolo XVII ed al gusto che dominò verso la fine di questo, cioè alla epoca di Dancourt, Le Sage, Regnard.

Il quarto capitolo era dedicato all'«ideale aristocratico» (ibid. 455-467). Questo è l'opposto della vita caotica dell'uomo moderno. L'uomo superiore dell'avvenire rappresenterà un tipo s i n t e t i c o. Le sue diverse forze concorreranno verso un solo scopo, egli sarà in possesso di un gusto purificato, e vivrà nel lusso dell'energia, con un quantum immancabile di brutalità. Nulla è così contrario all'ideale di questo tipo, come il comandamento: «non fare agli altri ciò che non vorresti fosse fatto a te». Questo precetto tradisce il calcolo della prudenza e dell'utilità in un individuo della greggia. Caratteristica è poi l'idea dell'e q u i v a l e n z a d e l l e a z i o n i, che non corrisponde a nulla di reale. Il tipo superiore non può essere che un tipo guerresco, audace, dissipatore.

Il quinto ed ultimo capitolo, intitolato: «Dionisos» (ibid. 469-490) riassume tutte le affermazioni e negazioni della filosofia di Nietzsche.

L'errore è conseguenza della v i l t à, di un pauroso alt sulla via del vero. Ogni successo della conoscenza è opera del coraggio, della durezza verso di sè, della cura della «propria pulitezza». Una f i l o s o f i a s p e r i m e n t a l e, quale Nietzsche ha vissuta, può assumere, egli dice, a titolo di prova, tutte le ipotesi, anche del più profondo nihilismo, ma non si arresta alle negazioni: essa vuole invece pervenire all'estremità opposta, al d i o n i s i c o s ì ! detto al mondo com'è, senza sottrazioni, riserve, scelta. Il più alto stato, che un filosofo può raggiungere, è: comportarsi dionisicamente di fronte all'esistenza. La formula di ciò è: amor fati. Tutti gli aspetti sin qui rinnegati della vita debbono concepirsi non solo come necessari, ma anche come desiderabili, e non desiderabili come complemento di quegli altri aspetti della vita sin qui accettati, ma desiderabili per sè stessi, come le manifestazioni più potenti, più feconde, più vere dell'esistenza, nelle quali la volontà si riveli più chiaramente. Viceversa bisogna imparare a svalutare tutti i lati della vita sin qui stimati come i soli desiderabili e comprendere d'onde quelle valutazioni provengano, quanto poco esse siano obbligatorie, come anzi in esse parli l'istinto della greggia, l'istinto dei più contro gli uomini eletti superiori. Chi ha compreso tutto ciò anela verso un tipo umano più alto, che viva al di là del bene e del male, al di là di tutti quei valori che debbono la loro origine alla paura del dolore, al calcolo della prudenza, al senso dell'utilità del più gran numero.

Si deve superare positivamente il pessimismo, sia il pessimismo della sensibilità o della necessità o del dubbio. Bisogna dar sviluppo a tutti gli affetti positivi dell'orgoglio, della gioia, della potenza: allora cresceranno l'amore e la gratitudine verso la realtà, verso la vita. L'ideale che Nietzsche ha nuovamente scoperto e restaurato è quello «pagano», «classico», «aristocratico». Il simbolo della glorificazione del mondo, qual'è, è quello stesso trovato dai Greci, nell'epoca della più fiorente salute del corpo e dello spirito e battezzato col nome di un dio: D i o n i s o . Non vi ha contrasto più enorme, più totale di quello tra l'ideale greco dionisico ed il cristiano. Per il primo la vita stessa, la sua eterna rinnovazione, condiziona il dolore, la distruzione, la volontà di annullare. Per l'altro il dolore è un rimprovero contro la vita e la formula della condanna di questa. Quando il dolore riceve una interpretazione cristiana, esso diventa la via per una vita santa; se riceve un senso tragico, la realtà appare abbastanza sacra per giustificare anche un'enormità di dolore. L'uomo tragico afferma anche il più aspro tormento, egli è a ciò abbastanza forte, pieno d'energia, idolatra della vita; il cristiano rinnega anche la sorte più felice sulla terra, egli è abbastanza debole, povero, diseredato, per soffrire della vita in qualunque sua forma. Il Dio in croce è una maledizione della vita, un cenno per liberarsene: il Dioniso frantumato in pezzi è una promessa della vita: egli rinascerà eternamente di nuovo risorgendo dalla distruzione.

QUINTA PARTE

Fu detto a Zarathustra: «tu contraddici oggi ciò che hai insegnato ieri». Ed egli rispose; «ma perciò ieri non è oggi»[92]. Questo è per Nietzsche uno stato ideale di libertà di spirito. Tuttavia non si tratta di mutare per mutare. La mutazione in Nietzsche non è mai arbitraria, capricciosa. Nella sua orientazione più generale ed appariscente essa è determinata dalla volontà di ricercare sempre, di provare, di esperimentare col pensiero e con la vita stessa, di sforzare ogni limite, di varcare ogni prudenza, trasgredire ogni divieto, non solo emanciparsi da ogni imperativo, ma agire contro di esso, di affermare la propria libertà non pure negando, ma tentando di aprir l'adito a nuove possibilità nella realtà organica, psichica, logica, morale, sociale. Visto poi più da vicino, il corso del pensiero di Nietzsche si mostra guidato segretamente da una psicologica necessità: il complesso delle teorie di lui, rinnovandosi, non fa che adattarsi sempre meglio, accordarsi più intimamente con le più profonde tendenze del suo essere, tendenze, che già tutte presenti all'inizio della sua speculazione, in seguito si rafforzano ognora più, si organizzano. Nè questa necessita è una negazione di quella libertà, verso cui Nietzsche con ogni sforzo sinceramente tendeva. La libertà è anzitutto uno dei più urgenti bisogni dello spirito di Nietzsche, ma, specialmente si noti bene, è una condizione immancabile per obbedire alla psicologica necessità, cui ho accennato, perchè essa sola permette di mutare, anche di pianta, la superstruttura teorica, di non rimaner impigliato e compromesso in alcuna rete fissa d'idee e di poter proseguire indefinitamente l'intimo lavoro di armonizzamento tra tendenze dell'animo e pensiero puro.

È un luogo comune nella letteratura su Nietzsche, che le sue teorie sieno mutevoli e non sistematizzate. Ciò è vero sino ad un certo punto e la nostra esposizione dimostra chiaramente sino a quale. Gli elementi dell'ultima opera, «La volontà della potenza», ancorchè frammentari, ci dicono, che se Nietzsche ne avesse avuto il tempo, fatalmente mancatogli, ci avrebbe dato, se non un sistema filosofico nel senso classico della parola, un complesso ben legato di dottrine.

---

[92]Nachträge z. Fröhl. Wiss. Vol. XII Af. 122.

La ricostruzione di questo complesso non può ora farsi che colmando i vuoti per mezzo di congetture ed è quindi meglio non farla. Converrà però, esaminando il pensiero di Nietzsche, coglierlo nell'ultimo momento, in cui le varie teorie sembrano convergere verso una più alta integrazione. Con ciò la mia critica sarà anche limitata ai tratti essenziali e fondamentali e dovrà essere abbandonata all'intelligente lettore la cura di riconoscere da sè un grande numero di sofismi e di affermazioni particolari non vere o esagerate, che negli scritti del nostro autore s'intrecciano non di rado con intuizioni geniali ricche di valore. La critica va inoltre limitata, dato lo scopo di questo libro, a ciò ch'è caratteristicamente proprio di Nietzsche.

Il tentativo più brillante di comporre ad unità le multiformi manifestazioni del genio di Nietzsche è quello fatto dal Prof. Vaihinger dell'Università di Halle, nella sua bellissima comunicazione al Congresso internazionale filosofico di Parigi (1900)[93]. Vaihinger distingue sette tendenze fondamentali nella filosofia di Nietzsche, l'antimoralista, l'antisocialista, l'antidemocratica, l'antifemminista, l'antintellettualista, l'antipessimista, l'antireligiosa. Indi trova che la dottrina fondamentale di Nietzsche è precisamente quella della «volontà» di Schopenhauer convertita in una teoria affermativa sotto l'influenza del darwinismo e del principio della lotta per la vita. Ciò posto si fa a dimostrare come tutte le sette tendenze, ch'egli aveva ricavato dall'esame obiettivo delle opere di Nietzsche, si lascino dedurre appunto da quella teoria centrale della volontà schopenhaueriana riveduta in senso darwinistico. Ed il conto riesce.

Lo schema è semplice e seducente. All'enumerazione delle tendenze negative si dovrebbero forse aggiungere l'antimetafisica, l'antiteleologica, l'antiromantica, l'antiumanitaria etc. Alle negative si dovrebbero forse far seguire le positive, la fenomenista, l'individualista etc. Ma, ciò fatto, la sintesi del Vaihinger, se giusta, rimarrebbe sempre una felice integrazione delle dottrine di Nietzsche. Corrisponde però essa al processo reale, non importa se conscio od inconscio, del pensiero di questo filosofo? Col massimo rispetto per l'illustre Professore mi permetto di dubitarne. Nietzsche

---

[93]Loc. cit.

206

confuta abbastanza spesso la teoria di Schopenhauer, attribuendola ad una arbitraria generalizzazione del concetto di una facoltà psichica, quella del volere, che non esiste, e la cui nozione, tolta da Schopenhauer dall'uso comune, sarebbe stata da lui vuotata per giunta d'ogni contenuto e d'ogni scopo.

D'altra parte Nietzsche ha mosse non poche critiche al darwinismo, ed in special modo alla pretesa legge della selezione naturale e della lotta per l'esistenza. È anzi uno dei pensieri più spesso ricorrenti nei suoi scritti, che la lotta per la vita non si compia affatto per legge a favore del più forte, ma molto spesso a favore del più debole, il primo essendo troppo esposto ai pericoli dal suo coraggio e dalla sua stessa esuberanza di energia, il secondo favorito dalla prudenza e dall'astuzia. Non solo, ma secondo Nietzsche la maggior durata di una specie è garentita meglio dalla piccola economia vitale del suo tipo medio, che non dalla lussuosa ed imprudente economia dei più alti esemplari.

Questi brevi cenni ci dicono già da una parte, che Nietzsche non poteva concepire la sua «volontà» sul tipo di quella di Schopenhauer, e d'altra parte che la lotta p e r l a p o t e n z a, che Nietzsche eleva a principio biologico, è essenzialmente diversa dalla lotta p e r l ' e s i s t e n z a in senso darwinistico.

Nietzsche avverte più volte, che la sua «volontà della potenza» non ha un soggetto, che il divenire è senza essere, che il nostro linguaggio e la nostra psicologia si oppongono a rendere il concetto del divenire lontanamente approssimato alla realtà etc...

Certo siamo ben lungi dal comprendere con chiarezza ciò che Nietzsche abbia inteso dire. Ma da questi cenni e dal complesso delle sue altre teorie risulta con evidenza, che, mentre la «volontà» di Schopenhauer era la «cosa in sè» in senso Kantiano, il noumeno, il mondo nel suo carattere intelligibile etc. la «volontà della potenza» di Nietzsche è puramente e semplicemente fenomeno e null'altro che fenomeno. Questa differenza parmi cardinale volendosi stabilire i rapporti tra Schopenhauer e Nietzsche e richiederebbe per sè sola una modificazione della formula proposta da Vaihinger. Così com'è questa formula può ingenerare, a mio credere, degli equivoci: essa taglia fuori dalla sintesi tutto il fenomenismo e quella particolare e fondamentale intuizione del divenire, per cui Nietzsche ricorda molto da vicino, come presto vedremo, Eraclito e di cui non c'è traccia in Schopenhauer. Ho voluto accennare all'esempio insigne della ricostruzione fatta dal Prof. Vaihinger per mostrare quanto difficile sia voler comporre ad unità le proteiformi manifestazioni del pensiero di Nietzsche. Io mi limiterò pertanto a far la critica delle singole dottrine fondamentali, senza tentare quella integrazione più alta, che solo Nietzsche avrebbe potuto darci.

Nietzsche disse bene, che in ogni sistema filosofico c'è almeno un punto, nel quale si affaccia la convinzione del filosofo, una convinzione non provata, nè dimostrabile, la quale aiuta però a chiudere il cerchio non mai completo dei ragionamenti. Or questo può dirsi con maggior diritto a proposito di Nietzsche stesso, il quale non in uno, ma in molti punti colloca una sua convinzione al posto della verità. Io mi adopererò ad identificare alcuni fra questi punti più importanti, procurando di distinguere così la parte accettabile o per lo meno discutibile delle sue dottrine, da quella, nella quale egli ha meramente creduto.

La teoria della conoscenza di Nietzsche ha subìto varie trasformazioni, pur sempre sotto il dominio della stessa tendenza. Il desiderio più profondo di Nietzsche è di ricondurre tutti gli ideali umani sulla terra, di riconciliare l'uomo con q u e s t a sua vita terrena, con questa realtà, con la natura. All'inizio troviamo Nietzsche sulla stessa via di Schopenhauer: noi conosciamo il fondo noumenale dei fenomeni: esso è la v o l o n t à. Ma ben presto Nietzsche abbandona questa comoda metafisica e torna a Kant: all'agnosticismo assoluto: noi non sapremo mai che cosa sia il mondo in sè. Pure come impedire, che gli uomini rivolgano il loro interesse e le loro aspirazioni verso il fondo misterioso ed inconoscibile dell'essere? Con la cura t r a g i c a. L'amore del tragico dovea servire a propagare l'amore della v i t a con tutte le sue assurdità, i suoi dolori, i suoi misteri.

Districatosi da questa specie di romantica, che apriva l'adito anche a soluzioni del problema opposte a quella desiderata dal nostro autore (come appunto dimostrò la fine dell'arte tragica di Wagner), Nietzsche si accosta alla realtà ed alla vita per la via del positivismo. Il problema della cosa in sè è il più inutile, il più assurdo di tutti i problemi. Noi urtiamo, volendolo risolvere, contro eterne pareti, perchè non possiamo uscire mai dalla sfera delle nostre

rappresentazioni, della nostra coscenza. Studiamo invece sperimentalmente, p o s i t i v a m e n t e, tutte le «cose più prossime», le condizioni naturali, sotto le quali la vita umana prospera e fiorisce, proviamoci a rendere l'uomo organicamente sano, più forte in progressivo accrescimento della sua potenza, e la terra diventerà un luogo di salute. Tuttavia restava la «cosa in sè», questa baco nascosto in seno al bel frutto positivista e sempre pronto a trasformarsi in crisalide ed in farfalla metafisica e religiosa. Ed ecco che Nietzsche fa l'ultimo passo. Schiacciamo questo baco, sopprimiamo la «cosa in sè» ed il mondo dei fenomeni resterà l'unica realtà. L'uomo non potrà più aspirare ad alcun «altro mondo», non potrà più contrapporre alcun «mondo vero» a questo mondo sinora calunniato come falso e apparente. La realtà è tutta questa nella quale viviamo: o bere, o affogare. Tutt'al più l'uomo potrà confortarsi col pensiero che tutto ritorna. E qui è degno di nota, che mentre nella prima parte del «Zarathustra» si parla ancora di «eterne pareti», nella quarta parte, alla luce del meriggio, le pareti sono cadute ed il mondo è divenuto p e r f e t t o !
Questa è la genesi psicologica del f e n o m e n i s m o di Nietzsche, cioè della sua teoria della conoscenza nell'ultima fase.
Or bene, quando Nietzsche ci dice: che la nostra conoscenza si è venuta formando sotto la coazione dei bisogni e non pel desiderio teorico della verità; che la empiria ha provato non la verità delle nostre affermazioni sul reale, ma la possibilità di vivere con quel particolar sistema di appercezioni, che l'uomo si è formato; che il mondo, quale ci appare, è costantemente falsato dalla nostra ottica psicologica e logica; che abbiamo dato noi forma, misura, numero, schema, ordine, unità, semplicità, regolarità al complesso dell'accadere; che i concetti di sostanza, attributo, io, soggetto, causa, atomo, monade, etc., appartengono alla nostra interpretazione del mondo; che noi abbiamo logicizzato la realtà per adattarla alla nostra capacità conoscitiva, etc. etc., Nietzsche si muove sul terreno del c r i t i c i s m o moderno, e bisogna convenire che egli ha condotto la sua analisi con sufficiente conseguenza e che, se non ha detto cose del tutto nuove, ha dato loro un rilievo non trascurabile. Certo chi disse, che Nietzsche pensa come se Kant non fosse mai esistito, mostrò di non tenere conto di quel che Nietzsche ha scritto

sul problema della conoscenza[94]. Quella critica ch'egli fa del concetto dell'io, riducendo ad esso tutti i concetti di cosa, sostanza, causa, etc., si trova in Kant: l'unità sintetica della coscenza è il fondamento formale di tutti i concetti, aveva detto Kant con più rigore. Non dico della subiettività delle leggi dell'accadere e della critica della logica formale e delle categorie, cose note a tutti come insegnamenti del grande filosofo di Königsberg. La maniera di porre l'esistenza del mondo esterno è poi quasi identica in Kant e Nietzsche: secondo questi l'esistenza dello specchio prova quella delle cose, che vi si riflettono. Meno empiricamente Kant dall'esistenza degli elementi subbiettivi del conoscere aveva derivato l'esistenza di quelli obbiettivi. Inoltre, che l'i o p s i c o l o g i c o non abbia unità, ma si risolva in una vera molteplicità, che la sfera del soggetto non abbia alcun centro ed alcuna periferia costanti, son divenuti dei luoghi comuni nella psicologia moderna. Questa poi, come ben la definì Ribot, è una psicologia s e n z a a n i m a, e l'indirizzo più moderno, rappresentato eminentemente da Wundt, è l'a t t u a l i s m o, lo sforzo di cogliere i processi psichici nel loro manifestarsi immediato, e nei loro rapporti puramente fenomenali. Non intendo dire che la verità sia questa. Ma quegli, cui tutto ciò non piacesse, avrebbe torto di pigliarsela proprio con Nietzsche. Facciamo però un passo più in là nelle idee del nostro autore e vedremo affacciarsi la sua convinzione personale. Al mondo che noi conosciamo, cioè che noi abbiamo accomodato alla nostra ottica, non si deve contrapporre il mondo della cosa in sè, ma il caos delle sensazioni. Sia pure. Ma qui resta un problema: che cos'è la sensazione? Corrisponde essa alla realtà? è essa anzi tutta la realtà e non esiste altro al di fuori di essa? Mistero! Nietzsche ci dice soltanto, che questo caos è un'altra forma fenomenale, a noi inconoscibile, ma pur sempre fenomenale, e poi contrappone costantemente ai nostri concetti fissi e regolari dell'essere, il d i v e n i r e informulabile, sempre nuovo, sempre vario. Ecco un modo di risolvere il problema a parole. Come sappiamo che al di là del nostro mondo fenomenale non esistono che altre possibilità fenomenali? Come possiamo porre l'esistenza di questo divenire tanto diverso da ogni nostro concetto del reale? Non

[94]V. ZOCCOLI, op. cit.

altrimenti che c r e d e n d o , vale a dire mediante un libero trasporto
di certi aggiustamenti concettuali sulla realtà. Col proposito di fare
della scienza, Nietzsche ha fatto della metafisica.

πάντα ῥεῖ disse Eraclito. Tutto diviene. L'essere è una nostra
illusione. Nietzsche è mosso alla critica del concetto dell'essere da
una sua profonda tendenza: la tendenza di sopprimere i concetti di
Dio e di responsabilità. Egli avea cercato di teorizzare variamente
questa sua tendenza, ma alla fine trovò nella dottrina di Eraclito la
via per giungere alla più radicale antitesi di quei concetti. Al divenire
senza essere, al mondo senza soggetto, non può presiedere più alcun
dio; all'individuo senza unità nè costanza, non può imporsi alcun
giudizio morale. Nessuno è più responsabile di ciò che è, anzi di ciò
che continuamente diviene. L'accadere non può più riferirsi a
nessuno. L'azione non può più attribuirsi ad alcun agente. L'universo
non è che un continuum in eterno divenire. E il divenire è
i n n o c e n t e .

Come Eraclito aveva spiegato la mutazione col principio della lotta,
Nietzsche la imagina qual conseguenza del giuoco continuo di
potenze sempre varie e variabili. Notevolissimo è un breve
frammento dell'opera «Der Wille zur Macht» (Vol. XV, 288). «Ogni
accadere, ogni movimento, ogni divenire quale un determinarsi di
rapporti di gradi e di forza, quale una lotta...»! Queste parole
potrebbero addirittura attribuirsi ad Eraclito. πόλεμος πατὴρ πάντων.
Or è riuscito Nietzsche a sopprimere il concetto dell'essere? Egli ci
parla di q u a n t u m e di q u a n t a di potenza. Ma che cosa sono
questi q u a n t a se non una realtà? un soggetto? E che altro sono gli
atomi e meglio le monadi? Nietzsche tenta di far ricadere la
responsabilità dell'insuccesso alla nostra ottica psicologica. Ma
un'ottica vale l'altra. Chi ci assicura che il divenire sia in realtà
senza essere, il mondo senza soggetto? Di nuovo: un atto di fede.

Un caso tipico di credenza è poi la teoria dell'eterno ritorno
dell'identico. Basteranno poche parole per dimostrarlo. I postulati
della teoria sono due: il tempo è infinito, la forza ed i suoi modi sono
finiti: dunque i modi della forza debbono ripetersi infinite volte
identicamente. Nella fase determinista Nietzsche aveva lasciato
intuire, che la necessità di questa ripetizione identica dipenda dal
fatto che la successione causale dei fenomeni è necessaria,
invariabile. Quando però nell'ultima fase egli ebbe fatto la critica del

determinismo e dei concetti di necessità e di causa, attribuendoli alla nostra ottica logico-metafisica, allora la necessità del ripetersi e del ripetersi identico non fu più dimostrata con la generalizzazione di dati ritenuti scientifici, ma deduttivamente da un ordine di concetti. Nell'infinito debbono essere possibili, per definizione, non solo infinite volte i casi singoli della nostra vita, ma infinite volte anche, fra infinite altre possibilità, lo stesso corso del mondo, la stessa compagine di tutte le cose. Sta bene la critica del determinismo, il quale è realmente una interpretazione nostra della natura e come tale appartiene alla metafisica e non alla scienza. Ma quando Nietzsche dalla definizione del concetto dell'infinito, passa ad ammettere, che il corso del mondo dovrà essere possibile infinite volte, egli salta a piè pari proprio quel fosso, ch'egli stesso si era adoperato a scavare tra i nostri concetti e la realtà. Per quale criterio di certezza potremo affermare che la realtà si comporterà nel modo istesso dei nostri concetti? Per un atto di fede.

Già il porre che il tempo sia infinito, appartiene alla metafisica e non alla scienza. Si tratta di un postulato, che manca e forse mancherà sempre di ogni dimostrazione diretta. Nietzsche ne abbisogna per escludere l'ipotesi della creazione e lo pone assiomaticamente, disposto ad ammettere senza alcuna difficoltà il regressus in infinitum. Un esame più profondo sui limiti della ragione umana condurrebbe invece forse ad ammettere con Kant, che il finito e l'infinito siano i due poli di una antinomia insolubile della ragione, cosicchè l'uomo sarebbe costretto ad alternare nella sua mente, senza via d'uscita, il dilemma: il mondo ha avuto un principio, il mondo dura ab aeterno. Perfino Aristotele aveva in certo modo formulata l'antinomia: la ragione discorsiva, διάνοια, ci condurrebbe al regressus in infinitum, ma, intervenendo il νοῦς, l'intelletto intuitivo, bisogna arrestarsi. La scienza, che rappresenta la ragione discorsiva, inclina oggidì ad ammettere l'infinità del tempo, ma non mancano esempî di scienziati, i quali cercano di dimostrare che il tempo sia limitato; cito come esempio illustre il Padre Secchi[95]. In generale può dirsi, che il campo è diviso nel senso dell'antinomia kantiana. Certo, così come Nietzsche l'ha posto, l'assioma del tempo infinito ha semplicemente il valore di un c r e d o .

---

[95]Geografia fisica. – Opera postuma.

212

Più importanza hanno, malgrado la loro profonda unilateralità, le meditazioni di Nietzsche sul valore della vita, sull'uomo, sulla storia umana, sulla società, sul diritto.

Nietzsche si distacca sin dall'inizio da Schopenhauer, per la sua decisa tendenza ad oltrepassare il cerchio ristretto, in cui si dibatte volgarmente il problema del piacere e del dolore. Schopenhauer vi era rimasto tutto preso, aveva aperto una specie di conto corrente alla vita, aveva constatato che la somma del piacere è sempre inferiore alla somma del dolore, e così conchiuso che non vale la pena di vivere. Nietzsche era invece portato dalla sua natura ricca e generosa ad emanciparsi da quel meschino punto di vista ed a riconoscere un alto valore all'esistenza tragica di chi afferma la vita malgrado il dolore, di chi anzi sotto il pungolo voluto, cercato del dolore accresce sè stesso e trionfa.

Anche Kant avea tentato una via di uscita dalla volgare opposizione dei valori morali: bene = piacere, male = dolore(la formula della morale utilitaria) e, guidato dal suo t r a s c e n d e n t a l i s m o, l'aveva trovato nel suo stupendo concetto del d o v e r e. Nietzsche è mosso dallo stesso impulso, ma, guidato dalle sue tendenze al n a t u r a l i s m o, cercò un'altra via d'uscita e la trovò nel suo geniale concetto della p o t e n z a.

Certo l'avere egli spostato il centro dei problemi della vita, negando ch'esso sia il calcolo del piacere e del dolore, l'avere anzi proclamato la sublimità del dolore e l'averne fatto la via eroica per la superazione del tipo umano, conferisce alla sua etica un tratto di purezza e di nobiltà incancellabile, il quale distingue profondamente Nietzsche da tutti quei suoi seguaci o falsificatori, che hanno inteso gl'insegnamenti del maestro in senso epicureo.

L'etica di Nietzsche, giacchè anche egli, il distruttore della morale, ha un'etica, come l'avrà mai sempre chiunque vorrà determinare tavole di valori per la vita umana, è n a t u r a l i s t i c a. L'uomo deve tornare alla natura, ridiventare natura. Pure quanto diverso è il naturalismo di Nietzsche da quello del secolo XVIII e di Rousseau. La natura di Rousseau è una natura imaginaria, fantastica, umanizzata. Essa è in sè b u o n a, l'uomo naturale è b u o n o. Quali ingenuità sono per Nietzsche tali affermazioni! Bisogna prima «disumanizzare» la natura, egli dice, e poi naturalizzare l'uomo. La natura in sè non è neppure cattiva, immorale, come aveva affermato

Kant in antitesi a Rousseau, ma nè buona, nè cattiva, ma intangibile da ogni nostro giudizio etico: essa resta sempre al di là del bene e del male. L'uomo ridiventato natura non sarà dunque un uomo immorale, ma amorale. Egli ricomponendo l'unità di tutti i suoi istinti, disimparando i sentimenti di colpa, rimorso, responsabilità, spezzando tutte le catene, che gli hanno tolta sin qui la libertà di evolvere se non in una sola via, seguendo infine l'istinto fondamentale della vita (la ricerca, la volontà della potenza), egli ridiventerà innocente come un bambino, come un animale, riacquisterà il coraggio di esperimentare, di tentare con sè stesso, di vivere una vita piena, senza divieti, senza limitazioni, ed infinite vie gli staranno innanzi. «Tutto è permesso!» così si riassume l'etica di Nietzsche. Chi vuole imporre regole alla vita la limita, l'attenua, l'impoverisce. Non similarità fra gli uomini, ma la massima individuale eccellenza ed originalità, non uguaglianza sociale, ma graduazione degl'individui secondo i rapporti della loro effettiva potenza, non una vita logica, in lotta cogl'istinti, uniforme, regolare, prudente, pacifica, ma in continuo accrescimento della potenza ed in progressiva superazione di sè stessi, una vita totale, creatrice, difforme, imprudente, guerriera.

Kant aveva trascurate come nulle le differenze personali d'ingegno, attitudini, cultura, gusto, rango sociale, etc. Per lui la moralità, cioè la volontà buona, era l'unico indizio di superiorità di un uomo sugli altri. In Nietzsche i termini sono capovolti: la morale è ciò che assimila, eguaglia gli uomini, li livella ad una stessa media altezza, facendo torto a ciascuno; le differenze personali d'ingegno, di cultura, di salute, d'influenza sociale, etc., sono quelle che determinano il «patos della distanza» fra gli uomini, un patos che bisogna conservare ed accrescere, non estirpare dall'animo umano.

Reintegrare la totalità degl'istinti e ridar loro il naturale ed innocente sviluppo, significa anzitutto restituire all'uomo la sua indole aggressiva e guerriera, ridargli quegl'istinti di lotta e di gara, banditi dalla morale corrente, nei quali pure si manifesta la volontà della potenza, comune alla vita ed alla natura. Come si comporta questa «naturalizzazione» dell'uomo con lo svolgimento della vita sociale? Per esser conseguente Nietzsche, nega ogni diritto della collettività sull'individuo. Gli uomini superiori non hanno il compito di guidare gl'inferiori, come voleva per es. Auguste Comte, ma gl'inferiori debbono formare la base di una superiore vita umana. Nella vita della famiglia, della società, dello stato, l'uomo deve affermare tutto l'egoismo di cui è capace, non l'egoismo del piacere, ma l'egoismo della potenza. Imporre la propria forma, imprimere il suggello della propria volontà alle sfere di vita individuale e collettiva, che lo circondano, questo è il fatto dell'uomo superiore. L'umanità, le società umane non hanno alcuno scopo, se si toglie la produzione di tipi umani più alti, e gli uomini superiori, se pure si propongono dei fini collettivi, lo fanno in vista di dispiegare la propria potenza, non perchè quei fini in sè abbiano un valore. L'altruismo, l'uguaglianza, come principio della morale e del diritto, la tirannia della collettività, della greggia sull'individuo, la compassione, la simpatia, etc., sono manifestazioni della d e c a d e n z a.

Da questo punto di vista Nietzsche ben poteva combattere l'idolo dello stato moderno, ed inneggiare allo stato greco, all'imperium Romanum, all'impero russo; combattere l'individualismo democratico, il socialismo, l'anarchia e reclamare la più assoluta libertà, se conquistata dall'uomo in virtù della sua personale potenza. Nè in ciò vi è nulla di contradittorio. Quando Fouillée (V. loc. cit.) si sforza di cogliere contradizioni nelle teorie sociali di Nietzsche e conclude che l'originalità di questo pensatore comincia quasi sempre col pervertimento morboso d'idee banali, dà segni di una sorprendente leggerezza. Già tutti quelli che criticano Nietzsche seguendolo nelle sue affermazioni estreme e dimenticando il fondo vero e coerente delle sue dottrine, mi ricordano la storia di quel cane, che inseguiva e calpestava l'ombra di una farfalla sul prato.

Che l'istinto fondamentale della vita non sia, come generalmente suol dirsi, quello della conservazione, ma quello della potenza, può ben ammettersi. Nietzsche ha avuto qui un intuizione felice dei fatti biologici. La finalità della conservazione è forse soltanto la più superficiale ed appariscente e può considerarsi come un minimum di volontà della potenza. La formula di Nietzsche è più comprensiva e penetra di più nel fondo dei fenomeni della vita. Nietzsche fa però un grande salto acrobatico quando riduce a manifestazioni della volontà della potenza tutti i fatti della vita umana, sol dividendoli in fenomeni di decadenza, se orientati verso un ideale pacifico, ed in fenomeni di salute, se sintomi d'istinti guerrieri.

L'errore comincia ove Nietzsche si propone di abolire il sentimento di responsabilità morale, di condannare lo sdoppiamento della coscenza umana in parte agente ed in parte giudicante, di voler ricomporre l'unità dell'individuo agente per affidarlo intero alla spontaneità degl'istinti naturali. Nietzsche si propone di dimostrare che i sentimenti di colpa, responsabilità, rimorso, etc. non siano originari nell'uomo, ma acquisiti nel corso di alcuni millennî. Vera o falsa che sia la genesi della coscenza morale, come egli la descrive, si può concedere benissimo, che non si tratti di una facoltà i n n a t a, nel senso della vecchia morale metafisica, ma di qualche cosa di acquisito, nel senso della morale evoluzionista.

Ma dimostrata la genesi di qualche cosa, non si è per ciò solo dato un giudizio sul valore di questa. Nietzsche erra profondamente quando nel trattare problemi religiosi, morali, sociali, si limita a rintracciare le origini di una particolare intuizione, credendo di averla per ciò solo confutata. È naturale, che qualunque intuizione all'origine si manifesti legata con tutto il complesso ideologico ed emozionale, ch'è proprio di quel particolare stadio della vita umana, nel quale la intuizione ha principio. Ciò non compromette per nulla l'ulteriore evoluzione, nè il valore tanto relativo, quanto assoluto, che una particolare intuizione può avere in ciascuno stadio.

La storia dei sentimenti di colpa, responsabilità, rimorso etc. può esser quella che Nietzsche ha ricostruito: non per questo può dirsi ch'essa non corrisponda ad un bisogno profondo dell'evoluzione umana. La soppressione della coscenza morale, l'eliminazione dello sdoppiamento della coscenza umana in agente e giudicante annullerebbe la possibilità che l'uomo s'è creata di proporsi dei fini in generale e di dar unità e coerenza alle sue azioni.

L'uomo si è formato in sè stesso una guida, una norma, una bussola delicatissima, che può mostrargli una via costante nel caos dei motivi e degl'interessi. Scopi, propositi, doveri non sarebbero più possibili, se si togliesse all'uomo la facoltà di guidare e giudicare sè stesso. La sua vita si risolverebbe in una successione discontinua e incoerente d'impulsi, quale spesso riscontriamo negli animali.

Nietzsche insiste nel suo ordine d'idee in due modi principali: 1° dimostrando che la coscenza, la quale forma l'orgoglio dell'uomo, non ha unità, nè costanza e non è se non un giuoco di proiezioni e di riflessi, che derivano dall'attività segreta degl'istinti più profondi della vita. 2° procurando di eliminare il concetto del dovere. La prima dimostrazione è vera sino ad un certo punto. Come, nessuna dimostrazione metafisica può toglierci la possibilità p r a t i c a , che noi in realtà possediamo, di guidare le nostre azioni, nessuna dimostrazione scientifica potrebbe toglierci il dovere di tendere a creare o rafforzare il centro coscente e normativo delle nostre azioni. L'altro tentativo di sopprimere la nozione del dovere, espresso nelle formule: «tutto è lecito», «bisogna sciogliere i lacci che avvincono l'uomo, finchè egli potrà saltare e ballare come un bambino», «bisogna restaurare l'innocenza delle azioni» etc... si deve considerare come fallito. Nessuna ragione può farci prevedere, che l'uomo naturalizzato, cioè restituito nella pienezza dei suoi istinti, non più guidato da alcuna coscenza morale, attingerà spontaneamente le più alte destinazioni della specie. Piuttosto egli rientrerebbe in unico rango con le altre specie, che noi consideriamo come inferiori, ridivenuto impotente a proporsi fini che trascendano il suo stato ed a guidarvi sè stesso. Ma, d'altra parte, non forse Nietzsche ha imposto dei doveri all'uomo? La massimazione dello egoismo non è reclamata dai più alti interessi della specie? E Zarathustra non insegnò che bisogna amare i lontani e non i prossimi? E la durezza verso i deboli non è sentita come una più alta moralità? E il sovrapporsi del grande, del singolare, dell'uomo superiore alla folla dei volgari, degl'inetti, dei piccoli non è imposto come dovere?

Per conservare all'individuo superiore la sua naturale libertà e ricondurre sulla diritta via lo sviluppo dell'istinto tipico della vita, Nietzsche riduce i rapporti umani a rapporti di potenze. Che i rapporti di diritto possano concepirsi come equazioni di potenze è benissimo ammissibile. La filosofia del diritto di Herbart, per esempio, è fondata su questo principio. Ma che tutti i rapporti umani, non giuridici, sia nella famiglia, sia nella società, sia nello stato, debbano ridursi a questo, è una mostruosa generalizzazione, che tradisce la profonda unilateralità delle dottrine di Nietzsche. Egli è in ciò senza dubbio coerente. L'umanità non ha, secondo lui, altri fini se non la produzione dei più alti esemplari, le collettività non sono che campi di sfruttamento e di esercitazione di grandi energie individuali, solo elevando l'istinto della potenza nel maggior numero d'individui, si ricondurrà la specie umana sulla via naturale dell'accrescimento e del progresso. L'egoismo dunque, non del piacere, ma della potenza, è ciò che potrà conferire il massimo valore alla vita ed alla specie umana.

La coerenza di un certo, sistema d'idee nulla però decide sull'intrinseco valore di queste. Guardata da vicino, la legge dell'egoismo, imposta da Nietzsche come via di elevazione, ha contro di sè la vita stessa. «Vivre pour autrui», la formula dell'altruismo Comtiano, significa per Nietzsche incapacità di vivere per sè stessi. Perchè non piuttosto, esuberanza, ricchezza, pienezza di vita? d'una vita che non può contenersi nei meschini limiti dell'io individuale? L'uomo è legato all'uomo da mille vincoli necessarî. Il linguaggio la conoscenza, la nozione del mondo e delle cose, (miti, religioni, scienze), tutti i particolari modi di appagare il bisogno di ordine, regolarità, sistema nella vita (costume, morale, diritto), i modi di sostenere la lotta per l'esistenza (difesa, vita economica etc.), sono prodotti non dell'individuo, ma della collettività. Nietzsche dice: dappertutto nella folla troviamo le traccie dei grandi che l'hanno attraversata. Ciò è vero. Ma con più ragione si può dire: in ciascun uomo, in ciascuna coscenza individuale (alta quanto si vuole) il fondamento dell'esistenza è costituito da infiniti elementi della vita collettiva. Se ciò è vero, se la vita individuale riceve dalla collettiva il contenuto più ricco, se quest'ultima forma anzi la base necessaria della prima, si può in nome della vita stessa considerare l'egoismo, la deliberata circoscrizione dei fini alla propria sfera individuale, come povertà e inferiorità di vita, e l'altruismo, cioè la capacità ed il proposito di compenetrarsi in sfere più larghe di esistenza come segno di superiorità. L'esempio, cui Nietzsche continuamente ricorre, della Grecia antica e degli alti tipi umani prodottisi in forza del libero corso degl'istinti egoistici più pericolosi, e l'altro esempio analogo della rinascenza italiana, non provano molto in favore della tesi. Anzitutto perchè alti tipi umani si son prodotti in tutte le epoche, poi perchè nessuna seria dimostrazione ci autorizza a ritenere, che il prodursi di un sì gran numero di alte individualità nella Grecia antica e nell'Italia della rinascenza sia proprio da attribuirsi al libero giuoco degl'istinti e non piuttosto a molte altre cause etniche e storiche; poi perchè l'egoismo degli uomini superiori è frainteso, giacchè nella più parte dei casi è il rovescio del loro altruismo stesso, ed essi sono grandi solo in quanto

si propongono un alto fine collettivo, come Nietzsche stesso ha dimostrato con la sua vita; infine perchè la società ha subìto d'allora ad oggi una grande evoluzione e nè all'epoca della cultura ellenica, nè della rinascenza italica la vita collettiva aveva ricevuto tanta integrazione, la solidarietà umana era così estesa e rafforzata come oggi. Dire che il genio, l'uomo superiore debba essere fine a sè stesso, una meteora bella, ma inutile, che l'uomo nella cura della sua assoluta originalità ed indipendenza debba rimirare il suo simile soltanto col compiacimento, con cui si suol contemplare la natura, che i vincoli umani debbano risolversi fino a rendere la serie dei grandi pari ad una galleria di singolarità, senza nesso, senza alcun fine comune, se non la eccellenza individuale, dire infine che la collettività non abbia altro compito, che di assistere passiva a questo sparo d'artificio pagandone s'intende le spese, tutto questo è veramente arbitrario, insensato. Ma sopratutto è impossibile. La vita stessa (per rimanere nel campo, su cui Nietzsche si muove) nega che gl'individui possano esistere, tanto meno che dei singoli possano attingere un alto valore, se disvelti dal suolo da cui sono cresciuti, se privati d'ogni connessione, d'ogni coerenza con i fini umani generali, se ciascuno tutto chiuso nel suo guscio egoistico, non pensasse che alla propria massima originalità ed inimitabilità. Ancora una volta: l'egoismo, se non è mezzo d'imporre la propria volontà in vista di un alto fine collettivo, tende a restringere, circoscrivere, impoverire la vita. L'altruismo, come sforzo di adattarsi attivamente alla più lata sfera possibile di vita collettiva, è l'unica via dello accrescimento e dell'indefinita moltiplicazione della vita.
La critica del Cristianesimo fatta da Nietzsche è la più fiera e radicale che si sia mai scritta. Neppure Voltaire, Feuerbach, Soeren Kirkegaard eran giunti a tanta veemenza, ad un attacco di fronte così totale. La parte riguardante la metafisica del Cristianesimo, cioè i concetti di Dio, immortalità, altro mondo, giudizio universale, etc. è comune a Nietzsche ed a tutti i filosofi ateisti e materialisti. La specialità di Nietzsche è l'aver considerati quei concetti come prodotti della d e c a d e n z a . Nel resto nulla di caratteristico, che ci obblighi a trattarne qui, essendo la mia critica, come ho detto, limitata alle dottrine p r o p r i e di Nietzsche. Per altro la metafisica del Cristianesimo è essa stessa in crisi. Il progresso del sapere ha

scombussolato quel sistema d'insegnamenti teorici, che servivano da impalcatura alla fede cristiana. Ed è naturale che la lotta delle idee duri e si acuisca oggi più che mai tra coloro, che vorrebbero conservare ad ogni costo tutto, quegli altri che vorrebbero conservare ciò che vi ha di essenziale nel Cristianesimo rinnovando il resto sulla guida del sapere moderno, ed infine quelli, fra cui Nietzsche, che profittano dell'imbarazzo teorico dei teologi cristiani per cercare di far tabula rasa di tutto il Cristianesimo. Questo dibattito metafisico c'interessa poco, per l'argomento che trattiamo, perchè Nietzsche vi ha presa una parte veramente piccola, quasi trascurabile, non manifestando neppure idee originali.

Più personale è la posizione di Nietzsche di fronte al problema del valore morale e storico del Cristianesimo e degli effetti di questa religione sulla vita. Le accuse più gravi, ch'egli muove alla religione cristiana, in nome della vita, sono due; 1° aver distolto l'animo umano da ogni interesse terreno e fuorviato l'uomo dagl'istinti fondamentali della vita. 2° avere capovolto i valori sociali aristocratici prendendo le parti dei deboli contro i forti, degli uomini inferiori contro i superiori.

La prima accusa colpisce anzitutto direttamente l'ascetismo cristiano e non sarebbe invero di attualità, perchè la fase endemicamente ascetica del Cristianesimo appartiene alla storia, è stata superata e oggi non è riprodotta neppure dai rappresentanti ufficiali di questa religione. Del resto nella condanna degli eccessi ascetici possono concordare con Nietzsche persino dei teologi cristiani, perocchè si può dimostrare in base agli Evangeli ch'essi non sono parte essenziale dell'ideale di Gesù. Ma la critica mossa da Nietzsche involge anche quella del misticismo. Or questo non è soltanto proprio del Cristianesimo, ma di ogni religione superiore, la quale ponga ideali, che trascendono la vita: p. es. del buddismo, del bramanismo e persino, in certi suoi tratti, dell'islamismo. Non solo: il misticismo non è un fenomeno limitato alle religioni, ma è proprio anche del culto dell'arte, della filosofia ed in certi casi persino della scienza intesa come missione. Un alto ideale può vivere soltanto a spese della vita: questa è la formula del misticismo. Esser mistico significa imporsi limitazioni, sacrifici, in vista di un alto ideale. Quando Nietzsche condanna il misticismo in sè, combatte una delle facoltà più s p e c i f i c a m e n t e e nobilmente, umane, che hanno reso e rendono possibile la superazione del tipo semplicemente animale. Ma non è forse mistico il Zarathustra di Nietzsche? e non lo fu Nietzsche stesso?

Riassumendo, non si può condannare il Cristianesimo in nome della vita, sol perchè mistico, perchè in tal caso si dovrebbe bandire il misticismo da tutti i campi dell'attività umana, ma si dovrebbe dimostrare che il misticismo cristiano sia mal collocato: in altri termini la critica dovrebbe rivolgersi non al fatto che si voglia epurare la vita, imponendole limitazioni e sacrifici, ma al fine, per il quale questi mezzi sono adoperati. Qui usciremmo però dalla quistione b i o l o g i c a ed entreremmo nella metafisica!

Anche in nome della vita Nietzsche combatte i sentimenti cristiani considerandoli come sintomi di decadenza: l'umiltà maschererebbe la paura e la debolezza, la compassione la gioia dell'altrui danno, la pazienza il non poter contendere, la rassegnazione il dover subire, il perdono l'impossibilità di vendicarsi, la speranza il bisogno d'illudersi etc. Tutto ciò è felicemente messo in rilievo e corrisponde in gran parte alla realtà, giacchè infiniti sono i travestimenti delle bassezze umane. Ma non c'è altro? E non è possibile una compassione sentita come alta solidarietà? il perdono che oltrepassi i calcoli della giustizia? l'umiltà di chi alle più grandi altezze umane senta i limiti della nostra natura? Le critiche di Nietzsche sono giuste, ma contengono un errore di soggetto. Esse colpiscono tutte le manifestazioni del Cristianesimo spurio, non del vero.

La seconda accusa di Nietzsche, cioè che la religione cristiana abbia capovolti i valori sociali mostra la profonda unilateralità delle teorie sociologiche di lui. L'accusa, storicamente considerata, non è vera, perchè la Chiesa cristiana è stata quasi sempre alleata colle classi superiori e dominanti. Ma gl'ideali di fratellanza del Cristianesimo han condotto tutta l'umanità un grado più in alto in confronto all'antichità classica. L'uomo-specie, l'uomo singolo, ha ricevuto da questi ideali la più alta dignità, il massimo valore. Per Nietzsche ciò ha un importanza negativa: si conculchi, si deprima, si dissipi l'esistenza di mille e mille uomini per un solo superuomo: ciò è conforme alla natura, egli dice. Ma alla formula piramidale o conica del valore dell'umanità, ch'è propria di ogni etica aristocratica, il Cristianesimo ha contrapposto la elevazione potenziale di ciascun uomo ad un esponente infinito: esso solo è dunque capace di attribuire all'umanità il massimo valore, di elevare la base alla massima pensabile potenza.

Le critiche, che Nietzsche muove alla democrazia, hanno maggiore importanza. Oggi nessuno sa più comandare; i piccoli, gl'inetti, gl'inferiori son diventati arbitri dei destini dei popoli e degli stati; l'uguaglianza è intesa nel senso del livellamento effettivo degli uomini; l'utilità attuale del maggior numero è anteposta agl'interessi più alti dell'avvenire di una razza, di una nazione; la subordinazione dei cittadini secondo i rapporti dell'effettivo valore sociale è estremamente incerta; la libertà politica conduce all'atomismo sociale ed è il veicolo per cui gl'interessi particolari riescono a vincere sui collettivi. Tutto ciò è vero. Pochi hanno sofferto quanto Nietzsche del rimpiccolimento effettivo dell'uomo, della teorizzata negazione d'ogni fine superiore, della superstizione democratica, che nega tutto quanto non torni utile o comodo al maggior numero, di vedere asservito il comando, che dovrebb'essere privilegio degli uomini superiori, alla plebe, alla piazza, al mercato. La Rivoluzione francese andò senza dubbio troppo oltre nell'ottimismo democratico. Quegl'ideali di fratellanza e di uguaglianza intravisti in un'epoca di fede, di entusiasmi, nascondevano in fondo l'effettivo estendimento a più vaste sfere sociali della capacità di concorrere con le classi più alte nella lotta per l'esistenza e questa è divenuta più vasta e terribile. Il sogno di Condorcet, il quale, ricercato dagli emissari di Robespierre e con la ghigliottina sospesa sul capo, tracciava un quadro dei progressi dello spirito umano, proclamando la fede che gli uomini si avviino verso l'uguaglianza effettiva della ricchezza e del sapere, ha continuato a sedurre gli uomini, ispirando la fiducia che si possano sopprimere le naturali distanze personali. Certo l'uguaglianza giuridica moderna, in quanto assicura il minimo rispetto dovuto alla qualità umana, è stato un progresso. Certo l'infeudamento della potenza in una sola classe era una enorme ingiustizia, specie quando l'aristocrazia dimostrò di non avere più i veri attributi della capacità di dominio. Certo la democrazia in un senso non rende gli uomini positivamente eguali, ma apre o dovrebbe aprire la via della potenza ai veri forti. Pure la libertà come oggi è intesa e attuata è senza dubbio principio di disgregazione sociale. Già, prima di Nietzsche, Auguste Comte aveva dimostrato, che la libertà politica è arma di guerra, ma non principio di organizzazione sociale. Egli non si stancava di ripetere, che ormai la società moderna abbisogni di «organisation, organisation, organisation». Il problema sociale moderno è assai difficile. Si tratta di trovar la via per conciliare le moderne conquiste etico-giuridiche della personalità con i bisogni della organizzazione sociale, con la necessaria subordinazione, in vista di fini che trascendano l'interesse individuale, con la graduazione degli uomini a seconda del loro effettivo valore sociale. Nietzsche nella critica dei pregiudizi democratici è severo con ragione. Nelle teorie sociali positive egli oscilla tra l'individualismo a base di potenza e l'organizzazione sociale a base di caste fisse. Comunque non è piccolo merito di Nietzsche, come hanno ben rilevato Alois Riehl[96] e Max Heinze[97], l'essersi energicamente ribellato alla tirannide democratica odierna, dapertutto imperante in Europa, nella vita e nelle dottrine, e l'aver riproposto il gravissimo problema sociale: chi deve comandare? chi deve ubbidire?

Concludendo: la base teorica degl'insegnamenti di Nietzsche è in generale scarsa, non di rado difettosa. Essa è condizionata da una profonda unilateralità: la esclusiva preferenza accordata ad un solo punto di vista, a spese d'innumerevoli altri egualmente possibili e legittimi, il punto di vista della p o t e n z a i n d i v i d u a l e in tutte le sue manifestazioni. Il vero ed il falso, il lecito e l'illecito, il bello ed il brutto hanno perduto nella filosofia di Nietzsche ogni definizione autonoma; la potenza sola ha il diritto di creare e fissare i valori teorico-conoscitivi, morali, estetici. La critica teorica ha fatto molto, quando ha dimostrato, che, nel sistema d'idee svolto da Nietzsche, nessuna logica necessità conduce ad un tale privilegio della intuizione fondamentale di lui. Quindi c o n l o s t e s s o d i r i t t o un altro filosofo può venire a dirci, che non la potenza, ma, per esempio, l'amore sia il fondamento di tutti i valori umani. La lotta delle intuizioni si ridurrebbe ad un conflitto di tendenze: ma fra queste prevarrà sempre la più proficua, la più feconda, la più rispondente ai reali bisogni umani.

Fra gl'insegnamenti di Nietzsche, due mi sembrano abbastanza importanti, perchè conservino durevole influenza: 1° la vita non può

---

[96]F. N. der Künstler u. der Denker, Stutt. 1901.
[97]Loc. cit., 341.

aver torto, ogni etica, ogni religione, che rinneghi la vita, è falsa. 2°
la società umana dev'essere retta dagl'individui superiori. Si può
osservare, che questi precetti non sono nuovi, ma Nietzsche ne ha
elevato notevolissimamente il valore, imprimendo loro il suggello
del suo genio. Nel resto egli è un grande agitatore di problemi, ricco
di vedute particolari ardite e geniali, un potente destatore di energie
dello spirito, e questo basta a spiegare l'enorme fascino ch'egli
esercita ed eserciterà ancora sugli animi avidi di esperimentare con
gl'ideali.

SOMMARIO